中高职贯通会计专业核心课程教材
工学结合型教材

浙江省普通高校"十三五"新形态教材

# 企业财务会计实务

丁桃莉　张文福　熊　勇／主　编

王　真　王安特　王翠兰／副主编

QIYECAIWUKUAIJISHIWU

图书在版编目(CIP)数据

企业财务会计实务 / 丁桃莉,张文福,熊勇主编．
—上海：立信会计出版社,2023.2
ISBN 978-7-5429-7176-0

Ⅰ.①企… Ⅱ.①丁…②张…③熊… Ⅲ.①企业会计—财务会计—教材 Ⅳ.①F275.2

中国国家版本馆 CIP 数据核字(2023)第 001757 号

策划编辑　张忠秀
责任编辑　彭秋龙
美术编辑　吴博闻

# 企业财务会计实务
QIYE CAIWU KUAIJI SHIWU

| 出版发行 | 立信会计出版社 | | |
|---|---|---|---|
| 地　　址 | 上海市中山西路 2230 号 | 邮政编码 | 200235 |
| 电　　话 | (021)64411389 | 传　　真 | (021)64411325 |
| 网　　址 | www.lixinaph.com | 电子邮箱 | lixinaph2019@126.com |
| 网上书店 | http://lixin.jd.com | | http://lxkjcbs.tmall.com |
| 经　　销 | 各地新华书店 | | |
| 印　　刷 | 上海华业装潢印刷有限公司 | | |
| 开　　本 | 787 毫米×1092 毫米　1/16 | | |
| 印　　张 | 17.5 | | |
| 字　　数 | 426 千字 | | |
| 版　　次 | 2023 年 2 月第 1 版 | | |
| 印　　次 | 2023 年 2 月第 1 次 | | |
| 书　　号 | ISBN 978-7-5429-7176-0/F | | |
| 定　　价 | 49.00 元 | | |

如有印订差错,请与本社联系调换

# 前 言

会计是企业财务管理工作中的核心岗位,而"企业财务会计"是会计专业的核心课程,是学生掌握会计核心技能的关键课程。本书为浙江省"十三五"新形态教材,是温州市市级精品课程"财务会计"的配套教材,是根据教育部新教材改革精神编写的一本新形态中高职贯通工学结合型教材。本书以生产型企业真实业务为背景,以企业真实业务原始票据为载体,以岗位工作业务为主线,高度还原了企业真实业务情境。本书根据不同的岗位工作任务,设计了十个工作项目:财务会计认知、货币资金业务、往来业务、存货业务、投资业务、固定资产业务、无形资产及其他资产业务、融资业务、财务成果核算业务、财务报告编制业务。本书每个工作项目的编写遵循岗课融合、课证融通的职业教育要求,在设计上主要有以下特点:

(1) 通过生动的真实企业案例将思政元素融入每一个工作项目,使知识、技能、思政三大元素高度融合。

(2) 书中每一笔业务均准确、详尽地注明所依据的原始凭证,并附原始凭证图表,更真实地还原了日常业务,很好地解决了日常学习中的理实脱节问题。

(3) 以典型工作任务和实际业务案例为载体,通过工作情境、知识准备的项目推进法,边学边做,学做交替,实现从知识到技能的有效转化。

(4) 本书知识涵盖与难易程度以实际工作需要为依据,同时与《初级会计实务》大纲要求紧密衔接,实现了岗课融通、课证融通。

(5) 每一项任务结束后,本书均配备了做中学,强化学生对理论知识的理解与应用,同时使学生能及时检查知识技能的掌握情况,根据实测结果查漏补缺,夯实所学内容。

(6) 每一项工作任务的核心内容均配有微课视频,大大方便了学生学习。

本书由丁桃莉、张文福、熊勇担任主编,王真、王安特、王翠兰担任副主编,张炜臻、张瑜等老师参与编写。本书坚持以学生为中心、以就业为导向,以提高人才培养质量为目标。在编写过程中,编写组在参考大量国内外文献的同时,长期开展实地调研,使本书内容更真实地还原企业实际业务。本书得到了立信会计出版社的大力支持,得到了浙江省兄弟院校同仁的诸多帮助和指导,在此表示衷心的感谢。

由于编者的水平和时间有限,本书如有不足之处,敬请用书老师和广大读者提出修改意见和建议,使本书得到不断改进和完善!

编 者
2023 年 02 月

# 目 录

项目一　财务会计认知 ........................................... 1
　任务一　财务会计概述 ......................................... 1
　任务二　会计职业道德 ......................................... 3
项目二　货币资金业务 ........................................... 8
　任务一　库存现金业务核算 ..................................... 8
　任务二　银行存款业务核算 .................................... 17
　任务三　其他货币资金业务核算 ................................ 25
项目三　往来业务 .............................................. 35
　任务一　往来业务认知 ........................................ 35
　任务二　应收款项和预付款项业务核算 .......................... 37
　任务三　应付款项及预付款项业务核算 .......................... 53
　任务四　应付职工薪酬业务核算 ................................ 61
　任务五　应交税费业务核算 .................................... 68
项目四　存货业务 .............................................. 92
　任务一　存货业务认知 ........................................ 92
　任务二　原材料业务核算 ...................................... 98
　任务三　周转材料业务核算 ................................... 109
　任务四　委托加工物资业务核算 ............................... 118
　任务五　库存商品业务核算 ................................... 123
　任务六　存货清查与减值业务核算 ............................. 127
项目五　投资业务 ............................................. 133
　任务一　投资业务认知 ....................................... 133
　任务二　交易性金融资产业务核算 ............................. 135
　任务三　长期股权投资业务核算 ............................... 140
项目六　固定资产业务 ......................................... 147
　任务一　固定资产业务认知 ................................... 147
　任务二　固定资产取得业务核算 ............................... 149
　任务三　固定资产折旧业务核算 ............................... 159
　任务四　固定资产后续支出业务核算 ........................... 164
　任务五　固定资产处置业务核算 ............................... 169

任务六　固定资产清查与减值业务核算…………………………………… 174
项目七　无形资产及其他资产业务……………………………………………… 180
　　任务一　无形资产及其他资产认知………………………………………… 180
　　任务二　无形资产业务核算………………………………………………… 183
　　任务三　其他资产业务核算………………………………………………… 190
项目八　融资业务………………………………………………………………… 193
　　任务一　融资业务认知……………………………………………………… 193
　　任务二　短期借款业务核算………………………………………………… 194
　　任务三　长期借款业务核算………………………………………………… 198
　　任务四　吸收投资业务核算………………………………………………… 201
项目九　财务成果核算业务……………………………………………………… 208
　　任务一　收入业务核算……………………………………………………… 208
　　任务二　费用业务核算……………………………………………………… 219
　　任务三　利润及利润分配业务核算………………………………………… 232
项目十　财务报告编制业务……………………………………………………… 243
　　任务一　财务报告认知……………………………………………………… 243
　　任务二　资产负债表的编制………………………………………………… 245
　　任务三　利润表的编制……………………………………………………… 260
　　任务四　现金流量表的编制………………………………………………… 265
参考文献…………………………………………………………………………… 272

# 项目一  财务会计认知

**学习目标**

1. 理解财务会计的特征及目标,能够切实履行财务会计的岗位职责。
2. 认识会计职业,了解会计职业道德的内容。
3. 遵守会计职业道德,遵守财经法规,强化财经法律意识,增强责任感。

**业务导入思考**

1. 作为一名财务人员,应具备哪些素质?
2. 财务人员应遵守哪些职业道德?

## 任务一  财务会计概述

**情境导入**

会计作为一种人类生产活动中所产生的社会现象由来已久,起源是在什么时候很难说得清楚。根据相关的资料记载,在原始公社制时代,"刻记记数"和"结绳记事"等简单、原始的会计活动,已经能帮助人们了解到日常狩猎的数量与收支情况。会计发展可分为以下三个阶段:

古代会计发展阶段:这一阶段是从旧石器时代的中晚期至封建社会末期,采取的记录方式十分简单,属于会计的雏形时期。

近代会计发展阶段:一般认为这一阶段是从1494年开始的,一直到20世纪40年代末。在这个阶段当中,复式记账法得以不断地完善,且成本会计也产生并发展起来。

现代会计发展阶段:自20世纪50年代开始,随着科学技术的进步,会计方法技术也得到进一步发展,从"电算化"到现在的大数据、云财务,会计随着科技的进步也在发生深刻的变革。

**思考:**

(1)纵观会计的起源和发展,你认为会计与经济发展是一种什么样的关系?

(2)你认为现代科技的发展对未来会计会产生什么影响?

1-1 财务会计认知

> **知识准备**

**会计**是随着人类社会生产的发展和经济管理的需要而产生、发展并不断完善起来的。人类文明不断进步,生产力不断提高,会计的核算内容、核算方法等也得到了较大发展,会计逐步发展为财务会计和管理会计两大分支。

### 一、财务会计的概念

**财务会计**是以提供定期的财务报表为手段,以公认的会计原则为核算依据,以企业外部的投资人、债权人等为主要报告对象,完整地、总括地报告财务状况和经营成果的会计。

### 二、财务会计的特征

会计按其报告对象的不同,可分为财务会计与管理会计。与管理会计相比,财务会计具有以下特征:

(1) 财务会计服务的对象主要是企业外部。从直接服务的对象来看,财务会计主要是为企业外部的信息使用者,包括企业投资者、债权人、政府有关部门等,提供会计信息,但它同时也为企业内部管理服务。

(2) 财务会计侧重反映已发生或已完成的信息。从提供信息的时态来看,财务会计主要是提供有关企业过去和现在的经济活动情况及其结果的会计信息,而管理会计则侧重于根据财务会计提供的信息对未来趋势进行预测,提供未来信息,为内部管理部门决策提供依据。

(3) 财务会计侧重反映企业的整体信息。财务会计主要是定期反映企业作为一个整体的财务状况、经营成果以及财务状况的变动情况,立足于整个企业生产经营活动的全局,把企业当作一个统一体,不涉及企业内部的某一部门、某一车间的局部问题。

(4) 财务会计工作需遵守法定程序与方法。从会计程序与方法来看,财务会计有一套比较科学的、统一的、定型的会计处理程序与方法。为了能提供通用的会计报表,确保会计信息的真实性和公允性,财务会计要求一切经济数据在收集、分类、处理和加工过程中,严格按照统一的会计处理程序进行,即依次通过确认、计量、记录和报告程序,才能形成最终的会计报表和其他财务报告。确认、计量、记录和报告是构成财务会计的基本环节,每一环节都有其特定的标准和方法,这些标准和方法通过会计准则和会计制度予以说明。

### 三、财务会计的目标

**财务会计的目标**是指在一定的客观环境和条件下,企业会计核算所期望达到的结果,也是检查企业会计核算工作质量的标准和依据。财政部颁布的《企业会计准则——基本准则》将我国企业财务会计的目标表述如下:向财务会计报告使用者提供与企业财务状况、经营成果和现金流量等有关的会计信息,反映企业管理层受托责任的履行情况,有助于财务会计报告使用者做出经济决策。

**(一) 向财务报告使用者提供对决策有用的信息**

**企业编制财务报告的主要目的**是满足财务报告使用者的信息需要,有助于

1-2 财务会计的目标

财务报告使用者做出经济决策。不同的会计信息使用者对会计信息有不同的要求。财务会计报告使用者包括投资者、债权人、政府及其有关部门、企业内部信息使用者和其他信息使用者等。

(1) 为投资者提供会计信息,以便于投资者评价管理层受托责任的履行情况和业绩状况并决定是否需要调整投资政策。

(2) 为债权人提供会计信息,以方便债权人了解企业资金运营状况和偿债能力情况,从而进行信贷决策。

(3) 为有关政府部门提供会计信息,以满足政府部门宏观调控、制定政策、管理监督等的需要。

(4) 为企业内部经营管理者提供会计信息,有助于企业加强经营管理,提高经济效益,提高资产使用效率,促进企业可持续发展。

(5) 为其他信息使用者提供会计信息,以加强企业的内部控制,扩大企业的外部影响,提高企业财务的透明度,实现企业利益最大化。

**(二) 反映企业管理层受托责任的履行情况**

现代公司制下,企业所有权和经营权相分离,企业管理层是受委托人之托经营管理企业及其各项资产,负有受托责任,即企业管理层所经营管理的企业各项资产均为投资者投入的资本(或者留存收益作为再投资)或者向债权人借入的资金所形成的,企业管理层有责任妥善保管并合理、有效地运用这些资产,并为投资人创造更多的财富。

因此,财务报告应当如实反映企业管理层受托责任的履行情况,以助力评价企业的经营管理责任和资源使用的有效性。

# 任务二 会计职业道德

## 情境导入

2019年,三亚市城郊人民检察院指控三亚市某园林开发公司总经理周某利用职务之便,通过购买虚假发票和虚开发票的方式贪污公款。调查发现,周某常以"会务费"的名义虚构单位旅游活动,事后通过虚开发票或从不法人员处购得的假发票交给公司财务部门,报销其个人消费。为使材料更具可信性,周某还"发动"了办公室的两名心腹,让他们在发票后面签字验证。这样一来,周某顺利地以从未举办的单位活动套现吸金,另外还时常以"预借引种费"为由向公司财务借出现金,然后购买假发票冲抵。据法院调查核实,周某在职期间共贪污公款71万余元,结合其其他罪行,数罪并罚,最终被判处有期徒刑13年。

思考:

(1) 从周某的案件中,你得到了哪些启示?

(2) 如果你是该公司财务部门人员,对今后公司的报销制度作哪些改进?

> 知识准备

## 一、会计职业及其风险

### (一) 会计职业的概念

**会计职业**,是指利用会计专门的知识和技能,为经济社会提供会计服务,获取合理报酬的职业。

### (二) 会计职业风险

**会计职业风险**,是指会计职业产生差错或不良后果应由会计行为人承担责任的可能性。企业会计的风险主要产生于以货币作为主要计量单位和公司治理等多方面。以货币作为计量单位会受到多种计量属性及币值变动的影响。不同交易或者事项的确认、计量、记录和报告采用不同计量属性,会形成不同的会计计算结果,产生不同的经济后果,导致会计面临不同会计技术处理、职业判断、选择不当、会计差错等职业风险。作为公司治理结构的重要组成部分,受公司治理权责结构和代理冲突的极大影响,企业会计可能面临丧失客观、公正、公允、公平的风险以及维护企业利益相关者和社会公众利益道德冲突的职业风险,如不当盈余管理、会计造假、财务舞弊等。除此之外,会计法律、规章制度和会计准则等规范性文件的变化,以及相应会计处理技术方法改进等也可能导致企业会计在确认、计量、记录和报告过程中发生的合法性、准确性的偏差甚至错误的风险等。

## 二、会计职业道德概述

### (一) 会计职业道德的概念

会计职业道德,是指会计人员在工作中应当遵循的、体现会计职业特征的、调整会计职业关系的职业行为准则和规范。会计职业道德由会计职业心理、会计职业责任、会计职业技能、会计职业工作态度、会计工作作风和会计职业纪律等构成。

在现代市场经济和现代企业制度环境条件下,基于经济资源配置和生产组织的委托代理关系中的权属性质界定,如实反映受托责任履行情况的诚实性和可靠性是会计的基本职责,因此,会计职业道德的核心是诚信。诚信是诚实、守信、真实的总称,也就是实事求是、真实客观、不弄虚作假,它要求会计人员客观公正、遵守统一会计制度,言行一致,表里如一,不做假账,忠诚为人,以诚待人。准确核算、如实反映、讲求诚信是决定会计工作成败和质量好坏的根本标准,会计人员应当以诚信为本,保持客观公正。区块链、云计算、大数据、人工智能等现代信息技术在会计工作中广泛运用,对会计诚信提出了更高的要求。

### (二) 会计职业道德的内容

会计职业道德的主要内容可概括为爱岗敬业、诚实守信、廉洁自律、客观公正、坚持准则、提高技能、参与管理、强化服务等方面。

**1. 爱岗敬业**

会计人员在会计工作中应当遵守职业道德,培养良好的职业品质,树立严谨的工作作风,任劳任怨,一丝不苟,严守工作纪律,努力提高工作效率和工作质量。爱岗与敬业相辅相成、相互支持。

2. 诚实守信

会计人员应当保守本单位的商业秘密。除法律规定和单位负责人同意外,会计人员不能私自向外界提供或者泄露单位的会计信息。会计人员要做老实人、说老实话、办老实事,执业谨慎,不弄虚作假,不为利益所诱惑,保密守信,坚持信誉至上。

3. 廉洁自律

会计人员应树立正确的人生观和价值观:公私分明、清正廉洁、不贪不占、保持清白、遵纪守法,一身正气,坚持职业标准,严格自我约束,自觉抵制不良欲望的干扰。

4. 客观公正

会计人员办理会计事务应当实事求是、客观公正。会计人员要端正态度,以客观事实为依据,依法依规办事,实事求是,不偏不倚,公正处理企业利益相关者和社会公众的利益关系,保持应有的独立性。

5. 坚持准则

会计人员应当按照会计法律法规和国家统一的会计制度规定的程序和要求进行会计工作,保证所提供的会计信息合法、真实、准确、及时、完整。会计人员要熟悉国家法律、法规和国家统一会计制度,始终坚持按法律法规和国家统一的会计制度的要求进行会计核算,实施会计监督,坚持会计准则。发生道德冲突时,会计人员应按法律、法规及国家统一的会计制度的要求,做出合理公正的职业判断,以维护国家利益、社会公众利益和正常的经济秩序。

6. 提高技能

会计人员应当热爱本职工作,努力钻研业务,使自己的知识和技能适应所从事工作的要求。会计人员应具有不断提高会计专业技能的意识,不断增强提高专业技能的自觉性和紧迫感,具有勤学苦练的精神和采用科学的学习方法,刻苦钻研、不断进取,提高业务技能水平。

7. 参与管理

会计人员应当广泛宣传财经法律、法规、规章和国家统一的会计制度,充分发挥会计在企业经营管理中的职能作用;努力钻研相关业务,全面熟悉本单位经营活动和业务流程;建立健全企业内部控制,促进完善企业规章制度和业务流程,保障企业生产经营活动合法合规;主动提出合理化建议,充分发挥决策支持的功能作用;积极参与管理,促进企业可持续高质量健康发展。

8. 强化服务

会计人员应当熟悉本单位的生产经营和业务管理情况,运用掌握的会计信息和会计方法,为改善单位内部管理,提高经济效益服务。会计人员要树立服务意识,提高服务质量,努力维护和提升会计职业的良好社会形象。

### 三、会计职业道德管理

#### (一) 增强会计人员诚信意识

1. 强化会计职业道德意识

会计人员应自觉遵纪守法、勤勉尽责、参与管理、强化服务,不断提高专业胜任能力,坚持客观公正、诚实守信、廉洁自律、不做假账,不断提高职业道德水平。

2. 加强会计诚信教育

采取多种形式,广泛开展会计诚信教育。将会计职业道德作为会计人员继续教育的必修内容,大力弘扬会计诚信理念,不断提升会计人员诚信素养。

**(二)建设会计人员信用档案**

1. 建立严重失信会计人员"黑名单"制度

将有提供虚假财务会计报告、做假账,隐匿或者故意销毁会计凭证、会计账簿、财务会计报告,贪污、挥霍公款、职务侵占等与会计职务有关违法行为的会计人员,作为严重失信会计人员列入"黑名单",并将其纳入全国信用信息共享平台,依法通过"信用中国"网站等,向社会公开披露相关信息。

2. 建立会计人员信用信息管理制度

制定会计人员信用信息管理办法,规范会计人员信用评价、信用信息采集、信用信息综合利用等,建立会计人员信息纠销、信用修复、分级管理等制度,健全会计人员信用信息体系。

3. 完善会计人员信用信息管理系统

以会计专业技术资格管理为抓手,有序采集会计人员信息,建立和完善会计人员信用档案,构建全国统一的会计人员从业情况和信用信息平台。

**(三)会计职业道德管理的组织实施**

1. 组织领导

根据国家关于加强社会诚信建设的有关文件精神,建立跨地区、跨领域的联合激励与惩戒机制,形成政府部门协同联动、行业组织自律管理、信用服务机构积极参与、社会舆论广泛监督的共同治理格局,建立联席制度,共同推动会计人员诚信建设工作有效开展。

2. 广泛宣传

财政部门及其他有关部门、会计行业组织充分利用报纸、广播、电视、网络等渠道,加大对会计人员诚信建设工作的宣传力度。

3. 褒奖守信会计人员

将会计人员信用信息作为先进会计工作者评选、会计职称考试或评审高端会计人才选拔等资格资质审查的重要依据,鼓励用人单位依法使用会计人员信用信息,优先聘用、培养、晋升具有良好信用记录的会计人员。

**(四)建立健全会计职业联合惩戒机制**

建立健全失信会计人员联合惩戒机制,即明确联合惩戒对象,采用信息共享与联合惩戒的实施方式和联合惩戒措施。

(1)联合惩戒对象,主要是指在会计工作中违反相关法律法规、违背诚实信用原则,经财政部门及相关部门依法认定的存在严重违法失信行为的会计人员。

(2)信息共享与联合惩戒的实施方式,是指认定联合惩戒对象名单的相关部门和单位通过全国信用信息共享平台将会计领域违法失信当事人的相关信息推送给财政部,并及时更新。

（3）联合惩戒措施主要包括以下几个方面：

① 罚款、限制从事会计工作，追究刑事责任等惩戒措施。

② 记入会计从业人员信用档案。将会计领域违法失信当事人信息通过财政部网站、"信用中国"网站予以发布，同时协调相关互联网新闻信息服务单位向社会公布。

③ 行业惩戒。支持行业协会、商会按照行业标准、行规、行约等，视情节轻重对失信会计人员实施警告、行业内通报批评、公开谴责、不予接纳、劝退等惩戒措施。

④ 限制取得相关从业任职资格，限制获得认证证书。对会计领域违法失信当事人，限制取得相关从业任职资格，限制获得认证证书。

⑤ 依法限制参与评先、评优或取得荣誉称号。

⑥ 依法限制担任金融机构董事、监事、高级管理人员、国有企业法定代表人、董事监事、限制登记为事业单位法定代表人。

# 项目二　货币资金业务

**学习目标**

1. 熟悉现金管理制度的规定，能熟练办理、核算现金收付款业务。
2. 熟悉银行结算制度的规定，能熟练办理、核算银行结算业务。
3. 能准确编制现金盘点表、正确处理现金长短款。
4. 能准确编制银行存款余额调节表。
5. 遵守财经法规，注重货币资金管理和控制。
6. 形成正确的金钱观和价值观。

**业务导入思考**

1. 库存现金核算包含哪些业务？如何进行账务处理？
2. 库存现金盘点出现盘盈、盘亏，如何进行账务处理？
3. 银行存款核算包括哪些业务？如何进行账务处理？
4. 月末与银行对账出现差额，可能是哪些原因？如何进行账务处理？
5. 其他货币资金核算包含哪些业务？如何进行账务处理？

## 任务一　库存现金业务核算

**情境导入**

浙江华鸿笔业有限公司因业务发展需要，从人才市场招聘了一名具有中专学历的张某担任出纳。开始，张某勤思敬业，公司领导和同事对他的工作都很满意。但受到同事在股市赚钱的影响，张某也开始涉足股市。然而事非所愿，张某进入股市很快被套牢，想急于翻本又苦于没有资金，他开始对自己每天经手的现金动了邪念。凭着财务主管对他的信任，张某拿财务主管的财务专用章在自己保管的空白现金支票上任意盖章取款。月底，银行对账单也是其到银行提取且自行核对，因此在很长一段时间未被发现。至案发，该公司蒙受了巨大的经济损失。

思考：

（1）分析浙江华鸿笔业有限公司在货币资金管理制度中可能存在哪些管理漏洞，应如何防范？

（2）你认为一个财务人员应如何提升自己的职业素养？

**知识准备**

**货币资金**是指企业生产经营活动中停留于货币形态的资产。它具有可立即作为支付手段并被普遍接受的特点，是企业资产中流动性最强的一种资产。根据货币资金的存放地点及用途不同，货币资金分为库存现金、银行存款及其他货币资金。在资产负债表中，货币资金列在资产项目的首位。

## 一、库存现金业务常识

### （一）库存现金的概念

**库存现金**是指企业为满足日常零星开支而存放在财会部门金库中、由出纳人员经管的各种货币，包括人民币现金和外币现金。企业应当严格遵守国家有关现金管理的制度，正确进行现金收支的核算，监督现金使用的合法性与合理性。

### （二）库存现金管理制度

**1. 现金的使用范围**

根据国家现金管理和结算制度的规定，企业收支的各种款项必须按照国务院颁布的《现金管理暂行条例》的规定办理，在规定的范围内使用现金。允许企业使用现金结算的范围如下：

2-1 库存现金日常使用规定

（1）职工工资、津贴。

（2）个人劳务报酬。

（3）根据国家规定颁发给个人的科学技术、文化艺术、体育等各种奖金。

（4）各种劳保、福利费用以及国家规定的对个人的其他支出。

（5）向个人收购农副产品和其他物资的价款。

（6）出差人员必须随身携带的差旅费。

（7）结算起点（1 000元）以下的零星支出。

（8）中国人民银行确定需要支付现金的其他支出。

**2. 库存现金的限额**

**库存现金的限额**是指为保证各单位日常零星支出按照规定允许留存现金的最高限额。库存现金具有普遍的可接受性和流动频繁的特点，极易发生差错或被挪用、侵吞。因此，必须加强现金的管理和内部控制。国务院颁布的《现金管理暂行条例》规定了允许企业使用现金结算的范围。凡不属于现金结算范围的支出，企业应当通过银行进行转账结算。企业库存现金的数额，由开户银行根据企业3~5天日常零星开支所需的现金核定。边远地区、交通不便地区可适当放宽，但不得超过15天的日常零星开支所需现金。库存现金的限额一经核定，企业必须严格遵守，不能任意超过，超过限额的现金应及时存入银行；库存现金低于限额时，可以签发现金支票从银行提取现金，补足限额。

**3. 不准坐支现金**

企业的现金收入，应及时送存银行，不得直接用于支付自己的支出。用收入的现金直接支付支出的,叫做"坐支"。企业如因特殊情况需要坐支现金的,应当事先报经开户银行审批批准,由开户银行核定坐支范围和限额。企业应定期向开户银行报送坐支金额和使用情况。未经银行批准,企业不得擅自坐支现金。为了加强银行的监督,企业向银行送存现金时,应在送款簿上注明款项的来源。从开户银行提取现金时,应当在现金支票上写明用途,由本单位财会部门负责人签字盖章,经开户银行审核后,予以支付现金。

4. 不得"白条顶库",不得设置"小金库"

企业不准用不符合制度的凭证顶替库存现金,即不得"白条顶库";不准谎报用途套取现金;不准用本企业银行账户代其他单位和个人存入或支取现金;不准用单位收入的现金以个人名义存储,不准保留账外公款,不得设置"小金库"等。

## 二、账户设置

为了反映企业库存现金的收入、支出和结存情况,企业应当设置"库存现金"账户,该账户借方登记现金的增加,贷方登记现金的减少,期末余额在借方,反映企业实际持有的库存现金的金额。

企业应当设置现金总账和现金日记账,分别进行企业库存现金的总分类核算和明细分类核算。现金日记账由出纳人员根据收付款凭证,按照业务发生顺序逐笔登记。每日终了,会计人员应当在现金日记账上计算出当日的现金收入合计额、现金支出合计额和结余额,并将现金日记账的账面结余额与实际库存现金额相核对,保证账实相符。月度终了,现金日记账的余额应当与现金总账的余额核对,做到账账相符。

## 三、库存现金日常业务核算

企业收到现金,应根据审核无误的原始凭证,借记"库存现金"账户,贷记有关账户。企业实际支付现金,应根据审核无误的原始凭证,借记有关账户,贷记"库存现金"账户,企业内部各部门周转使用的备用金,可以单独设置"备用金"账户进行核算。

2-2 库存现金日常业务核算

【做中学 2-1】 浙江华鸿笔业有限公司(以下简称"公司")为一般纳税人,2022 年 2 月发生下列经济业务:

(1) 2 月 1 日,公司签发现金支票一张,提取现金 30 000 元备用。公司根据现金支票存根(见图 2-1)编制会计分录如下:

借:库存现金　　　　　　　　　　　　　　30 000
　　贷:银行存款　　　　　　　　　　　　　　30 000

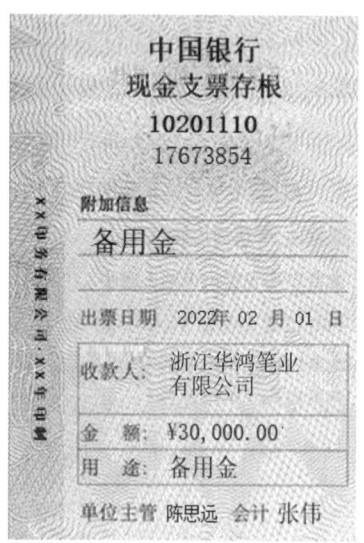

图 2-1 现金支票存根

【小贴士】

对于从银行提取现金的业务,一般只编制银行付款凭证,不再编制现金收款凭证;而将现金存入银行,一般只编制现金付款凭证,不再编制银行收款凭证。

(2) 2月2日,公司营业部零星销售给温州好学文化用品有限公司 HB 铅笔一箱,取得含税现金收入 565 元,并开具发票,根据审核无误的现金收据(见图 2-2)、普通销售发票记账联(见图 2-3)、销售出库单(见图 2-4),编制如下会计分录:

借:库存现金　　　　　　　　　　　　　　　　　　　　　　　565
　　贷:主营业务收入——铅笔　　　　　　　　　　　　　　　　　500
　　　　应交税费——应交增值税(销项税额)　　　　　　　　　　 65

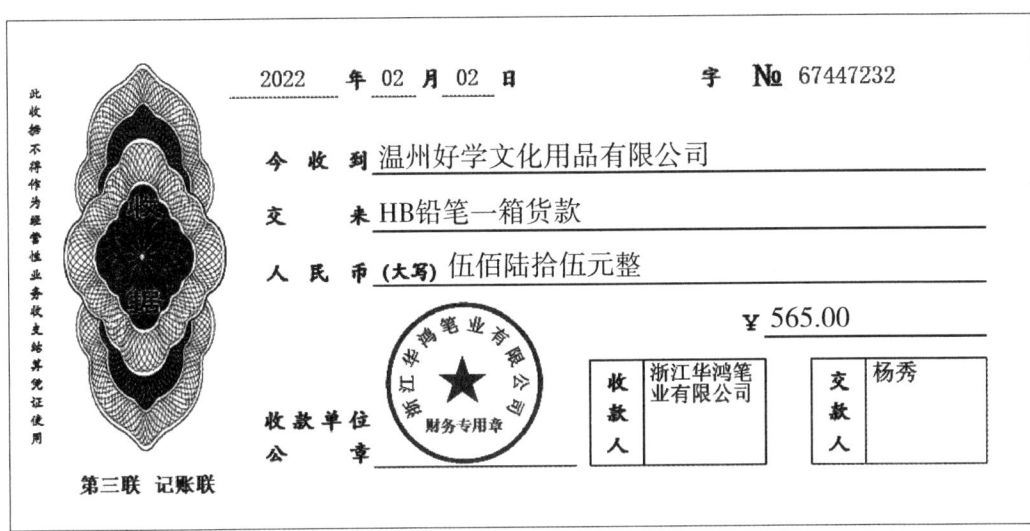

图 2-2　现金收据

图 2-3　普通销售发票记账联

## 销 售 单

购货单位：温州好学文化用品有限公司　地址和电话：温州市龙湾区永中西路623号 0577-865372345　单据编号：202202182
纳税识别号：913303010027821112037　开户行及账号：工商银行温州市分行南城支行 246853700921　制单日期：2022年02月02日

| 编码 | 产品名称 | 规格 | 单位 | 单价 | 数量 | 金额 | 备注 |
|---|---|---|---|---|---|---|---|
|  | 铅笔 |  | 箱 | 500.00 | 1 | 500.00 |  |
|  |  |  |  |  |  |  |  |
|  |  |  |  |  |  |  |  |
|  |  |  |  |  |  |  |  |
| 合计 | 人民币(大写)：伍佰元整 |  |  |  |  | ￥500.00 |  |

总经理：陈思远　　销售经理：孙娟　　经手人：林秀　　会计：张伟　　签收人：李大强

图 2-4　销售出库单

（3）2月10日，公司以现金支付日常办公用A4纸452元，其中增值税专用发票上注明税金52元，以现金支付销售部促销太阳伞购买费791元，其中增值税专用发票上注明税金91元，根据审核无误的两张增值税专用发票购货方记账联(见图2-5、见图2-6)编制如下会计分录：

借：管理费用——办公费　　　　　　　　　　　　　　　　　　400
　　销售费用——促销费　　　　　　　　　　　　　　　　　　700
　　应交税费——应交增值税(进项税额)　　　　　　　　　　　143
　　贷：库存现金　　　　　　　　　　　　　　　　　　　　　　　1 243

图 2-5　增值税专用发票购货方记账联

货币资金业务 项目二

图 2-6 增值税专用发票购货方记账联

(4) 2月15日,会计张文预借差旅费2 000元,以现金支付。公司财务根据差旅费预支单(见图2-7)编制如下会计分录:

借:其他应收款——张文　　　　　　　　　　　　　　　　　　　　　　2 000
　　贷:库存现金　　　　　　　　　　　　　　　　　　　　　　　　　　　　2 000

## 领 款 单

2022年02月15日

| 单 位 | 浙江华鸿笔业有限公司 | | 姓 名 | 张文 |
| --- | --- | --- | --- | --- |
| 今领到 | 预借差旅费2 000元 | | | |
| 金额（大写） | 贰仟元整 | | 小写 | ¥2 000.00 |
| | | | 扣税 | ¥ |
| 领导审批 | 陈思远 | 领款人 | 张文 | 实发 | ¥2 000.00 |
| 会计主管 李子轩 | | 审核 张伟 | | 出纳 杨秀 |

图 2-7 差旅费预支单

(5) 2月20日,张文出差归来,凭差旅费报销凭证实际报销1 500元,将多余款500元退回财会部门。公司财务根据差旅费报销单(见图2-8),编制如下会计分录:

借:管理费用　　　　　　　　　　　　　　　　　　　　　　　　　　　　1 500
　　库存现金　　　　　　　　　　　　　　　　　　　　　　　　　　　　　　500
　　贷:其他应收款——张文　　　　　　　　　　　　　　　　　　　　　　2 000

## 差旅费报销单

报销部门：财务部　　　　　　　　　　　　　报销日期：2022 年 02 月 20 日
出差人：张文　　　　　　出差事由：高新技术企业账务规范培训
出差日期：2021 年 02 月 15 日 至 2021 年 02 月 20 日 共计：6 天

| 车船费 | | | | | 其他费用 | | |
|---|---|---|---|---|---|---|---|
| 出发地 | 到达地 | 交通工具 | 附件张数 | 金额 | 项目 | 附件张数 | 金额 |
| 温州 | 杭州 | 高铁 | 2 | 500.00 | 住宿 | 1 | 1,000.00 |
|  |  |  |  |  | 餐饮 |  |  |
|  |  |  |  |  | 市内交通 |  |  |
|  |  |  |  |  | 通讯费 |  |  |
|  |  |  |  |  | 其他 |  |  |
| 合计 |  |  | 2 | ¥500.00 | 合计 | 1 | ¥1,000.00 |

费用合计：¥1,500.00　　　元　　大写（人民币）：壹仟伍佰元整
预借差旅：¥2,000.00　　　元　　补领金额：　　元　　退还金额：¥500.00　　元
核实后报销金额：¥1,500.00　元　　大写（人民币）：壹仟伍佰元整
审批：陈思远　　财务主管：李子轩　　会计：　　部门主管：叶凯　　领款人：张文

图 2-8　差旅费报销单

（6）若张文实际报销 2 200 元。财会部门审核后予以报销，并以现金 200 元补足。公司财务根据差旅费报销单及现金领款单，编制如下会计分录：

借：管理费用——差旅费　　　　　　　　　　　　　　2 200
　　贷：其他应收款——张文　　　　　　　　　　　　　　2 000
　　　　库存现金　　　　　　　　　　　　　　　　　　　200

### 四、现金清查的核算

为了加强对现金的管理，随时掌握现金收付的动态和库存余额，保证现金的安全，企业应设置"现金日记账"，由出纳人员根据收款、付款凭证，按照业务发生的时间顺序逐笔登记。有多币种现金的企业，应当按照币种分别设置"现金日记账"进行明细核算。每日终了，会计人员应计算当日的现金收入合计数、现金支出合计数和结余数，<u>并将结余数与实际库存数核对，做到账实相符</u>。月份终了，"现金日记账"的余额必须与"库存现金"总账科目的余额核对相符，企业应当按规定对库存现金进行定期和不定期的清查，一般采用实地盘点法。如果发现有待查明原因的现金短缺或溢余，应通过"待处理财产损益——待处理流动资产损益"账户核算。

**（一）现金短缺账务处理**

（1）发现现金短缺时：应按实际短缺的金额借记"待处理财产损益——待处理流动资产损益"账户，贷记"库存现金"账户。

2-3　库存现金清查业务账务处理

(2) 待查明原因后作如下处理：

属于应由责任人赔偿的，借记"其他应收款"或"库存现金"等账户，贷记"待处理财产损益——待处理流动资产损益"账户。

属于应由保险公司赔偿的，借记"其他应收款"账户，贷记"待处理财产损益——待处理流动资产损益"账户。

属于无法查明原因的，根据管理权限，经公司批准后借记"管理费用"账户，贷记"待处理财产损益——待处理流动资产损益"账户。

### (二) 现金溢余账务处理

(1) 发现现金溢余时：按实际溢余的金额借记"库存现金"账户，贷记"待处理财产损益——待处理流动资产损益"账户。

(2) 待查明原因后作如下处理：

属于应支付给有关人员或单位而未支付的，借记"待处理财产损益——待处理流动资产损益"账户，贷记"其他应付款"账户。

属于无法查明原因的，经公司批准后借记"待处理财产损益——待处理流动资产损益"账户，贷记"营业外收入"账户。

【做中学 2-2】 浙江华鸿笔业有限公司 2022 年 2 月 28 日在不定期现金清查中发现现金短款 500 元。后查明是由出纳杨秀工作失误造成，应由其交纳现金赔偿。

(1) 发现现金短款时，根据相关部门签字后的库存现金盘点报告表(见图 2-9)编制如下会计分录：

借：待处理财产损益——待处理流动资产损益　　500
　　贷：库存现金　　　　　　　　　　　　　　　　　500

## 库存现金盘点报告表
2022 年 02 月 28 日

| 实存金额 | 账存金额 | 盘盈 | 盘亏 | 备注 |
|---|---|---|---|---|
| 45 360.00 | 45 860.00 | | 500.00 | |
| | | | | |
| | | | | |
| | | | | |
| | | | | |

盘点人(签章)：李子轩　　　　　　　　　　出纳员(签章)：杨秀

图 2-9　库存现金盘点报告表

(2) 3 月 25 日查明原因后，由杨秀交纳现金赔偿，根据公司盘亏处理报告(见图 2-10)、收款收据(见图 2-11)编制如下会计分录：

借：库存现金　　　　　　　　　　　　　　　　　500
　　贷：待处理财产损益——待处理流动资产损益　　　500

**盘盈盘亏处理报告**

处理时间：2022 年 03 月 25 日

处理金额：￥500.00

发生时间：2022 年 02 月 28 日

业务性质：库存现金盘亏报告单

业务原因：出纳杨秀工作失误造成

业务情况：出纳杨秀赔偿 500 元

申请人：李子轩　　批准：陈思远

图 2-10　盘亏处理报告

**收　款　收　据**　　No.4329693

2022 年 03 月 25 日

今收到　出纳杨秀

交来　2月库存现金盘亏赔偿款

金额（大写）　零拾 零万 零仟 伍佰 零拾 零元 零角 零分

￥　500.00　　收款单位（公章）　浙江华鸿笔业有限公司　财务专用章

核准 李子轩　会计 张伟　记账 张伟　出纳 杨秀　经办人

第一联 存根

图 2-11　收款收据

(3) 如出纳杨秀当月未赔款，暂欠，则根据公司处理批复文件编制如下会计分录：

借：其他应收款——杨秀　500

　　贷：待处理财产损益——待处理流动资产损益　500

**【做中学 2-3】** 浙江华鸿笔业有限公司 2022 年 3 月 31 日在月末现金盘点中发现现金长款 100 元。无法查明原因，经批准，转作营业外收入。

(1) 发现现金长款时，根据库存现金盘点表，编制如下会计分录：

借：库存现金　100

　　贷：待处理财产损益——待处理流动资产损益　100

(2) 4 月 8 日经批准，根据公司批复文件，编制如下会计分录：

借：待处理财产损益——待处理流动资产损益　100

　　贷：营业外收入　100

（3）如查明是应付未付款项，如少付张三报销款，则根据核查证明资料及公司批复文件调账。

借：待处理财产损益——待处理流动资产损益　　　　　　　　　　100
　　贷：其他应付款——张三　　　　　　　　　　　　　　　　　　　　100

# 任务二　银行存款业务核算

## 情境导入

2022年1月25日，中国人民银行对个人转账实施了新规定，即对大额转账进行限制和监管，一般转账10万元以上将会被监控。

**思考：**
(1) 请同学们思考并讨论中国人民银行这样的新规有什么作用？
(2) 你觉得企业财务人员如何既遵守银行规定又不影响企业正常业务？

## 知识准备

### 一、银行存款业务常识

#### （一）银行存款的概念

**银行存款**是企业存入银行或其他金融机构的各种款项。凡是独立核算的企业都必须在当地银行开设账户，以办理存款、取款和支付等结算。企业除了按核定限额留存的库存现金，其余的货币资金都必须存入银行；企业与其他单位之间的一切货币收付业务，除了在规定范围内可以用现金支付的款项，都必须通过银行办理结算。

#### （二）银行存款开户的相关规定

图2-4　银行存款日常业务账务处理

我国银行存款包括人民币存款和外币存款两种。银行存款账户分为基本存款账户、一般存款账户、临时存款账户和专用存款账户。**基本存款账户**是企业办理日常结算和现金收付的账户。企业的工资、奖金等现金的支取，只能通过基本存款账户办理。**一般存款账户**是企业在基本存款账户以外的银行借款转存、与基本存款账户的企业不在同一地点的附属非独立核算单位的账户。企业可以通过本账户办理转账结算和现金缴存，但不能办理现金支取。**临时存款账户**是企业因临时经营活动需要开立的账户。企业可以通过本账户办理转账结算和根据国家现金管理的规定办理现金收付。**专用存款账户**是企业因特定用途需要开立的账户。企业可以自主选择银行，银行也可以自愿选择存款人。但一个企业只能选择一家银行的一个营业机构开立一个基本存款账户，不得在多家银行机构开立基本存款账户；不得在同一家银行的几个分支机构开立一般存款账户。

#### （三）银行结算方式

结算方式是指用一定的形式和条件来实现企业间或企业与其他单位和个人间货币收付

的程序和方法,分为现金结算和支付结算两种。企业除按规定的范围使用现金结算外,大部分货币收付业务应通过银行办理支付结算。支付结算是指单位、个人在社会经济活动中使用票据、信用卡和汇兑、托收承付、委托收款等结算方式进行货币给付及其资金清算的行为。中国人民银行发布的《支付结算办法》规定,国内人民币的支付结算方式包括支票、银行本票、银行汇票、商业汇票、信用卡、托收承付、委托收款、汇兑8种;另外还有国内信用证结算方式等。企业采用上述结算方式办理结算,必须遵守国家的法律、法规等各项规定,遵守结算纪律,严格按照《银行科目管理办法》的规定开立、使用科目,不准出租、出借科目。单位、个人和银行办理支付结算必须遵守下列原则:恪守信用,履约付款;谁的钱进谁的账,由谁支配;银行不垫款。

【小贴士】

目前我国企业最常用的结算方式有网银转账、支票转账,还有汇兑结算(包括信汇和电汇)、信用卡结算、委托收款结算、托收承付结算及国内信用证结算。以上结算方式均通过"银行存款"科目进行核算。另外,银行本票、银行汇票结算方式通过"其他货币资金"科目核算,商业汇票通过"应收票据"和"应付票据"科目核算。

## 二、银行存款日常业务核算

为了总括地反映银行存款的收支和结存情况,企业应设置"银行存款"总账科目。该科目属于资产类科目,借方反映企业银行存款的增加,贷方反映企业银行存款的减少,期末借方余额反映企业银行存款的余额。

【做中学2-4】 浙江华鸿笔业有限公司2022年2月发生下列有关银行存款的收付业务。

(1) 2月15日,存入银行现金10 000元,根据现金缴款单(见图2-12)编制如下会计分录:

借:银行存款 10 000
　　贷:库存现金 10 000

(2) 2月16日,收到客户江苏金世纪贸易有限公司转账支票一张,系上月所欠货款,金额113 000元,支票已送交银行办理进账。根据进账单回单联(见图2-13)编制如下会计分录:

借:银行存款 113 000
　　贷:应收账款——江苏金世纪贸易有限公司 113 000

(3) 2月17日,开出转账支票一张,金额22 600元,支付上月欠丽水日升板材有限公司原材料款,根据支票存根(见图2-14)编制记账凭证,会计分录如下:

借:应付账款——丽水日升板材有限公司 22 600
　　贷:银行存款 22 600

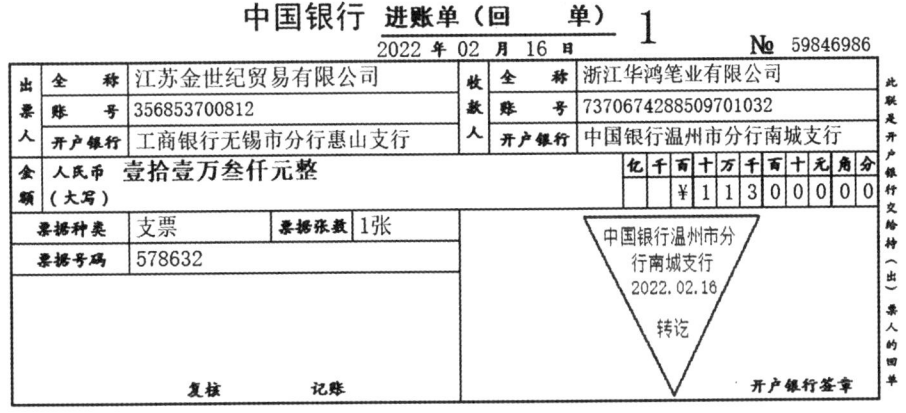

图 2-12 现金缴款单

图 2-13 进账单回单联

(4) 2月18日,公司采用托收承付方式销售100箱圆珠笔给浙江康泰科技有限公司,增值税专用发票上注明的价款为50 000元,增值税为6 500元,代垫运费3 500元,已向银行办妥托收手续。2月21日收到款项。公司根据销售出库单(见图2-15)、增值税专用发票记账联(见图2-16)、托收结算凭证回单联(见图2-17)、代垫运费支票存根(见图2-18),编制会计分录如下:

借：应收账款——浙江康泰科技有限公司　　　　　　　　　　60 000
　　贷：主营业务收入——圆珠笔　　　　　　　　　　　　　　50 000
　　　　应交税费——应交增值税(销项税额)　　　　　　　　　6 500
　　　　银行存款　　　　　　　　　　　　　　　　　　　　　3 500

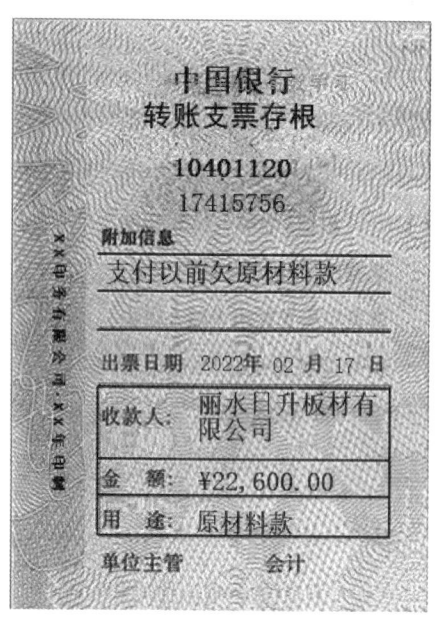

图 2-14　支票存根

### 销 售 单

购货单位：浙江康泰科技有限公司　　地址和电话：台州市椒江区台大路21号0576-85537252　　单据编号：202202182
纳税识别号：92363256002782111319　　开户行及账号：工商银行台州分行三里支行352153701234　　制单日期：2022年02月18日

| 编码 | 产品名称 | 规格 | 单位 | 单价 | 数量 | 金额 | 备注 |
|---|---|---|---|---|---|---|---|
|  | 圆珠笔 |  | 箱 | 100.00 | 500 | 50,000.00 |  |
|  |  |  |  |  |  |  |  |
|  |  |  |  |  |  |  |  |
|  |  |  |  |  |  |  |  |
| 合计 | 人民币(大写)：伍万元整 |  |  |  |  | ¥50,000.00 |  |

总经理：陈思远　　销售经理：孙娟　　经手人：林秀　　会计：张伟　　签收人：李大强

图 2-15　销售出库单

(5) 2月21日，收到款项时根据银行进账通知单(见图2-19)，编制会计分录如下：
借：银行存款　　　　　　　　　　　　　　　　　　　　　　60 000
　　贷：应收账款——浙江康泰科技有限公司　　　　　　　　　60 000

图 2-16 增值税专用发票记账联

图 2-17 托收结算凭证回单联

图 2-18 代垫运费支票存根

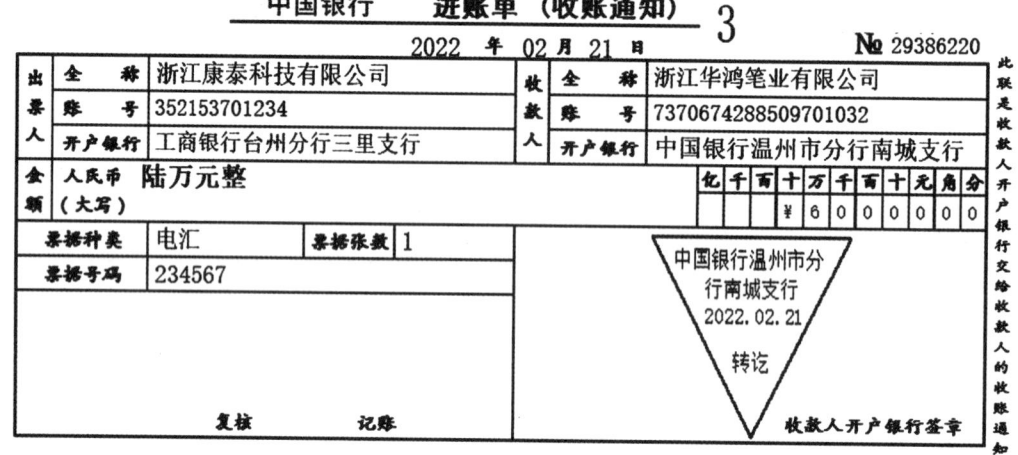

图 2-19 银行进账通知单

(6) 2月22日,公司向浙江华阳贸易有公司购入木料60吨,增值税专用发票上列示的价款为60 000元,增值税为7 800元,公司已通过电汇将款项汇出。公司根据材料入库单(见图2-20)、增值税专用发票发票联(见图2-21)、电汇回单联(见图2-22),编制会计分录如下:

借:原材料——木料　　　　　　　　　　　　　　　　　　　　　　　60 000
　　应交税费——应交增值税(进项税额)　　　　　　　　　　　　　　7 800
　　贷:银行存款　　　　　　　　　　　　　　　　　　　　　　　　　67 800

## 材料入库单

发票号码：
供应单位：浙江华鸿笔业有限公司                    收料单编号：2022022201
材料类别：木材              2022年02月22日        收料仓库：原材料仓库

| 编号 | 名称 | 规格 | 单位 | 数量 | | 实际成本 | | | | |
| | | | | 应收 | 实收 | 买价 | | 运杂费 | 合计 | 单位成本 |
| | | | | | | 单价 | 金额 | | | |
| --- | --- | --- | --- | --- | --- | --- | --- | --- | --- | --- |
| | 原木 | 松木 | 吨 | 60 | 60 | 1 000.00 | 60 000.0 | | 60 000 | 1 000.00 |
| | | | | | | | | | | |
| | | | | | | | | | | |
| | | | | | | | | | | |
| | | | | | | | | | | |
| | 合 计 | | | 60 | 60 | | ￥60 000.00 | | ￥60 000.00 | ￥1 000.0000 |
| | 备 注 | | | | | | | | | |

采购员：罗文        检验员：林秀        记账员：张伟        保管员：林秀

图 2-20  材料入库单

图 2-21  增值税专用发票发票联

图 2-22 电汇回单联

### 三、银行存款对账业务

企业应当加强对银行存款的管理,定期对银行存款进行检查。银行存款的收付由出纳人员办理,由专人保管空白支票和签发支票。银行存款总账由会计登记掌管,银行存款日记账由出纳逐笔登记,并经常与银行提供的对账单进行核对,以便进行内部控制。

2-5 银行余额调节表的编制

银行存款的对账包括三个方面:一是银行存款日记账与银行存款收、付款凭证相互核对,做到账证相符。二是银行存款日记账与银行存款总账相互核对,做到账账相符。三是在账证、账账相符的基础上,银行存款日记账与银行对账单相互核对,做到账单相符。

银行存款日记账余额与银行对账单余额如有不符,除记账错误外,未达账项的影响是主要原因。未达账项,是指银行与企业之间,由于凭证传递上的时间差,一方已登记入账,而另一方尚未入账的收支项目。银行存款的未达账项具体来说有以下四种情况:

(1) 银行已入账但企业未入账的收入。

(2) 银行已入账但企业未入账的支出。

(3) 企业已入账但银行未入账的收入。

(4) 企业已入账但银行未入账的支出。

对于未达账项,企业应编制"银行存款余额调节表"进行调节。调节后,若无记账差错,双方调整后的银行存款余额应该相等;调节后,双方余额如果仍不相符,说明记账有差错,须进一步查对,更正错误记录。

调节后的银行存款余额,反映了企业可以动用的银行存款实有数额。需要注意的是,银行存款余额调节表是用来核对企业和银行的记账有无错误的,不能作为记账的依据。对于未达账项,无须进行账面调整,待结算凭证收到后再进行账务处理。

【做中学 2-5】 浙江华鸿笔业有限公司 2 月 28 日银行存款日记账余额为 285 600 元，同日，银行对账单余额为 218 000 元。经银行存款日记账与银行对账单逐笔核对，发现两者不符是由下列原因造成的(未达账项)：

(1) 2 月 28 日公司的开户银行代公司收进一笔托收的货款 28 250 元，银行已记账，但收款通知尚未送达公司。

(2) 2 月 28 日开户银行代公司支付当月的水电费 5 450 元，银行已记账，但付款通知单未送达公司，因而公司未记账。

(3) 公司于 2 月 28 日以转账支票支付供应商货款，金额 22 600 元。公司根据支票存根已记账，但收款人尚未到银行办理进账。

(4) 公司于 2 月 28 日收到客户无锡荣升股份有限公司转账支票一张，系上月所欠货款，金额 113 000 元。支票已送交银行办理进账，但因跨行结算，所以银行未记账。

根据以上资料编制"银行存款余额调节表"，如表 2-1 所示。

表 2-1　银行存款余额调节表

2022 年 2 月 28 日　　　　　　　　　　　　　　　　　　　　　单位：元

| 项目 | 金额 | 项目 | 金额 |
|---|---|---|---|
| 银行存款日记账余额 | 285 600 | 银行对账单余额 | 218 000 |
| 加：<br>银行已收，企业未收的款项 | (1)<br>28 250 | 加：<br>企业已收，银行未收的款项 | (4)<br>113 000 |
| 减：<br>银行已付，企业未付的款项 | (2)<br>5 450 | 减：<br>企业已付，银行未付的款项 | (3)<br>22 600 |
| 调节后存款余额 | 308 400 | 调节后存款余额 | 308 400 |

表 2-1 经调节如果双方账目的余额相等，一般说明双方记账没有错误。如果不相等，应进一步查明原因，进行更正。未达账项，应在结算凭证到达后再记账，调节后的金额不能当作企业当天可以动用的银行存款金额，企业当天可以动用的银行存款实际金额要以银行账为依据。

# 任务三　其他货币资金业务核算

**情境导入**

自从有了人类文明，就有了支付行为。支付最早的方式是以物换物，之后发展到物品和货币交易，再发展便有了银行相关的支付方式(如银行汇票、托收承付、信用证等)，再到现在的无卡支付、人脸支付等方式，我国还推出数字人民币，在无网络环境下也可实现支付。

**思考：**

(1) 请同学们谈谈，近年支付方式的变化给我们生活带来哪些变化？

(2) 这些巨大的变化说明了我们生活在一个怎样的国家？

> **知识准备**

### 一、其他货币资金业务常识

其他货币资金是指企业除现金、银行存款外的其他各种货币资金，包括外埠存款、银行汇票存款、银行本票存款、信用卡存款、信用证保证金存款、存出投资款、第三方支付平台存款等。

2-6 其他货币资金业务常识及账户设置

### 二、其他货币资金业务核算

为了核算各种其他货币资金，企业应当设置"其他货币资金"总账科目，并按照外埠存款的开户银行，银行汇票或本票、信用证的收款单位，分别设置"外埠存款""银行汇票""银行本票""信用卡""信用证保证金""存出投资款""微信或支付宝"等账户进行明细核算。本科目期末余额在借方，反映企业持有的其他货币资金余额。

2-7 其他货币资金业务核算

**(一) 外埠存款**

外埠存款是指企业到外地进行临时和零星采购时，汇往采购地银行开立采购专户存款的款项。

企业将款项委托当地银行汇往采购地开立专户时，根据汇出款项凭证编制付款凭证，借记"其他货币资金——外埠存款"账户，贷记"银行存款"账户；企业收到采购人员交来的供货单位发票、账单等报销凭证时，据以编制转账凭证，借记"材料采购"或"原材料""库存商品""应交税费——应交增值税（进项税额）"等账户，贷记"其他货币资金——外埠存款"账户；外埠存款采购结束将多余资金转回时，根据银行的收账通知编制收款凭证，借记"银行存款"账户，贷记"其他货币资金——外埠存款"账户。

**【做中学2-6】** 浙江华鸿笔业有限公司为增值税一般纳税人，需采购一批油漆。2022年2月1日，委托当地开户银行汇款200 000元给上海松江路支行采购专户。

(1) 2月11日，根据电汇单回单联（见图2-23），编制如下会计分录：

借：其他货币资金——外埠存款　　　　　　　　　　　　200 000
　　贷：银行存款　　　　　　　　　　　　　　　　　　　　　　200 000

(2) 2月15日，从丽水日升板材有限公司购进原材料一批，从采购专户支付货款150 000元，增值税19 500元。根据取得的增值税专用发票发票联、材料入库单、付款通知单，编制如下会计分录：

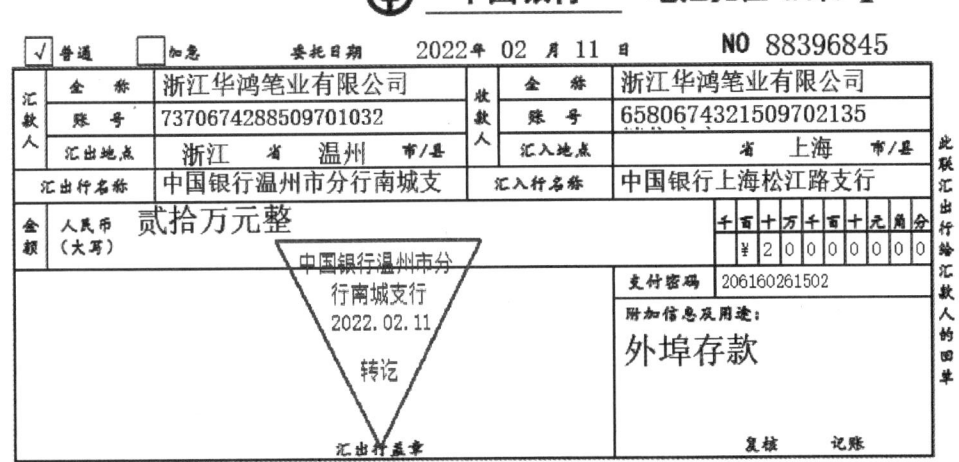

图 2-23 电汇回单联

借：原材料 150 000
　　应交税费——应交增值税（进项税额） 19 500
　　贷：其他货币资金——外埠存款 169 500

(3) 2月16日，公司收到退回的多余款项30 500元，结清采购专户，根据取得的银行入账通知，编制如下会计分录：

借：银行存款 30 500
　　贷：其他货币资金——外埠存款 30 500

## (二) 银行汇票存款

银行汇票存款是指企业为取得银行汇票按照规定存入银行的款项。企业填制"银行汇票申请书"并将款项交存银行，取得银行汇票后，根据银行签章退回的申请书存根联编制付款凭证，借记"其他货币资金——银行汇票"账户，贷记"银行存款"账户；企业使用银行汇票后，根据发票账单等有关凭证编制转账凭证，借记"材料采购"或"原材料""库存商品""应交税费——应交增值税（进项税额）"等账户，贷记"其他货币资金——银行汇票"账户；银行汇票，借记"银行存款"账户，贷记"其他货币资金——银行汇票"账户。

【做中学2-7】2022年2月20日，浙江华鸿笔业有限公司向银行申请办理银行汇票用以向无锡市荣升股份有限公司购货，将款项50 000元转存银行转作银行汇票存款。

(1) 2月20日，根据银行盖章的银行汇票申请书留存联（见图2-24），编制如下会计分录：

借：其他货币资金——银行汇票 50 000
　　贷：银行存款 50 000

(2) 2月25日，公司向无锡市荣升股份有限公司购入原材料油漆入库，增值税专用发票注明价款40 000元，增值税5 200元，用银行汇票办理结算。根据取得的增值税专用发票

**中国银行　汇票申请书**

申请日期：2022年 02 月 20 日　　　　第　　号

| 申请人 | 浙江华鸿笔业有限公司 | 收款人 | 无锡市荣升股份有限公司 |
|---|---|---|---|
| 账号或地址 | 7370674288509701032 | 账号或住址 | 457953711723 |
| 用途 | 货款 | 代理付款行 | 建设银行无锡市分行南山支行 |
| 汇款金额 | 人民币（大写）伍万元整 | | 亿 千 百 十 万 千 百 十 元 角 分<br>¥ 5 0 0 0 0 0 0 |
| 上列款项请从我账号内支付。<br>（浙江华鸿笔业有限公司 财务专用章）（陈思远印）<br>申请人签章 | | 科目<br>对方科目<br><br>财务主管　　复核　　经办 | |

此联汇款人留存

图 2-24　银行汇票申请书留存联

（见图 2-25）、材料入库单（见图 2-26）、银行汇票（复印件）（见图 2-27），编制如下会计分录：

| | | |
|---|---|---|
| 借：原材料——ISS 油漆 | 40 000 | |
| 　　应交税费——应交增值税（进项税额） | 5 200 | |
| 　贷：其他货币资金——银行汇票 | | 45 200 |

**浙江增值税专用发票**　　№ 12027903

发票联

机器编号：982888812388　　　　12027903

开票日期：2022年02月25日

| 购买方 | 名　　称：浙江华鸿笔业有限公司<br>纳税人识别号：91330303M091709493<br>地 址、电 话：温州龙湾区百际路215号58953569<br>开户行及账号：中国银行温州市分行南城支行7370674288509701032 | | | | 密码区 | 65->779*29*054374#5005->#1%3<br>376-8702>199497#0>5694%77>80<br>93196406615817-69>1->916>*>-<br>#917383#7-25*3-#32#45-#32843 | | |
|---|---|---|---|---|---|---|---|---|
| 货物或应税劳务、服务名称 | 规格型号 | 单位 | 数量 | 单价 | 金额 | 税率 | 税额 | |
| 油漆 | ISS | | 500 | 80.00 | 40 000.00 | 13% | 5 200.00 | |
| 合　　计 | | | | | ¥40 000.00 | | ¥5 200.00 | |
| 价税合计（大写） | ⊗ 肆万伍仟贰佰元整 | | | | （小写）¥45 200.00 | | | |
| 销售方 | 名　　称：无锡市荣升股份有限公司<br>纳税人识别号：913303021127821125049<br>地 址、电 话：无锡市滨湖区人民路69号0510-85234832<br>开户行及账号：建设银行无锡市分行南山支行457953711723 | | | | 备注 | 校验码 52118 02817 08248 65195<br>（无锡市荣升股份有限公司 913303021127821125049 发票专用章） | | |

收款人：　　复核：　　开票人：　　销售方：（章）

税总函[202X]××号×××公司

第三联：发票联　购买方记账凭证

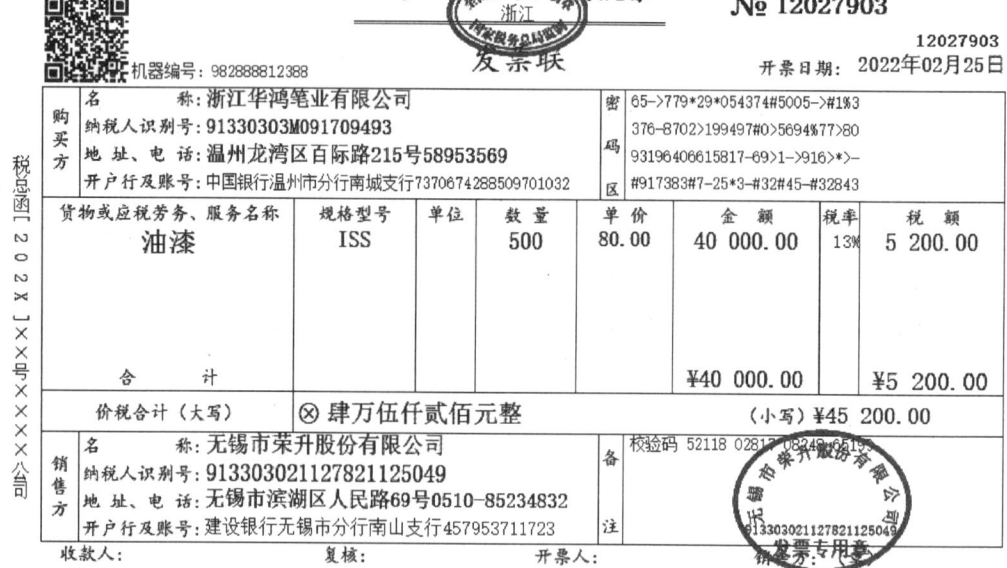

图 2-25　增值税专用发票

## 材料入库单

发票号码：
供应单位：浙江华鸿笔业有限公司
材料类别：油漆

2022年02月25日

收料单编号：2022022201
收料仓库：原材料仓库

| 编号 | 名称 | 规格 | 单位 | 数量 | | 实际成本 | | 运杂费 | 合计 | 单位成本 |
| --- | --- | --- | --- | --- | --- | --- | --- | --- | --- | --- |
| | | | | 应收 | 实收 | 买价 | | | | |
| | | | | | | 单价 | 金额 | | | |
| | 油漆 | ISS | 筒 | 500 | 500 | 80.00 | 40 000.0 | | 40 000.00 | 80.00 |
| | | | | | | | | | | |
| | | | | | | | | | | |
| | | | | | | | | | | |
| | 合计 | | | 500 | 500 | | ￥40 000.00 | | ￥40 000.00 | ￥80.00 |
| | 备注 | | | | | | | | | |

采购员：罗文　　　检验员：林秀　　　记账员：张伟　　　保管员：林秀

图2-26　材料入库单

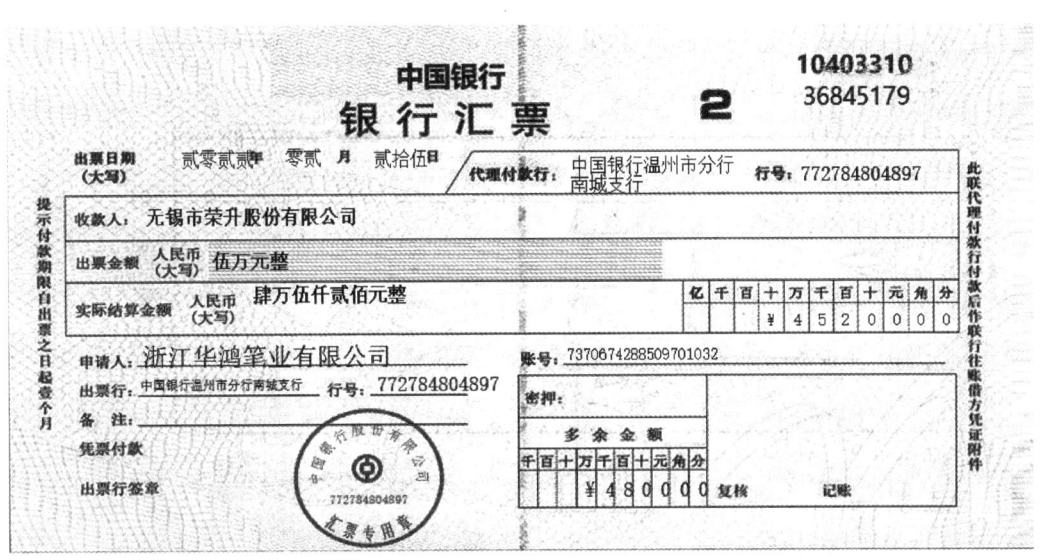

图2-27　银行汇票（复印件）

（3）2月28日，银行汇票多余款项退回开户银行，公司收到开户银行转来的银行汇票第四联（多余款收账通知），根据多余款收账通知（见图2-28），编制如下会计分录：

　　借：银行存款　　　　　　　　　　　　　　　　　　　　　　　　4 800
　　　　贷：其他货币资金——银行汇票　　　　　　　　　　　　　　　　　　4 800

图 2-28 银行多余款收账通知

**(三) 银行本票存款**

银行本票存款是指企业为取得银行本票按照规定存入银行的款项。本票分为定额本票和不定额本票,定额本票面额为1 000元、5 000元、10 000元和50 000元。企业向银行提交"银行本票申请书"并将款项交给银行,取得银行签发的银行本票后,应根据银行签章退回的"银行本票申请书"存根联编制付款凭证,借记"其他货币资金——银行本票"账户,贷记"银行存款"账户;企业使用银行本票后,应根据发票账单等有关单据编制转账凭证,借记"材料采购"或"原材料""库存商品""应交税费——应交增值税(进项税额)"等账户,贷记"其他货币资金——银行本票"账户;若本票因超过付款期等原因要求退款时,借记"银行存款"账户,贷记"其他货币资金——银行本票"账户。

**【做中学2-8】** 2022年2月21日,浙江华鸿笔业有限公司申请办理银行本票30 000元,公司向银行提交"银行本票申请书"并将款项交存银行。

(1) 2月21日,公司取得银行本票时,根据银行盖章的本票申请书(见图2-29),编制如下会计分录:

借:其他货币资金——银行本票　　　　　　　　　　　　　　　30 000
　　贷:银行存款　　　　　　　　　　　　　　　　　　　　　　　　30 000

(2) 2月23日,公司使用银行本票向高鼎铅业有限公司购买铅芯一批,材料已验收入库,实际支付价款33 900元,余款暂欠,根据取得的增值税专用发票、本票(见图2-30)、材料入库单,编制如下会计分录:

借:原材料　　　　　　　　　　　　　　　　　　　　　　　　30 000
　　应交税费——应交增值税(进项税额)　　　　　　　　　　　　3 900
　　贷:其他货币资金——银行本票　　　　　　　　　　　　　　　30 000
　　　　应付账款——高鼎铅业有限公司　　　　　　　　　　　　　3 900

图 2-29 本票申请书

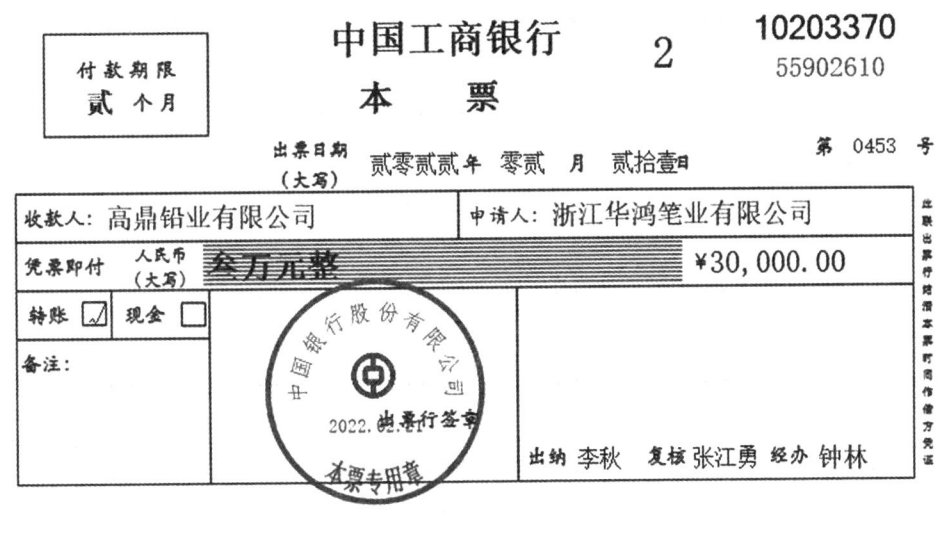

图 2-30 本票

### (四)信用卡存款

信用卡存款是指企业为取得信用卡按照规定存入银行的款项。企业应按规定填制"信用卡申请书",连同支票和有关资料一并送交发卡银行,根据银行盖章的信用卡申请书回单,借记"其他货币资金——信用卡"账户,贷记"银行存款"账户;企业用信用卡购物或支付有关费用,借记有关账户,贷记"其他货币资金——信用卡"账户;企业信用卡在使用过程中,需要向其账户续存资金的,借记"其他货币资金——信用卡"账户,贷记"银行存款"账户。

【做中学 2-9】 2022 年 3 月 1 日,浙江华鸿笔业有限公司申请办理信用卡,经银行审批同意,转账 30 000 元至信用卡账户。

(1) 3月1日,根据银行转账回单联,编制如下会计分录:

借:其他货币资金——信用卡　　　　　　　　　　　　　　　　　30 000
　　贷:银行存款　　　　　　　　　　　　　　　　　　　　　　　　　30 000

(2) 3月3日,公司持卡向浙江华阳贸易有公司购进一批办公用品,金额2 000元,增值税260元。公司根据购货发票和银行转来的付款通知等相关凭证,编制如下会计分录:

借:管理费用——办公费　　　　　　　　　　　　　　　　　　　2 000
　　应交税费——应交增值税(进项税额)　　　　　　　　　　　　　 260
　　贷:其他货币资金——信用卡　　　　　　　　　　　　　　　　　　2 260

### (五) 信用证保证金存款

信用证保证金存款是指企业为取得信用证按规定存入银行的保证金。企业向银行缴纳保证金,借记"其他货币资金——信用证保证金"账户,贷记"银行存款"账户;根据开证行交来的信用证通知书及有关单据列明的金额,借记"材料采购"或"原材料""库存商品""应交税费——应交增值税(进项税额)"等账户,贷记"其他货币资金——信用证保证金"账户;企业未用完的信用证保证金余额转回开户银行时,借记"银行存款"账户,贷记"其他货币资金——信用证存款"等账户。

**【做中学2-10】** 2022年3月1日,浙江华鸿笔业有限公司向境外供货单位美国爱士琪科技有限公司购进一批进口生产设备,双方协商以信用证支付货款。公司向银行申请开具信用证400 000元。

(1) 3月1日,根据银行盖章退回的信用证申请书回单,编制如下会计分录:

借:其他货币资金——信用证保证金　　　　　　　　　　　　　 400 000
　　贷:银行存款　　　　　　　　　　　　　　　　　　　　　　　　400 000

(2) 3月7日,公司收到供货单位信用证结算凭证及所附增值税专用发票账单,支付设备款300 000元、增值税39 000元,经核对无误,根据信用证结算凭证、增值税专用发票、入库单编制如下会计分录:

借:固定资产——生产设备　　　　　　　　　　　　　　　　　300 000
　　应交税费——应交增值税(进项税额)　　　　　　　　　　　　39 000
　　贷:其他货币资金——信用证保证金　　　　　　　　　　　　　　339 000

(3) 3月7日,公司将未用完的信用证保证金余额61 000元转回开户银行,根据银行收款通知单,编制如下会计分录:

借:银行存款　　　　　　　　　　　　　　　　　　　　　　　　61 000
　　贷:其他货币资金——信用证保证金　　　　　　　　　　　　　　 61 000

### (六) 存出投资款

存出投资款是指企业已存入但尚未进行交易性投资的现金。企业向证券公司划出资金时,应按实际划出的金额,借记"其他货币资金——存出投资款"账户,贷记"银行存款"账户;购买股票、债券时,按实际发生的金额,借记"交易性金融资产"账户,贷记"其他货币资金——存出投资款"账户。

**【做中学 2-11】** 2022年2月25日,浙江华鸿笔业有限公司拟购入温州新星机床股份有限公司股票。

(1) 向浙江方正证券有限公司划拨资金 1 000 000 元时,根据转账支票存根(见图 2-31)、证券公司存款凭条(见图 2-32),编制如下会计分录:

借:其他货币资金——存出投资款　　1 000 000
　　　贷:银行存款　　　　　　　　　　　　　　1 000 000

(2) 3月2日,购进温州新星机床股份有限公司股票 100 000 股,每股 1 元,根据成交过户交割单(见图 2-33),编制如下会计分录:

借:交易性金融资产——温州新星机床股份有限公司
　　　　　　　　　　　　　　　1 000 000
　　　贷:其他货币资金——存出投资款　　1 000 000

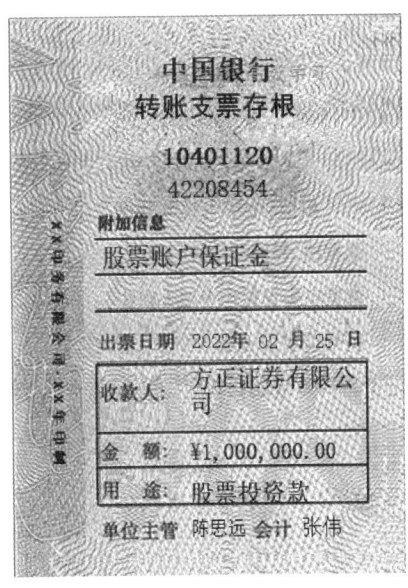

图 2-31　转账支票存根

### 方正证券公司
#### 温州营业部客户存款凭条

[存款]

| 流水号:1599853 | 2022年02月25日 | |
|---|---|---|
| 户名:浙江华鸿笔业有限公司 | 资金账号:7370674288509701032 | 委托人签 |
| 存入金额:1 000 000 | 余额:1 000 000 | |
| 账户: | 账户: | |
| | 操作员:李林 | 复核员:宋远 |

图 2-32　证券公司存款凭条

### 成交过户交割凭单　　　　买
2022 年 03 月 02 日

| 股东编号: | 4765 | 成交证券: | 温州新星机床股份有限公司 |
|---|---|---|---|
| 电脑编号: | 7821 | 成交数量: | 1 000 000 |
| 公司代号: | 1145 | 成交价格: | 1元/股 |
| 申请编号: | 77623 | 成交金额: | 1 000 000 |
| 申报时间: | 2022年3月1日 | 标准佣金: | 0.50 |
| 成交时间: | 2022年3月2日 | 过户费用: | 0 |
| 上次余额: | 0 | 印花税: | 500.00 |
| 本次成交: | 1 000 000 | 应付金额: | 500.00 |
| 本次余额: | 0 | 最终余额: | 0 |
| 附加费用: | | 实付金额: | 500.00 |

经办单位:方正证券有限公司　　　　客户签章:浙江华鸿笔业有限公司

图 2-33　成交过户交割单

### (七) 第三方支付平台存款

国内第三方支付平台最具代表性的就是微信和支付宝平台,其致力于提供简单、安全、快速的支付解决方案,是互联网在线交易的重要媒介。第三方支付平台实际上相当于交易的中介人,买方先通过网上银行把钱转入第三方支付平台,卖方才会发货。买方收到货并确认无问题后,卖方才会收到货款。第三方支付平台为买卖双方提供了安全保障,给网络买卖提供了诚信保证。第三方支付平台主要提供支付及理财服务,包括网购担保交易、网络支付、转账、信用卡还款、手机充值、生活缴费、个人理财等多个领域。在进入移动支付领域后,第三方支付平台为零售百货、电影院线、连锁商超和出租车等多个行业提供服务。

企业向第三方支付平台划入资金时,应按实际划入的金额,借记"其他货币资金——第三方支付平台(微信或支付宝)"账户,贷记"银行存款"账户;企业用第三方支付平台支付款项时,借记有关账户,贷记"其他货币资金——第三方支付平台(微信或支付宝)"账户;企业从第三方支付平台划出资金时,贷记"银行存款"账户,贷记"其他货币资金——第三方支付平台(微信或支付宝)"账户。

**【做中学 2-12】** 2022年3月1日,浙江华鸿笔业有限公司通过公司淘宝旗舰店销售商品一批,金额10 000元,增值税1 300元。3月5日,发货订单全部确认收货,公司支付宝旗舰店铺账号收到客户货款时,根据淘宝平台收账记录、销售出库单、增值税专用发票编制如下会计分录(本题不考虑平台佣金):

借:其他货币资金——支付宝　　　　　　　　　　　　　　　　　11 300
　　贷:主营业务收入　　　　　　　　　　　　　　　　　　　　　　10 000
　　　　应交税费——应交增值税(销项税额)　　　　　　　　　　　1 300

**【做中学 2-13】** 2022年3月3日,浙江华鸿笔业有限公司通过公司支付宝费用账户支付温州大咖传媒有限公司旗舰店店面设计费3 000元,根据平台支付记录编制如下会计分录:

借:销售费用——推广费　　　　　　　　　　　　　　　　　　　3 000
　　贷:其他货币资金——支付宝　　　　　　　　　　　　　　　　3 000

**【做中学 2-14】** 2022年3月5日,浙江华鸿笔业有限公司将支付宝内150 000元转入中国工商银行账户,支付宝收取千分之一手续费,根据转账记录和手续费凭证编制如下会计分录:

借:银行存款　　　　　　　　　　　　　　　　　　　　　　　149 850
　　财务费用　　　　　　　　　　　　　　　　　　　　　　　　　150
　　贷:其他货币资金——支付宝　　　　　　　　　　　　　　　150 000

# 项目三　往来业务

**学习目标**

1. 了解往来结算岗位的职责。
2. 掌握应收票据、应收账款、预付账款、其他应收款、坏账准备等应收款项类账户核算的内容与方法,并能正确核算相关业务。
3. 掌握应付票据、应付账款、其他应付款、预收账款等应付款项账户核算的内容及方法,并能正确核算相关业务。
4. 掌握应付职工薪酬核算的内容与方法,并能正确核算相关业务。
5. 掌握应交税费中各主要税种的核算内容与方法,并能正确核算相关业务。

**业务导入思考**

1. 往来结算岗位有哪些职责?日常涉及哪些会计科目?
2. 应收票据、应收账款、预付账款、其他应收款分别适用于什么业务?如何进行账务处理?
3. 应付票据、应付账款、其他应付款、预收账款分别适用于什么业务?如何进行账务处理?
4. 应付职工薪酬包含哪些核算内容?如何进行账务处理?
5. 哪些税种需要通应交税费科目核算?如何进行账务处理?

## 任务一　往来业务认知

**情境导入**

小王在浙江华鸿笔业有限公司负责往来账登记、核对及协助业务员进行应收款催收工作。在一次凭证录入过程中,小王把支付给 A 公司的货款 10 万元录到 B 公司账户上,此时 A 公司的货款实际已结清,但由于错录,账上显示还欠 A 公司 10 万元,月末公司根据合同应结清 A 公司的货款,因此又汇给 A 公司 10 万元。直到 B 公司催要货款时,小王所在公司查原始凭证才发现凭证录错导致多付 A 公司 10 万元,但 A 公司迟迟不肯退回。

思考:

(1) 往来款项账务处理在企业日常经营中有什么重要作用?小王从个人工作角度应如

何改进?

(2) 你认为发生这样的错误,公司在稽核制度方面有哪些不足,该如何改进?

**知识准备**

## 一、往来业务概述

**往来业务**是指企业与企业或企业与个人在日常生产经营活动中产生债权、债务关系的应收款项经济业务。产生债权、债务关系的经济业务可能是单位与单位之间销售商品、提供劳务类业务,也有可能是单位与单位之间购进商品、接受劳务类业务,还有可能是单位与个人之间形成的审查后的应收应付类业务。一般情况下,为了核算企业的往来业务,企业应设置以下会计账户,相关账户名称及核算内容如表3-1所示。

表3-1 往来业务主要设置会计账户一览表

| 账户类别 | 账户名称 | 核算内容 |
|---|---|---|
| 资产类（债权） | 应收票据 | 核算企业因销售商品、提供劳务等而收到的商业汇票,包括银行承兑汇票和商业承兑汇票 |
| | 应收账款 | 核算企业因销售商品、提供劳务等经营活动应收取的款项 |
| | 合同资产 | 核算企业已向客户转让商品而有权收取对价的权利（拥有的是有条件的收款权力） |
| | 预付账款 | 企业按照合同规定预付的款项 |
| | 其他应收款 | 核算企业应收票据、应收账款、预付账款、应收股利、应收利息、长期应收款等以外的其他各种应收及暂付款项 |
| | 坏账准备 | 核算企业应收款项的坏账准备 |
| | 合同资产减值准备 | 核算与合同资产有关的减值准备,可以按合同进行明细核算 |
| 负债类（债务） | 应付票据 | 核算企业购买材料、商品和接受劳务供应等开出、承兑的商业汇票,包括银行承兑汇票和商业承兑汇票 |
| | 应付账款 | 核算企业因购买材料、商品和接受劳务等经营活动应支付的款项 |
| | 预收账款 | 核算企业按照合同规定预收的款项 |
| | 合同负债 | 核算企业已收或应收客户对价而应履行向客户转让商品的义务 |
| | 其他应付款 | 核算企业除应付票据、应付账款、预收账款、应付职工薪酬、应付利息、应付股利、应交税费、长期应付款等以外的其他各项应付或暂收的款项 |
| | 应付职工薪酬 | 核算企业根据有关规定应付给职工的各种薪酬 |
| | 应交税费 | 核算企业按照税法等规定计算应缴纳的各种税费,包括增值税、消费税、所得税、资源税、土地增值税、城市维护建设税、房产税、土地使用税、车船税、教育费附加、矿产资源补偿费等 |

"应收利息""应收股利""应付利息""应付股利"等债权债务性质的会计账户,其核算内容在项目五投资业务和项目八融资业务中学习。

## 二、往来结算岗位的核算任务

往来结算岗位的核算任务包括以下几个方面:

(1) 严格执行往来结算办法,防止坏账损失。坚持"前账不清、后账不借"的原则,对各项应收款项要及时催收,对应付款项要抓紧清偿。对确认无法收回的应收款项和无法支付的应付款项,应查明原因,按现行规定报经批准后处理。严格审查各种往来款项是否合法,并对审查后的往来账款进行归类分析。

(2) 负责与供货单位、购买单位和其他单位、个人的购销业务的结算和明细核算。对各项往来款项,要按照单位、科室或个人设置明细账,根据审核后的记账凭证逐笔登记,并经常核对余额。年终要抄清单,并向有关部门报告、核对。

(3) 对购销业务以外的暂收、暂付、应收、应付、备用金、保证金、押金等债权债务及往来款项,要加强管理,及时清算。实行备用金制度的企业,要核定备用金定额,及时办理领用和报销手续。年终全部上缴财务部门,下年初重新办理暂借手续。对预借的差旅费,要督促及时办理报销手续,收回余额,不得拖欠,不准挪用。

(4) 负责债务重组的结算和相关明细核算工作。

(5) 领导交办的其他与往来结算有关的管理工作。

## 任务二 应收款项和预付款项业务核算

**情境导入**

李江是江苏三洋公司的业务员,一直负责无锡片区的销售业务和回款,因是公司的老员工,公司和客户单位都很信任他。2022年,李江因为炒股亏了100多万元,由于大部分钱都是高利息借的,为了偿还借款,他登记注册了一家公司,并伪造了一张银行账户变更函,将原公司的货款收入账户改成自己新注册的公司账户。李江在公司多年,客户也非常信任,于是近一个月无锡片区大部分客户的货款都汇入了李江新开公司的账号,金额达到120万元,公司在季度末与客户对账时才发现,120万元已全部被李江挪用。李江被公安机关逮捕,但公司损失已无法挽回。

思考:

(1) 在上述案例中,李江为何能轻易将公司的货款转到自己的账号?如果你是客户企业的财务,在收到对方单位账号变更函时,你会怎么做?

(2) 你认为江苏三洋公司在往来款项监控方面有什么需要改进的?

3-1 应收票据的核算

## 知识准备

### 一、应收票据

**(一) 应收票据业务常识**

**应收票据**是指企业因销售商品、提供劳务等而收到的商业汇票。在我国,应收票据是指商业汇票,不包括支票、银行本票、银行汇票。

商业汇票是出票人签发的,委托付款人在指定日期无条件支付确定的金额给收款人或者持票人的票据。商业汇票的付款期限最长为6个月。根据承兑人的不同,商业汇票可分为商业承兑汇票和银行承兑汇票。商业承兑汇票是由银行以外的付款人签发并承兑,或由收款人签发交由付款人承兑的汇票。银行承兑汇票是由在承兑银行开立存款账户的存款人(也是出票人)签发,由承兑银行承兑的汇票。企业申请使用银行承兑汇票时,应向其承兑银行按票面金额的0.5‰交纳手续费。

应收票据是商业信用的必然结果,是在商品交易过程中因赊销商品而产生的债权。和应收账款相比,应收票据有以下特点:首先,应收票据是一种具有合法凭证的债权,因而比应收账款更具有法律上的约束力;其次,商业汇票的流通性较强,持票人可以将持有的商业汇票贴现、背书转让或抵押;最后,应收票据(特别是其中的银行承兑汇票)发生坏账损失的风险较小。因此,会计核算上一般不对应收票据计提坏账准备,超过承兑期收不回的应收票据应转做应收账款,对应收账款计提坏账准备。目前除了纸质的承兑汇票,电子承兑汇票已广泛使用,电子承兑在安全性、时效性等方面都优于纸质承兑。

**(二) 账户设置**

为了反映和监督应收票据取得、票款收回等情况,企业应设置"应收票据"账户。该账户属于资产类账户,核算应收票据的取得、收回、转让、贴现等业务。该账户借方登记取得的应收票据的面值,贷方登记到期收回票据或到期前向银行进行贴现的应收票据的账面余额,期末余额在借方,反映企业持有的应收票据的票面余额。该账户应按照商业汇票的种类或者开出承兑商业汇票的单位进行明细核算,并设置"应收票据备查簿"。该备查簿用于逐笔登记每一应收票据的种类、号数、出票日期、票面金额、票面利率、交易合同号、付款人、承兑人、背书人的姓名或单位名称,到期日、背书转让日、贴现日期、贴现率、贴现净额、未计提的利息,以及收款日期和收回金额、退票情况等资料。应收票据到期结清票款或退票后,应当在备查簿内逐笔注销。

**(三) 应收票据日常业务核算**

*1. 应收票据取得、到期收回的核算*

企业销售商品或提供劳务收到承兑的商业汇票时,按照商业汇票的面值,借记"应收票据"账户,按实现的收入,贷记"主营业务收入"账户,按增值税专用发票上注明的增值税金额,贷记"应交税费——应交增值税(销项税额)"账户。应收票据到期收回时,按票面金额借记"银行存款"账户,贷记"应收票据"账户。如果应收票据到期,企业无力偿还票款,应将应收票据的票面金额转入"应收账款"账户。

**【做中学 3-1】** 浙江华鸿笔业有限公司 2022 年 3 月 2 日销售彩色铅笔 20 000 支给浙江华阳贸易有限公司，增值税专用发票上注明的销售金额为 20 000 元，增值税额为2 600 元，同日收到一张期限为 6 个月、面值为 22 600 元的不带息银行承兑汇票，根据增值税专用发票（见图 3-1）、销售出库单（见图 3-2）、银行承兑汇票（见图 3-3），编制如下会计分录：

| | |
|---|---|
| 借：应收票据——浙江华阳贸易有限公司 | 22 600 |
| 　贷：主营业务收入 | 20 000 |
| 　　应交税费——应交增值税（销项税额） | 2 600 |

浙江 增值税专用发票　№ 14315154

14315154

机器编号：982888812388　此联不作报销、扣税凭证使用　开票日期：2022年03月02日

| 购买方 | 名称：浙江华阳贸易有限公司<br>纳税人识别号：91320401002782112305８<br>地址、电话：丽水市莲都区人民西路25号0578-86234647<br>开户行及账号：工商银行丽水市分行大洋路支行356853751432 | 密码区 | 231*7*2#*97#>>#7*7#%#81*2%%9<br>#99-4#7*675>0*315%41-#59>*>7<br>>8#53>6>2111-595#->466675475<br>501*78*9%6%%>977234%0-887693 |
|---|---|---|---|

| 货物或应税劳务、服务名称 | 规格型号 | 单位 | 数量 | 单价 | 金额 | 税率 | 税额 |
|---|---|---|---|---|---|---|---|
| 彩色铅笔 | | 支 | 20000 | 1.00 | 20 000.00 | 13% | 2 600.00 |
| 合计 | | | | | ¥20 000.00 | | ¥2 600.00 |
| 价税合计（大写） | ⊗ 贰万贰仟陆佰元整 | | | | （小写）¥22 600.00 | | |

| 销售方 | 名称：浙江华鸿笔业有限公司<br>纳税人识别号：91330303M091709493<br>地址、电话：温州龙湾区百际路215号58953569<br>开户行及账号：中国银行温州市分行南城支行 | 备注 | 校验码 52118 02817 08248 65109 |
|---|---|---|---|

收款人：　复核：张伟　开票人：杨秀　销售方：（章）

税总函[202X]××号×××公司

第一联：记账联 销售方记账凭证

**图 3-1 增值税专用发票**

## 销 售 单

购货单位：浙江华阳贸易有限公司　地址和电话：丽水市莲都区人民西路 25 号 0578-86234647　单据编号：202202182

纳税识别号：91320401002782112305８　开户行及账号：工商银行丽水市分行大洋路支行 356853751432　制单日期：2022 年 03 月 02 日

| 编码 | 产品名称 | 规格 | 单位 | 单价 | 数量 | 金额 | 备注 |
|---|---|---|---|---|---|---|---|
| | 彩色铅笔 | | 支 | 1.00 | 20 000 | 20 000.00 | |
| | | | | | | | |
| | | | | | | | |
| | | | | | | | |
| 合计 | 人民币（大写）：贰万元整 | | | | | ¥20 000.00 | |

总经理：陈思远　销售经理：孙媚　经手人：林秀　会计：张伟　签收人：李大强

**图 2-2 销售出库单**

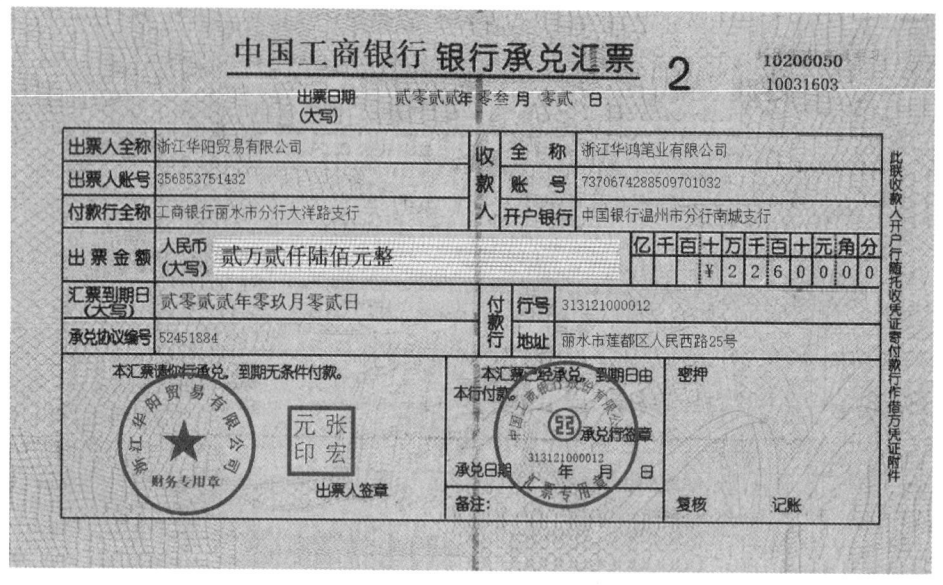

图 3-3 银行承兑汇票

**【做中学 3-2】** 承[做中学 3-1],8 月 25 日,浙江华鸿笔业有限公司将快到期的 22 600 元的不带息银行承兑汇票送交银行,9 月 2 日票据到期,收到银行票款 22 600 元,根据银行进账单(见图 3-4),编制如下会计分录:

借:银行存款　　　　　　　　　　　　　　　　　　　　　　　　　　22 600
　　贷:应收票据　　　　　　　　　　　　　　　　　　　　　　　　　22 600

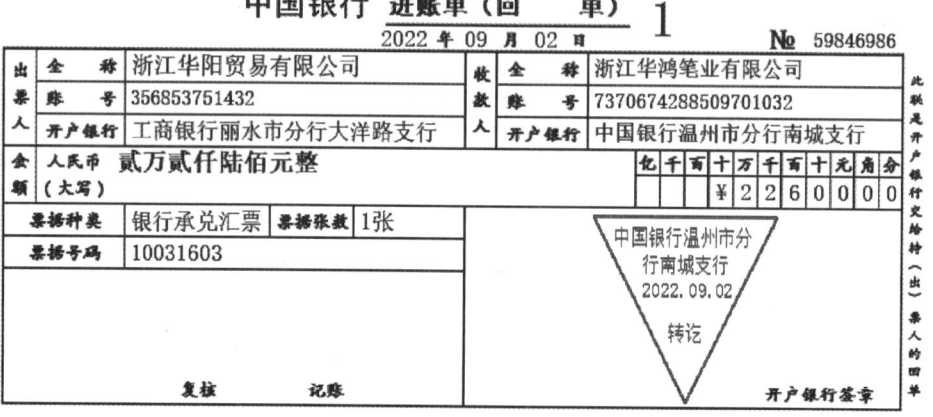

图 3-4 银行进账单

**【小贴士】**
　　一般来说,企业会在承兑汇票到期前 10 天左右送交银行,因送交银行后银行还要对票据进行审核和审批手续,如票据有盖章等问题,收款企业需要提供相应证明。因此,企业一般会提前送交银行,以保证到期日能收到承兑款。

【做中学3-3】 若上述承兑汇票为商业承兑汇票,到期出票企业无法兑现,未能正常收到票款时,根据银行反馈单,编制如下会计分录:

借:应收账款——浙江华阳贸易有限公司 22 600
  贷:应收票据 22 600

2. 应收票据转让的核算

企业将持有的应收票据背书转让,如果用于购买物资,按购买物资的成本借记"材料采购""原材料"或"库存商品"等账户,按增值税专用发票上列明的金额借记"应交税费——应交增值税(进项税额)"账户;如果用于偿还债务,应按偿还债务金额借记"应付账款"或"短期借款"等账户,按应收票据的账面余额贷记"应收票据"账户,如有差额,借记或贷记"银行存款"等账户。

【做中学3-4】 承[做中学3-1],若6月7日,浙江华鸿笔业有限公司将持有的不带息银行承兑汇票背书转让给日升板材有限公司,用于购买板材10吨,取得增值税专用发票注明材料价款50 000元,增值税税款为6 500元,余款暂欠,材料已验收入库。浙江华鸿笔业有限公司在6月7日转让银行承兑汇票时,根据增值税专用发票(见图3-5)、材料入库单(见图3-6)、银行承兑汇票(见图3-7、图3-8)及日升板材有限公司收款收据(见图3-9),编制如下会计分录:

借:原材料 50 000
  应交税费——应交增值税(进项税额) 6 500
  贷:应收票据 22 600
    应付账款——日升板材有限公司 33 900

图3-5 增值税专用发票

## 材料入库单

发票号码：12027903
供应单位：浙江华鸿笔业有限公司　　　　2022年06月07日
材料类别：板材

收料单编号：2022022201
收料仓库：原材料仓库

| 编号 | 名称 | 规格 | 单位 | 数量 | | 实际成本 | | | | 单位成本 |
| | | | | 应收 | 实收 | 买价 | | 运杂费 | 合计 | |
| | | | | | | 单价 | 金额 | | | |
| | 板材 | | 吨 | 10 | 10 | 5 000.00 | 50 000.00 | | 50 000 | 5 000.00 |
| | 合　计 | | | 10 | 10 | | ¥50 000.00 | | ¥50 000.00 | 5 000.00 |
| | 备　注 | | | | | | | | | |

采购员：罗文　　　　检验员：林秀　　　　记账员：张伟　　　　保管员：林秀

图 3-6　材料入库单

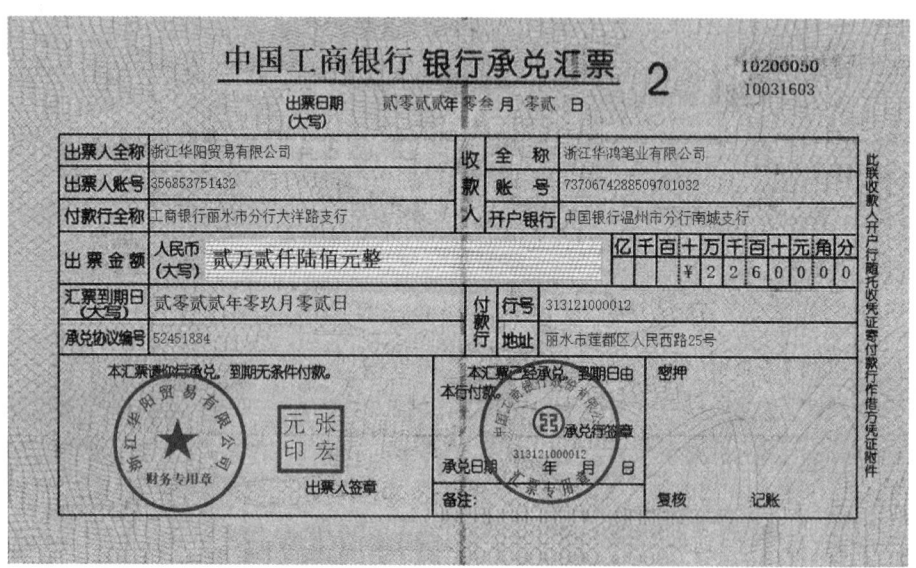

图 3-7　银行承兑汇票

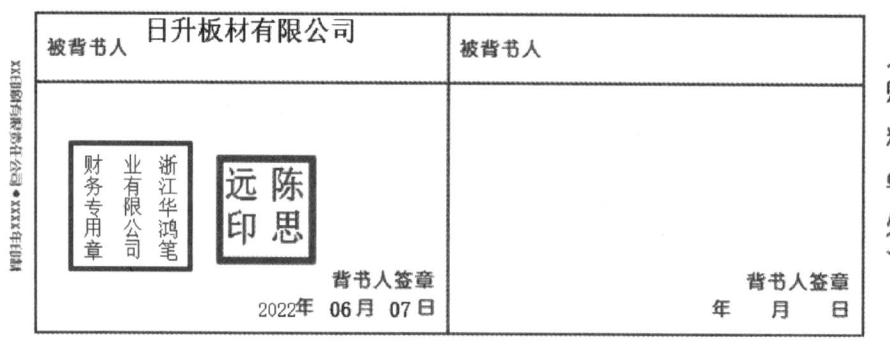

图 3-8　银行承兑汇票背书面

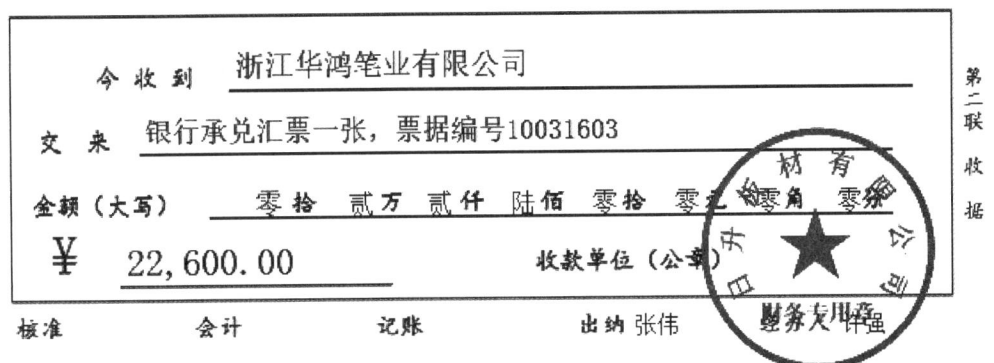

图 3-9 收款收据

【小贴士】
在实际业务过程中,由于每笔货款金额不同,企业在转让承兑汇票时不一定能正好付清全部货款,余款一般双方协商可暂欠或以其他形式支付。

【做中学 3-5】 承[做中学 3-1],若 5 月 6 日,温州新星机床股份有限公司要求支付 30 000 元前欠设备款,经协商,浙江华鸿笔业有限公司将持有的不带息银行承兑汇票 22 600 元背书转让给温州新星机床股份有限公司,剩余货款暂欠。根据背书承兑汇票复印件及新星机床收款凭证,编制如下会计分录:

借:应付账款——温州新星机床股份有限公司        22 600
　　贷:应收票据                                22 600

3.应收票据贴现的核算

**应收票据贴现**是指持票人因急需资金,将未到期的商业汇票背书转让给银行,银行受理后,从票面金额中扣除按银行的贴现率计算贴现息后,将余额付给贴现企业的一项融资活动。

应收票据的贴现要计算到期值、贴现息、贴现净额。具体计算如下:

票据到期值＝票据面值＋票面利息

或者:　　票据到期值＝票据面值×(1＋年利率×票据到期天数÷360)

贴现息＝票据到期值×贴现率×贴现期

贴现净额＝票据到期值－贴现息

【小贴士】
贴现期是指从贴现日至到期日的实际天数,也是用"算头不算尾"或"算尾不算头"的方法计算确定;不带息应收票据到期值就是其面值,目前企业间流通的主要为不带息承兑汇票。

企业持未到期的商业汇票向银行申请贴现时,应根据银行盖章退回的贴现凭证的第四联收款通知联,按贴现净额,借记"银行存款"账户,按应收票据的账面余额,贷记"应收票据"账户,按两者的差额,借记或贷记"财务费用"账户。

**【做中学3-6】** 承[做中学3-2],若6月20日,浙江华鸿笔业有限公司急需资金,将收到的浙江华阳贸易有限公司9月2日到期的不带息银行承兑汇票22 600元向银行申请贴现,月贴现率为8‰。根据银行进账单及银行承兑汇票复印件计算贴现息,贴现期计算如图3-10所示,并编制如下会计分录:

到期值=22 600(元)

到期日为9月2日。

贴现期=(30-20+1)+31+31+1=74(天)

贴现息=22 600×8‰÷360×74=371.64(元)

贴现净额=22 600-371.64=22 228.36(元)

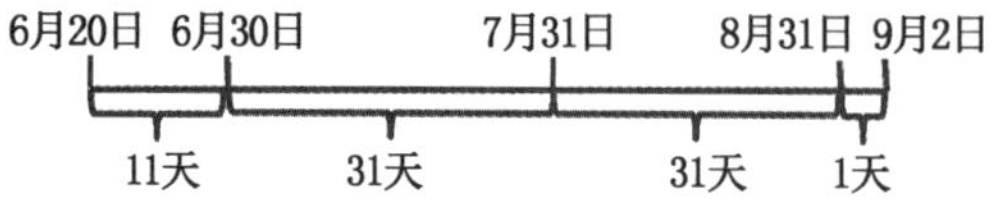

图3-10 贴现期限计算

借:银行存款　　　　　　　　　　　　　　　　　　　　　　22 228.36
　　财务费用　　　　　　　　　　　　　　　　　　　　　　　　371.64
　　贷:应收票据　　　　　　　　　　　　　　　　　　　　　　22 600.00

## 二、应收账款

### (一) 应收账款的概念

**应收账款**是指企业因销售商品、提供劳务等经营活动,应向购货单位和接受服务单位收取的款项,主要包括企业销售商品、提供劳务等应向债务人收取的价款、增值税及代购货单位垫付的包装费、运杂费等。

### (二) 账户设置

为了核算企业应收账款的增减变动及其结存情况,企业应设置"应收账款"账户,该账户借方登记应收账款的增加,贷方登记应收账款的收回及确认的坏账损失,期末余额一般在借方,表示企业尚未收回应收账款的数额。

### (三) 应收账款日常业务核算

1. 一般销售类业务

企业以赊销方式销售商品或提供劳务等发生的应收款,按应收的全部金额借记"应收账款"账户,按货款和劳务收入金额贷记"主营业务收入""其他业务收入"账户,按销项税税款贷记"应交税费——应交增值税(销项税额)"账户。其他相关类型业务在项目九财务成果核算中阐述。

**【做中学3-7】** 3月15日,浙江华鸿笔业有限公司向温州佳静文化用品有限公司销售水笔一批,开具增值税专用发票注明价款60 000元,增值税税款7 800元,同时银行代温州佳静文化用品有限公司垫付运费1 200元,款项尚未收到。根据增值税专用发票、销售出库单、银行转账凭证,编制如下会计分录:

借：应收账款——温州佳静文化用品有限公司　　　　　　　　　　　　69 000
　　贷：主营业务收入　　　　　　　　　　　　　　　　　　　　　　60 000
　　　　应交税费——应交增值税(销项税额)　　　　　　　　　　　　7 800
　　　　银行存款　　　　　　　　　　　　　　　　　　　　　　　　1 200

**【做中学3-8】** 承[做中学3-7]，4月15日，浙江华鸿笔业有限公司收到温州佳静文化用品有限公司货款69 000元，根据银行进账单编制如下会计分录：

借：银行存款　　　　　　　　　　　　　　　　　　　　　　　　　69 000
　　贷：应收账款——温州佳静文化用品有限公司　　　　　　　　　　69 000

### 2. 存在商业折扣的业务

根据商业习惯，商业折扣是从价目单价格中直接扣除，销售方所应收的货款和购买者所应付的，均按扣减商业折扣后的售价来计算。

图3-2 商业折扣和现金折扣的核算

**【做中学3-9】** 3月18日，浙江华鸿笔业有限公司向温州一心办公用品批发部销售彩笔一批，根据商品价目表列明的价款为20 000元。由于购货数量较多，浙江华鸿笔业有限公司给温州一心办公用品批发部10%的商业折扣，折扣金额为2 000元，并根据折后金额开具增值税专用发票，款项未收，根据增值税专用发票、销售出库单，编制如下会计分录：

借：应收账款——温州一心办公用品批发部　　　　　　　　　　　　20 340
　　贷：主营业务收入　　　　　　　　　　　　　　　　　　　　　　18 000
　　　　应交税费——应交增值税(销项税额)　　　　　　　　　　　　2 340

**【做中学3-10】** 承[做中学3-9]，4月20日，银行通知收到货款，根据银行进账单(见图3-11)，编制如下会计分录：

借：银行存款　　　　　　　　　　　　　　　　　　　　　　　　　20 340
　　贷：应收账款——温州一心办公用品批发部　　　　　　　　　　　20 340

## 中国银行 进账单（回单） 1

2022 年 03 月 18 日　　No 59846986

| 出票人 | 全称 | 温州一心办公用品批发部 | 收款人 | 全称 | 浙江华鸿笔业有限公司 |
|---|---|---|---|---|---|
| | 账号 | 91330301002782123 2045 | | 账号 | 7370674288509701032 |
| | 开户银行 | 建设银行温州市分行龙湾支行 | | 开户银行 | 中国银行温州市分行南城支行 |

| 金额 | 人民币(大写) | 贰万零叁佰肆拾元整 | 亿千百十万千百十元角分 ￥2 0 3 4 0 0 0 |
|---|---|---|---|

| 票据种类 | 电汇 | 票据张数 | |
| 票据号码 | | | |

中国银行温州市分行南城支行
2022.3.18
转讫

复核　　记账　　　　　　　　　　　　　开户银行签章

图3-11 进账单

【小贴士】
　　商业折扣业务中,购买时客户直接按折扣后金额付款,销售方直接按折扣后金额开具增值税发票。

３.存在现金折扣的业务

　　现金折扣是销货企业为鼓励客户早日偿还货款,根据客户最终回款时间,给予客户货款一定比率的折扣。现金折扣期限和折扣比例一般用"折扣/付款期"表示,如"2/10,1/20,N/30"表示客户在10天内付款给予2％的折扣,20天内付款给予1％的折扣,30天内付款无折扣。在新收入准则下,通过"可变对价"对不确定的收入进行账务处理,我们将在收入章节对"可变对价"具体内容进行详细阐述。本章对具体业务处理先进行了解。

【做中学 3-11】 2022年3月21日,浙江华鸿笔业有限公司向上海东芯销售有限公司销售铅笔一批,开具增值税专用发票注明价款30 000元,增值税税率13％,约定不含税现金折扣为5/10,2/20,N/30,产品已发出,款未收。根据以往回款经验判断,上海东芯销售有限公司最有可能在10天内回款。根据增值税专用发票、销售出库单,该公司编制如下会计分录:

　　借:应收账款——上海东芯销售有限公司　　　　　　　　　　　　　　　　33 900
　　　　贷:主营业务收入　　　　　　　　　　　　　　　　　　　　　　　　28 500
　　　　　　合同负债——可变对价　　　　　　　　　　　　　　　　　　　　 1 500
　　　　　　应交税费——应交增值税(销项税额)　　　　　　　　　　　　　　 3 900

【小贴士】
　　在有现金折扣的情况下,企业在确认收入时,应按发生可能性最高的折扣进行估计合同负债,即1 500元(30 000×5％),同时确认收入28 500元(30 000－1 500),实际收到货款时,再将收入调整为实际金额。

【做中学 3-12】 承[做中学 3-11],2022年4月3日,浙江华鸿笔业有限公司收到上海东芯销售有限公司按折扣后支付的货款。根据银行收款通知单,编制如下会计分录:

　　借:银行存款　　　　　　　　　　　　　　　　　　　　　　　　　　　　33 300
　　　　合同负债——可变对价　　　　　　　　　　　　　　　　　　　　　　 1 500
　　　　贷:应收账款——上海东芯销售有限公司　　　　　　　　　　　　　　 33 900
　　　　　　主营业务收入　　　　　　　　　　　　　　　　　　　　　　　　　 900

　　本例回款时间从3月21日到4月3日,隔13天,根据折扣条件"2/20",享受2％的折扣,因此实际折扣金额＝30 000×2％＝600元,调增收入900元。

【做中学 3-13】 承[做中学 3-12],如果是在4月20日回款,超过折扣期限,则不享受折扣,账务处理如下:

　　借:银行存款　　　　　　　　　　　　　　　　　　　　　　　　　　　　33 900
　　　　合同负债——可变对价　　　　　　　　　　　　　　　　　　　　　　 1 500
　　　　贷:应收账款——上海东芯销售有限公司　　　　　　　　　　　　　　 33 900
　　　　　　主营业务收入　　　　　　　　　　　　　　　　　　　　　　　　 1 500

## 4. 存在销售折让的业务

**【做中学3-14】** 3月22日,浙江华鸿笔业有限公司向温州佳静文化用品有限公司销售彩笔2 000支,根据商品价目表列明的价款为40 000元,开具增值税专用发票,款未收,根据增值税专用发票、销售出库单编制如下会计分录:

借:应收账款——温州佳静文化用品有限公司　　　　　　　　　　　45 200
　　贷:主营业务收入　　　　　　　　　　　　　　　　　　　　　40 000
　　　　应交税费——应交增值税(销项税额)　　　　　　　　　　　 5 200

**【做中学3-15】** 4月2日,温州好学文化用品有限公司发现购买的彩铅表面存在严重脱漆现象,要求货款给予30%的折让,由于3月份发票已开出,不能作废,浙江华鸿笔业有限公司根据对方质量反馈证明,开具了一张销售金额为40 000元的红字冲销发票,将3月22日已开具发票冲销,根据折扣后金额重新开具了销售金额为28 000元的蓝字销售发票。根据开具的红字增值税专用发票(见图3-12)和蓝字增值税专用发票(见图3-13),编制如下会计分录:

借:应收账款——温州好学文化用品有限公司　　　　　　　　　　　13 560
　　贷:主营业务收入　　　　　　　　　　　　　　　　　　　　　12 000
　　　　应交税费——应交增值税(销项税额)　　　　　　　　　　　 1 560

图3-12　红字增值税专用发票

该业务中,根据温州好学文化用品有限公司货款上给予30%的折扣的要求,通过本月开的红字冲销发票—40 000元加蓝字发票28 000元,达到冲减销售收入的30%,形成12 000元的折让金额。

图 3-13　蓝字增值税专用发票

**5. 发生销售退回的业务**

销售退回业务与销售折让业务基本相同,如开具发票当月退回,可将发票作废,根据实际销售数量重开,如不在同一个月退回,则根据客户产品退回证明,开具红字发票冲销即可。

## 三、预付账款

3-3　预付账款的核算

**(一) 预付账款的概念**

**预付账款**是企业因购进货物、接受劳务而按合同预先付给供应方款项所产生的短期债权。

**(二) 账户设置**

预付账款应通过"预付账款"账户核算。该账户属于资产类账户,借方登记预付的款项及补付的款项,贷方登记收到所购物资时根据有关发票账单记入"原材料"等账户的金额及收回多付款项的金额。期末余额在借方,反映企业实际预付的款项,期末余额在贷方,则反映企业应付或应补付的款项。

**(三) 预付账款日常业务核算**

企业预付货款时,按实际预付金额,借记"预付账款"账户,贷记"银行存款"账户;收到所购货物资时,借记"材料采购""原材料""库存商品"等账户,按应支付的金额贷记"预付账款"账户。补付的款项,借记"预付账款"账户,贷记"银行存款"等账户,退回多付的款项作相反的会计分录。

**【做中学 3-16】** 2022 年 3 月 1 日,浙江华鸿笔业有限公司根据合同规定,通过网银转账向湖南红太阳科技有限公司预付购买橡皮的货款 30 000 元。4 月 5 日,浙江华鸿笔业有限公司收到甲材料,取得增值税专用发票注明货款 50 000 元,增值税 6 500 元,通过网银转账补付 26 500 元。浙江华鸿笔业有限公司账务处理如下：

（1）3月1日，预付货款时，根据网银转账凭证，编制如下会计分录：

借：预付账款——湖南红太阳科技有限公司　　　　　　　　　30 000
　　贷：银行存款　　　　　　　　　　　　　　　　　　　　　30 000

（2）4月5日，货物验收入库时，根据入库单及增值税专用发票，编制如下会计分录：

借：原材料　　　　　　　　　　　　　　　　　　　　　　　50 000
　　应交税费——应交增值税（进项税额）　　　　　　　　　　6 500
　　贷：预付账款　　　　　　　　　　　　　　　　　　　　　30 000
　　　　银行存款　　　　　　　　　　　　　　　　　　　　　26 500

【小贴士】
　　预付货款不多的企业也可不设置"预付账款"账户，通过"应付账款"账户进行核算，但在期末编制会计报表时，仍应将"应付账款"和"预付账款"分开列示。预付账款如有确凿证据表明其不符合预付账款的性质，或者供货单位因破产、撤销等已无望再收到所购货物的，应将原计入预付账款的金额转入其他应收款。

## 四、其他应收款

### (一) 其他应收款的概念及内容

**其他应收款**是指企业除应收账款、应收票据、预付账款以外的各种应收、暂付给其他单位和个人的款项。其主要核算业务包括以下几个方面：

(1) 应收的各种赔款、罚款。
(2) 应收取的包装物租金。
(3) 应向职工收取的各种垫付款项。
(4) 存出保证金，如租入包装物支付的押金。
(5) 其他各种应收、暂付款项。

### (二) 账户设置

为了反映和监督其他应收款的增减变动及其结存情况，企业应当设置"其他应收款"账户进行核算。该账户借方登记其他应收款的增加，贷方登记其他应收款的收回，期末余额一般在借方，反映企业尚未收回的其他应收款项。

### (三) 其他应收款日常业务核算

企业发生各种其他应收款项时，借记"其他应收款"账户，贷记"银行存款"等账户，收回其他应收款项时，借记"库存现金""银行存款"等账户，贷记"其他应收款"账户。

【做中学3-17】　3月15日，浙江华鸿笔业有限公司以银行存款垫付的应由研发工程师张文个人负担的房租6 000元，4月10日从其工资中扣回。

(1) 3月15日垫付房租时，根据银行存款付款凭证和对方租金收据，编制如下会计分录：

借：其他应收款——张文　　　　　　　　　　　　　　　　　6 000
　　　　贷：银行存款　　　　　　　　　　　　　　　　　　　　　　　　6 000

（2）4月10日从工资中扣回时，根据工资核算表及银行付款凭单，编制如下会计分录：

　　借：应付职工薪酬　　　　　　　　　　　　　　　　　　　6 000
　　　　贷：其他应收款——张文　　　　　　　　　　　　　　　　　　6 000

如果不从工资里扣，张文直接银行存款转回，则根据收账通知，编制如下会计分录：

　　借：银行存款　　　　　　　　　　　　　　　　　　　　　6 000
　　　　贷：其他应收款——张文　　　　　　　　　　　　　　　　　　6 000

## 五、应收款项减值

### （一）坏账损失的概念

企业的各项应收账款，如应收账款、其他应收款等可能会因购货人拒付、破产、死亡等而无法收回。这类收回的可能性极小或无法收回的应收款项就叫**坏账**，包括应收账款和其他应收款等。因发生坏账而产生的损失，称为坏账损失或减值损失。

3-4 应收款项减值的核算

一般来讲，应收账款和其他应收款符合下列条件之一的，应确认为坏账：

（1）债务人破产，以其破产财产清偿后，确实无法追回的部分。

（2）债务人死亡，以其遗产清偿后，确实无法追回的部分。

（3）债务人较长时期内未履行其偿债义务，并有足够的证据表明无法收回或收回的可能性极小。

坏账损失的核算方法有直接转销法和备抵法两种。我国《企业会计准则》规定，企业应采用备抵法核算坏账损失，不得采用直接转销法。企业应当在资产负债表日对应收款项账面价值进行预先估计损失，发生坏账时再予冲销。

### （二）账户设置

应收款项的减值，应通过"信用减值损失"和"坏账准备"账户进行核算。在备抵法下，平时计提应收款项减值金额时，借记"信用减值损失"账户，贷记"坏账准备"账户。当发生坏账时借记"坏账准备"账户，贷应收款项类账户。如发生的坏账又收回，则作相反的会计分录。期末余额在贷方，表示已计提的坏账准备。

### （三）应收款项减值业务核算

**1. 直接转销法**

采用直接转销法时，日常核算中应收款项可能发生的坏账损失不予考虑，只有在实际发生坏账时，才作为坏账计入当期损益，同时直接冲销应收款项，即借记"信用减值损失"账户，贷记"应收账款"等账户。

**【做中学3-18】** 浙江华鸿笔业有限公司2020年发生的一笔30 000元的无锡荣升股份有限公司应收账款，长期无法收回，于2022年年末确认为坏账。浙江华鸿笔业有限公司在2022年年末根据公司应收账款转销审批文件，编制如下会计分录：

借：信用减值损失——坏账损失　　　　　　　　　　　　　　30 000
　　贷：应收账款——无锡荣升股份有限公司　　　　　　　　　　　　30 000

直接转销法的优点是账务处理简单，其缺点是不符合权责发生制会计基础，也与资产定义相冲突。在这种方法下，只有坏账实际发生时，才将其确认为当期费用，导致资产和各期损益不实。另外，在资产负债表上，应收账款是按账面余额而不是按账面价值反映，这在一定程度上歪曲了期末的财务状况。所以，企业会计准则不允许采用直接转销法。

2. 备抵法

**备抵法**是指采用一定的方法按期估计坏账损失，计入当期费用，同时建立坏账准备金，当实际发生坏账损失时，应根据其金额冲减已计提的坏账准备，同时转销相应的应收款项的一种方法。

企业提取坏账准备时，借记"信用减值损失"账户，贷记"坏账准备"账户。如果应提取的坏账准备小于"坏账准备"账户的贷方余额，应冲减多计提的坏账准备，借记"坏账准备"账户，贷记"信用减值损失"账户。

实际发生坏账时，借记"坏账准备"账户，贷记"应收账款""其他应收款"等账户，如果已经确认并转销的坏账以后又收回，则应根据收回的金额，借记"应收账款""其他应收款"等账户，贷记"坏账准备"账户，同时，借记"银行存款"账户，贷记"应收账款""其他应收款"等账户。

企业采用备抵法进行坏账损失的核算时，首先应按期估计坏账损失。估计坏账损失的方法有应收款项余额百分比法、账龄分析法和销货百分比法等。我国《企业会计准则》规定，坏账准备的计提方法和计提比例由企业根据实际情况自行决定。

（1）应收款项余额百分比法。采用应收款项余额百分比法，坏账准备可以按下列公式计算：

$$\text{当期应计提的坏账准备} = \text{按当期按应收款项期末余额一定比例计算的应计提的坏账准备金额} - \text{"坏账准备"账户的贷方余额} + \text{"坏账准备"账户的借方余额}$$

如果当期按应收款项计算的应计提的坏账准备金额大于"坏账准备"账户的贷方余额，应按其差额提取坏账准备；如果当期按应收款项计算的应计提的坏账准备金额小于"坏账准备"账户的贷方余额，应按其差额冲减已计提的坏账准备；如果"坏账准备"账户有借方余额，当期应计提的坏账准备金额应为当期按应收款项计算的应计提的坏账准备金额加上"坏账准备"账户的借方余额。

（2）账龄分析法。账龄分析法是根据应收账款账龄的长短来估计坏账损失的方法。账龄越长，坏账准备提取比例越高。

（3）销货百分比法。销货百分比法是根据企业赊销总额的一定百分比估计坏账损失的方法。采用这种方法估计坏账损失，不需要考虑坏账准备的余额。

**【做中学3-19】** 2021年年末，浙江华鸿笔业有限公司开始计提坏账准备，计提坏账准备的比例为应收账款账面余额的1%。2021年年末应收账款余额为800 000元。2022年3月发生坏账损失10 000元，2022年年末应收账款余额为1 200 000元。

(1) 年末计提坏账准备。

2021年年末浙江华鸿笔业有限公司应计提的坏账准备金额如下：

800 000×1‰＝8 000(元)

根据坏账准备计提清单编制如下会计分录：

借：信用减值损失　　　　　　　　　　　　　　　　　　　　　　　　8 000
　　贷：坏账准备　　　　　　　　　　　　　　　　　　　　　　　　　　　8 000

(2) 实际发生坏账损失。

2022年3月末发生坏账损失10 000元，根据相关坏账损失证明编制如下会计分录：

借：坏账准备　　　　　　　　　　　　　　　　　　　　　　　　　　10 000
　　贷：应收账款　　　　　　　　　　　　　　　　　　　　　　　　　　　10 000

(3) 根据年末坏账准备账户余额计提当年坏账准备。

2022年年末浙江华鸿笔业有限公司应计提的坏账准备金额如下：

2022年年末坏账准备账户余额＝8 000(2020年年末已计提)－10 000(2021年3月发生坏账冲销)＝－2 000(元)

2022年年末除按本年应收账款余额计提1‰外，还需补提上年少提的2 000元。

1 200 000×1‰＋2 000＝14 000(元)

借：信用减值损失　　　　　　　　　　　　　　　　　　　　　　　　14 000
　　贷：坏账准备　　　　　　　　　　　　　　　　　　　　　　　　　　　14 000

假如2021年3月末发生坏账损失只有5 000元，则2021年年末坏账准备账户余额如下：

2021年年末坏账准备账户余额＝8 000(2020年年末已计提)－5 000(2021年3月发生坏账冲销)＝3 000(元)

2020年计提8 000元，实际只发生了5 000元坏账，多提了3 000元，因此2021年年末可少提3 000元。

1 200 000×1‰－3 000＝9 000(元)

借：信用减值损失　　　　　　　　　　　　　　　　　　　　　　　　9 000
　　贷：坏账准备　　　　　　　　　　　　　　　　　　　　　　　　　　　9 000

(4) 已确认坏账重新收回时的账务处理。

假如2022年2月，2021年3月末发生的坏账损失10 000元，对方承诺归还5 000元，款未收，根据客户还款承诺，编制如下会计分录：

借：应收账款　　　　　　　　　　　　　　　　　　　　　　　　　　5 000
　　贷：坏账准备　　　　　　　　　　　　　　　　　　　　　　　　　　　5 000

收到银行存款时：

借：银行存款　　　　　　　　　　　　　　　　　　　　　　　　　　5 000
　　贷：应收账款　　　　　　　　　　　　　　　　　　　　　　　　　　　5 000

## 任务三 应付款项及预付款项业务核算

**情境导入**

企业在日常交易中广泛应用的银行承兑汇票和商业承兑汇票是怎么来的呢？最初起源于欧洲，由于欧洲不同国家之间贸易发达，不同国家货币不同，贸易和付款通常也不是同时进行，买卖双方距离遥远，无法实现一手交钱一手交货。于是意大利人发明了一种类似于现代票据的债权文书，这张纸上写明了金额、付款人及付款时间，这样在发货时卖方收到承诺书，放心发货，买方在收到货款后再履行支付义务。后来由于新航路开辟，欧洲商人不再满足于在欧洲内部的贸易，他们开始走向全球各国。此时的国际贸易短则几个月，长则半年，甚至更久。为了解决先给钱还是先交货的问题，远期汇票便应运而生，远期汇票可以在半年或一年以后异地取款。如此一来，供应商发货，采购商开出远期汇票，半年后，货到了，钱款也就到了。当然这是最初的汇票由来，如今的汇票已普遍用于国内的各类交易。

思考：
(1) 请大家思考汇票结算方式的产生解决了什么问题？这一结算方式能被全世界企业采用，最重要的是交易双方遵循了经商中哪种最重要的品质？
(2) 你认为在工作过程中，一个财务人员需不需要创新精神和服务精神？

### 一、应付票据

**(一) 应付票据的概念**

**应付票据**是指企业购买材料、商品和接受劳务等而开出、承诺的商业汇票，包括商业承兑汇票和银行承兑汇票。

**(二) 账户设置**

企业应设置"应付票据"账户核算应付票据的发生、偿还等情况。该账户属于负债类账户，借方登记到期承兑支付的票据金额或转出金额，贷方登记开出、承兑汇票的面值，期末余额在贷方，表示尚未到期的商业汇票的金额。

3-5 应付票据的核算

企业应当设置"应付票据备查簿"，详细登记每一笔应付票据的种类、号数、签发日期、到期日、票面余额、合同交易号、收款人姓名或单位名称，应付票据到期结清时，应当在备查簿内逐笔注销。

我国商业汇票的付款期限不超过 6 个月，因此，在会计实务中，应付票据作为流动负债管理和核算，一般按应付票据的面值入账。

**(三) 应付票据日常业务核算**

1. 开出承兑汇票的核算

企业因购买材料、商品和接受劳务等而开出承兑商业汇票时，应按票面金额，借记"材料采购""原材料""库存商品""应交税费——应交增值税（进项税额）"等账户，贷记"应付票据"账户。

企业因开出银行承兑汇票，向承兑银行支付手续费时，借记"财务费用"账户，贷记"银行存款""库存现金"账户。

**【做中学 3-20】** 浙江华鸿笔业有限公司为增值税一般纳税人,2022年3月18日开出一张面值为56 500元、期限为6个月的不带息银行承兑汇票,向银行支付承兑手续费282.5元,用于向高鼎铅业有限公司采购铅芯,取得增值税专用发票注明材料价款为50 000元,增值税款为6 500元,材料已入库。根据增值税专用发票发票联(见图3-14)、入库单(见图3-15)、承兑汇票(见图3-16),编制如下会计分录:

  借:原材料——铅芯                50 000
    应交税费——应交增值税(进项税额)       6 500
    贷:应付票据——高鼎铅业有限公司         56 500

根据网银电子回单(见图3-17),编制如下会计分录:

  借:财务费用                 282.5
    贷:银行存款               282.5

图3-14 增值税专用发票发票联

## 材料入库单

发票号码:12027903
供应单位:浙江华鸿笔业有限公司           收料单编号:2022022201
材料类别:铅芯    2022年03月01日    收料仓库:原材料仓库

| 编号 | 名称 | 规格 | 单位 | 数量 | | 实际成本 | | | | |
|---|---|---|---|---|---|---|---|---|---|---|
| | | | | 应收 | 实收 | 买价 | | 运杂费 | 合计 | 单位成本 |
| | | | | | | 单价 | 金额 | | | |
| | 铅芯 | | 箱 | 1 000 | 1 000 | 50.00 | 50 000.00 | | 50 000.00 | 50.00 |
| | | | | | | | | | | |
| | | | | | | | | | | |
| 合 计 | | | | 1 000 | 1 000 | | ¥50 000.00 | | ¥50 000.00 | ¥50.00 |
| 备 注 | | | | | | | | | | |

采购员:罗文    检验员:林秀    记账员:张伟    保管员:林秀

图3-15 入库单

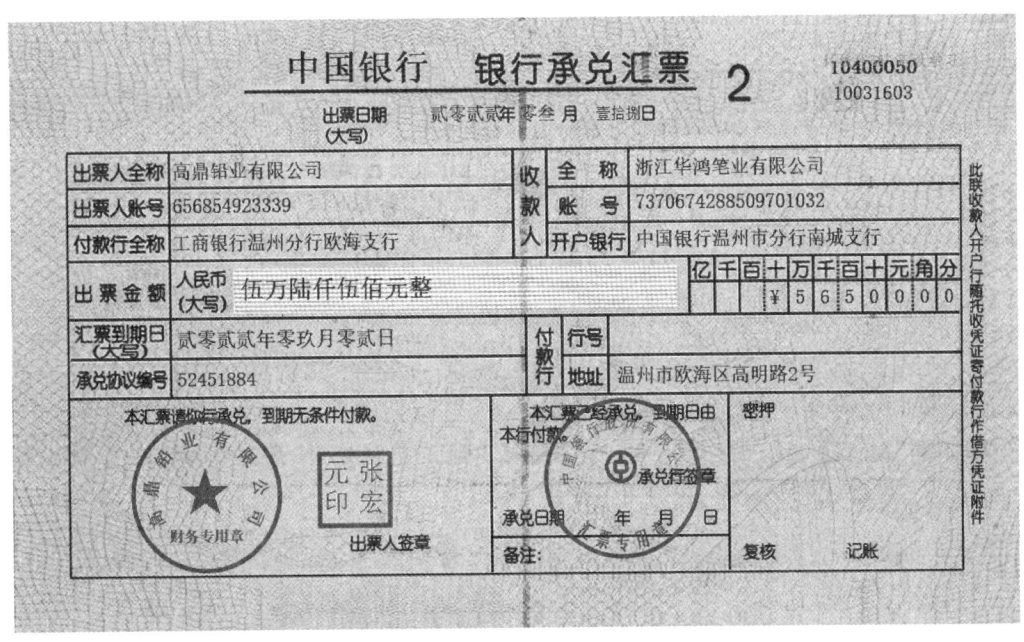

图 3-16 承兑汇票

# 中国银行 网上银行电子回单

| 付款人 | 户名 | 浙江华鸿笔业有限公司 | 收款人 | 户名 | 中国银行温州市分行南城支行 |
|---|---|---|---|---|---|
| | 账号 | 73706742885097 01032 | | 账号 | 76932491 |
| | 开户银行 | 中国银行温州市分行南城支行 | | 开户银行 | |
| 金额 | | 人民币(大写):贰佰捌拾贰元伍角整 | | | ¥282.50 元 |
| 摘要 | | 办理承兑汇票手续费 | 业务种类 | | |
| 用途 | | | | | |
| 交易流水号 | | 96554296105959 | 时间戳 | | |
| 备注: | | | | | |
| 验证码:81598312 | | | | | |
| 记账网点 | 867 | | 记账柜员 | 717 | 记账日期 |

电子回单号码:81840184542

打印日期:

图 3-17 网银电子回单

## 2. 承兑汇票到期兑付的核算

应付票据到期支付票款时,按应付票据的账面余额,借记"应付票据"账户,按实际支付的票款,贷记"银行存款"账户,如果是带息票据,则应按两者的差额借记"财务费用"账户。

**【做中学3-21】** 承[做中学3-20],2022年9月18日承兑汇票到期,浙江华鸿笔业有限公司以银行存款支付票款,根据银行支付凭单编制如下会计分录:

借:应付票据　　　　　　　　　　　　　　　　　　　　　　　　56 500
　　贷:银行存款　　　　　　　　　　　　　　　　　　　　　　　　56 500

## 3. 承兑汇票转销的核算

如果开出、承兑的商业承兑汇票到期无力付款,企业应按应付票据的账面余额,借记"应付票据"账户,贷记"应付账款"账户;如果开出、承兑的银行承兑汇票到期无力付款,企业应按应付票据的账面余额,借记"应付票据"账户,贷记"短期借款"账户。

**【做中学3-22】** 承[做中学3-20],若银行承兑汇票到期时,浙江华鸿笔业有限公司无力偿付票款,根据银行通知单,编制如下会计分录:

借:应付票据　　　　　　　　　　　　　　　　　　　　　　　　56 500
　　贷:短期借款　　　　　　　　　　　　　　　　　　　　　　　　56 500

**【做中学3-23】** 承[做中学3-20],若银行开具的是商业承兑汇票,到期无力兑现,根据银行通知单,编制如下会计分录:

借:应付票据　　　　　　　　　　　　　　　　　　　　　　　　56 500
　　贷:应付账款　　　　　　　　　　　　　　　　　　　　　　　　56 500

3-6 应付账款的核算

# 二、应付账款

## (一) 应付账款的概念

**应付账款**是指企业在正常的生产经营过程中,因购买商品、材料或接受劳务等而应付给供货单位的款项。应付账款一般应在与所购买物资所有权相关的主要风险和报酬已经转移,或者所购买的劳务已经接受时确认。

## (二) 账户设置

企业应设置"应付账款"账户,核算应付账款的发生、偿还、转销等情况。该账户属于负债类账户。该账户的贷方登记企业购买材料、商品和接受劳务等形成的应付未付款项,借方登记偿还的应付账款,或开出商业汇票抵付应付账款的款项,或冲销无法支付的应付账款,期末余额一般在贷方,表示尚未偿还的应付账款。"应付账款"账户应按照债权人设置明细账户进行明细核算。企业应付的各种赔款、租金、存入保证金等,不在本账户核算,而应通过"其他应付款"账户核算。

## (三) 应付账款日常业务核算

会计工作中,为了使所购入物资的金额、品种、数量和质量等与合同规定的条款相符,避免因验收时发现所购物资数量或质量存在问题,而对入账的物资形成的应付账款金额进行改动,在物资和发票账单同时到达、货款尚未支付的情况下,一般在所购物资验收入库后,再根据发票账单登记入账,确认应付账款。根据所购物资的计价成本,借记"材料采购""在途物资""原材料""库存商品"等账户,按可抵扣的增值税额,借记"应交税费——应交增值税(进项税额)"账户,按应付未付的款项,贷记"应付账款"账户。

企业偿还应付账款或开出商业汇票抵付应付账款时,借记"应付账款"账户,贷记"银行存款""应付票据"等账户。

1. 材料、增值税专用发票同时到达

**【做中学 3-24】** 2022年3月23日,浙江华鸿笔业有限公司从丽水日升板材有限公司购入铅木一批,取得增值税专用发票注明价款60 000元,增值税款为7 800元,材料已经验收入库、款项尚未支付。根据增值税专用发票、入库单,编制如下会计分录:

借:原材料——铅木　　　　　　　　　　　　　　　　　　　　60 000
　　应交税费——应交增值税(进项税额)　　　　　　　　　　　7 800
　　贷:应付账款——丽水日升板材有限公司　　　　　　　　　　　67 800

2022年4月5日,清偿上述应付账款时,根据银行付款凭证编制如下会计分录:

借:应付账款——丽水日升板材有限公司　　　　　　　　　　　67 800
　　贷:银行存款　　　　　　　　　　　　　　　　　　　　　　67 800

2. 材料已到、增值税专用发票次月到达

企业在所购物资已验收入库、**增值税专用发票**未能同时到达、货款尚未支付的情况下,企业的债务已经成立。在会计期末,为了反映企业的负债情况,需要将所购物资和相关的应付账款暂估入账,借记"原材料""库存商品"等账户,贷记"应付账款"账户。等到下月<u>增值税专用发票到达后作相反的会计分录予以冲回</u>。

**【做中学 3-25】** 2022年3月28日,浙江华鸿笔业有限公司从浙江华阳贸易有限公司购进材料一批,材料已到,但发票账单未到,材料合同价款为50 000元。浙江华鸿笔业有限公司根据合同及入库单编制如下会计分录:

(1) 3月28日材料到达时暂不做账务处理,3月31日发票账单仍未到达,则根据入库单、合同暂估价入账,编制如下会计分录:

借:原材料　　　　　　　　　　　　　　　　　　　　　　　　50 000
　　贷:应付账款——浙江华阳贸易有限公司　　　　　　　　　　50 000

(2) 4月5日收到发票账单,冲销上月暂估会计分录如下:

借:原材料　　　　　　　　　　　　　　　　　　　　　　　　50 000
　　贷:应付账款——浙江华阳贸易有限公司　　　　　　　　　　50 000

(3) 4月5日发票账单已到,商品与合同相符,发票上列明货款50 000元,增值税额为6 500元,货款未付。根据增值税发票及入库单,编制如下会计分录:

借:原材料　　　　　　　　　　　　　　　　　　　　　　　　50 000
　　应交税费——应交增值税(进项税额)　　　　　　　　　　　6 500
　　贷:应付账款——浙江华阳贸易有限公司　　　　　　　　　　56 500

### 3. 外购燃料动力

会计实务中,企业外购电力、燃气等动力一般通过"应付账款"账户核算,即在每月付款时先作暂付款处理,借记"应付账款"账户,贷记"银行存款"等账户;月末按照外购动力的用途,借记"生产成本""管理费用""制造费用"等账户,贷记"应付账款"账户。

**【做中学3-26】** 2022年3月20日,浙江华鸿笔业有限公司收到银行转来供电公司收费单据,支付电费33 900元,已收到增值税专用发票。其中进项税额3 900元月末计算,本月(1~31日),应付电费28 000元,其中生产车间电费20 000元,行政管理部门电费8 000元。

(1)浙江华鸿笔业有限公司支付电费时,根据银行付款凭证及增值税专用发票,编制如下会计分录:

借:应付账款——供电公司　　　　　　　　　　　　　　　30 000
　　应交税费——应交增值税(进项税额)　　　　　　　　　 3 900
　　贷:银行存款　　　　　　　　　　　　　　　　　　　　33 900

(2)月末根据电费分摊表编制如下会计分录:

借:制造费用　　　　　　　　　　　　　　　　　　　　　20 000
　　管理费用　　　　　　　　　　　　　　　　　　　　　 8 000
　　贷:应付账款——供电公司　　　　　　　　　　　　　　28 000

**【小贴士】**

电业局计费一般是本月21日至下月20日,而企业一般是将本月1~31日耗用的电费摊入生产成本,因此每月实付电费和应付电费会存在差异。企业通过设置"应付账款"账户,可使这种差异合理分摊。

### 4. 应付账款转销的核算

应付账款一般在较短期限内支付,但有时因债权人撤销、破产、死亡等,货款无法支付,应借记"应付账款"账户,贷记"营业外收入"账户。

3-7 预收账款的核算

**【做中学3-27】** 2022年3月31日,浙江华鸿笔业有限公司确认一笔应付账款60 000元,因对方客户已破产而变成无法支付的款项,浙江华鸿笔业有限公司转销此应付款项,根据客户破产公告编制如下会计分录:

借:应付账款　　　　　　　　　　　　　　　　　　　　　60 000
　　贷:营业外收入　　　　　　　　　　　　　　　　　　　60 000

## 三、预收账款

### (一)预收账款的概念

**预收账款**是企业按照合同的规定,向购货单位和个人预先收取的款项。预收账款与应付账款同为企业流动性负债,但与应付账款不同的是,预收账款形成的负债不是以货币偿付,而是以货物清偿。

**(二) 账户设置**

企业应设置“预收账款”账户，核算预收账款的取得、偿付等情况。该账户贷方登记预收货款的数额和购货单位补付货款的数额，借方登记企业向购货方发货后冲销的预收账款数额和退回购货方多付的数额，期末余额一般在贷方，表示已预收货款但尚未向购货方发货的数额，期末余额如为借方，反映企业超过预收款的发货金额，实际为应收款。本账户一般按照购货单位设置明细账户进行明细核算。

**(三) 预收账款日常业务核算**

企业向购货单位预收货款时，借记“银行存款”账户，贷记“预收账款”账户；将货物交给购货方，销售实现时，按售价及增值税额，借记“预收账款”账户，贷记“主营业务收入”“应交税费——应交增值税（销项税额）”账户；收到购货单位补付货款时，借记“银行存款”账户，贷记“预收账款”账户；向购货单位退回多付款项时，借记“预收账款”账户，贷记“银行存款”账户。

预收账款业务不多的单位，可以不设置“预收账款”账户，其所发生的预收货款，可通过“应收账款”账户核算。

**【做中学 3-28】** 3 月 20 日，浙江华鸿笔业有限公司与温州佳静文化用品有限公司签订销货合同，向温州佳静文化用品有限公司提供彩铅 60 000 支，合计货款不含税金额60 000 元，合同规定签约时，温州佳静文化用品有限公司预付 30%的货款，余款在交付产品 2 个月后结算。3 月 21 日，浙江华鸿笔业有限公司收到 30%预付款，3 月 22 日发货，并开具增值税专用发票。

(1) 3 月 21 日收到预收款时，根据银行进账单(见图 3-18)，编制如下会计分录：

借：银行存款　　18 000

　贷：预收账款——温州佳静文化用品有限公司　　18 000

**中国银行 进账单（回　单）1**

2022 年 03 月 21 日　　№ 52343214

| | | | | | |
|---|---|---|---|---|---|
| 出票人 | 全称 | 温州佳静文化用品有限公司 | 收款人 | 全称 | 浙江华鸿笔业有限公司 |
| | 账号 | 工商银行温州市分行龙湾支行 85372195223 | | 账号 | 7370674288509701032 |
| | 开户银行 | 工商银行温州市分行龙湾支行 | | 开户银行 | 中国银行温州市分行南城支行 |
| 金额 | 人民币（大写） | 壹万捌仟元整 | | 亿千百十万千百十元角分 | ¥ 1 8 0 0 0 0 0 |
| 票据种类 | | 票据张数 | | | |
| 票据号码 | | | | | |
| 复核　记账 | | | | 中国银行温州市分行南城支行 2022.03.21 转讫　开户银行签章 | |

此联是开户银行交给持（出）票人的回单

**图 3-18　银行进账单**

(2) 3 月 22 日发货，并开具增值税专用发票，根据增值税专用发票、销售出库单，编制如下会计分录：

借：预收账款——温州佳静文化用品有限公司　　67 800

　　贷：主营业务收入　　60 000

　　　　应交税费——应交增值税（销项税额）　　7 800

（3）发出商品2个月后结清货款时，根据银行进账单编制如下会计分录：

借：银行存款　　49 800

　　贷：预收账款——温州佳静文化用品有限公司　　49 800

## 四、其他应付款

### （一）其他应付款的概念

**其他应付款**是指企业除应付票据、应付账款、预收账款、应付职工薪酬、应付股利、应交税费等以外的其他各种应付、暂收款项，例如，如租入包装物的应付租金、经营租入固定资产的应付租金、出租、出借包装物的押金、应付暂收其他单位或个人的款项等。

### （二）账户设置

企业应设置“其他应付款”账户核算其他应付款的增减变动及其结存情况。该账户的贷方登记发生的应付、暂收款项，借方登记已经偿还或转销款项，余额一般在贷方，表示尚未归还或转销的各种应付暂收款项。本账户按照其他应付款的项目和对方单位（或个人）设置明细账户核算。

企业发生其他各种应付、暂收款项时，借记“管理费用”“库存现金”“银行存款”等账户，贷记“其他应付款”账户；支付或退回其他各种应付、暂收款项时，借记“其他应付款”账户，贷记“银行存款”等账户。

**【做中学3-29】** 3月21日，浙江华鸿笔业有限公司对随产品出租的包装物以现金方式收取浙江康泰科技有限公司押金4 000元，根据现金收据（见图3-19）编制如下会计分录：

借：库存现金　　4 000

　　贷：其他应付款——浙江康泰科技有限公司　　4 000

**收　款　收　据**　　No.6740249

2022年 03月 21日

今收到　浙江康泰科技有限公司

交来　出租包装物押金

金额（大写）　零拾 零万 肆仟 零佰 零拾 零元 零角 零分

¥ 4,000.00　　收款单位（盖章）

第一联 存根

江华鸿笔业有限公司 财务专用章

核准 李子轩　会计 张伟　记账 张伟　出纳 杨秀　经办人

图3-19　现金收据

5月10日,浙江康泰科技有限公司退回包装物时,根据浙江康泰科技有限公司的收款收据,编制如下会计分录:

借:其他应付款——浙江康泰科技有限公司　　　　4 000
　　贷:库存现金　　　　　　　　　　　　　　　　　　　4 000

若对方到期未归还包装物,则没收押金,作销售包装物处理。

## 任务四 应付职工薪酬业务核算

### 情境导入

浙江农新果园乳品有限公司是一家乳品制造企业,经常会出现批量乳制品面临过期,公司就将这些快过期的乳制品发放给员工,并作如下账务处理:

借:应付职工薪酬
　　贷:库存商品

在一次税务稽查中,税务机关认为发放自产产品给员工作福利,应视同销售缴纳增值税,要求浙江农新果园乳品有限公司补缴以前年度所有发放自产乳制品业务的增值税,并处以2倍的罚款和万分之五的滞纳金。该公司财务负责人认为,公司产品无偿赠送给员工使用,并非销售,未取得销售收入,不应缴纳增值税。

**思考:**
(1) 在本案例中,你认为无偿赠送给员工的自产产品是否需要缴纳增值税? 应如何作账务处理?
(2) 财务人员在工作中是否需要及时了解国家税收政策及财经法规?

### 知识准备

#### 一、职工薪酬业务常识

**(一)职工薪酬的概念**

**职工薪酬**是指企业为获得职工提供的服务或解除劳动关系而给职工的各种形式的报酬或补偿。职工薪酬包括短期薪酬、离职后福利、辞退福利和其他长期职工福利。企业提供给职工配偶、子女、受赡养人、已故员工遗属及其他受益人等的福利,也属于职工薪酬。

这里所称"职工",主要包括三类人员:一是与企业订立劳动合同的所有人员,含全职、兼职和临时职工;二是未与企业订立劳动合同,但由企业正式任命的企业治理层和管理层;三是虽未与企业订立劳动合同或未由其正式任命,但向企业所提供服务与职工所提供服务类似的人员,包括通过企业与劳务中介公司签订用工合同面向企业提供服务的人员。

3-8 货币性职工薪酬的核算

### (二)职工薪酬的主要内容

1. 短期薪酬

**短期薪酬**是指企业在职工提供相关服务的年度报告期间结束后12个月内需要全部予以支付的职工薪酬,因解除与职工的劳动关系给予的补偿除外。

短期薪酬具体包括以下几个方面:

(1)职工工资、奖金、津贴和补贴,是指企业按照构成工资总额的计时工资、计件工资支付给职工的超额劳动报酬和增收节支的劳动报酬。为了补偿职工特殊或额外的劳动消耗和因其他特殊原因支付给职工的津贴,以及为了保证职工工资水平不受物价影响支付给职工的物价补贴等,其中,企业按照短期奖金计划向职工发放的奖金属于短期薪酬,按照长期奖金计划向职工发放的奖金属于其他长期职工福利。

(2)职工福利费,是指企业向职工提供的生活困难补助、丧葬补助费、抚恤费、职工外地安家费、防暑降温费等职工福利支出。

(3)医疗保险费、工伤保险费和生育保险费等社会保险费,是指企业按照国家规定的基准和比例计算,向社会保险经办机构缴存的医疗保险费、工伤保险费和生育保险费。

(4)住房公积金,是指企业按照国家规定的基准和比例计算,向住房公积金管理机构缴存的住房公积金。

(5)工会经费和职工教育经费,是指企业为了改善职工文化生活,为职工学习先进技术和提高文化水平及业务素质,用于开展工会活动和职工教育及职业技能培训等相关支出。

(6)短期带薪缺勤,是指职工虽然缺勤但企业仍向其支付报酬的安排,包括年休假、病假、婚假、产假、丧假、探亲假等。长期带薪缺勤属于其他长期职工福利。

(7)短期利润分享计划,是指企业因职工提供服务而与职工达成的基于利润或其他经营成果提供薪酬的协议。长期利润分享计划属于其他长期职工福利。

(8)其他短期薪酬,是指除上述薪酬以外的其他为获得职工提供的服务而给予的短期薪酬。

【小贴士】
养老保险、失业保险不包括在短期薪酬中,属于离职后福利。

2. 离职后福利

离职后福利,是指企业为获得职工提供的服务而在职工退休或与企业解除劳动关系后,提供的各种形式的报酬和福利,短期薪酬和辞退福利除外,如养老保险金、失业保险金等。企业应当将离职后福利计划分类为设定提存计划和设定受益计划。设定提存计划,是指向独立的基金缴存固定费用后,企业不再承担进一步支付义务的离职后福利计划;设定受益计划,是指除设定提存计划以外的离职后福利计划。

3. 辞退福利

辞退福利,是指企业在职工劳动合同到期之前解除与职工的劳动关系,或者为鼓励职工自愿接受裁减而给予职工的补偿。

## 4. 其他长期职工福利

其他长期职工福利,是指除短期薪酬、离职后福利、辞退福利之外所有的职工薪酬,包括长期带薪缺勤、长期残疾福利、长期利润分享计划等。

## 二、账户设置

企业应当设置"应付职工薪酬"账户,核算应付职工薪酬的计提、结算、使用等情况。该账户贷方登记已分配计入有关成本费用项目的职工薪酬数额,借方登记实际发放职工薪酬的数额,包括扣回的款项等,期末贷方余额反映的是企业应付未付的职工薪酬。

"应付职工薪酬"应当按照"工资、奖金、津贴和补贴""职工福利费""非货币性福利""社会保险费""住房公积金""工会经费和职工教育经费""带薪缺勤""利润分享计划""设定提存计划""设定受益计划义务""辞退福利"等项目设置明细账户进行明细核算。

## 三、短期薪酬的核算

企业应当在职工为其提供服务的会计期间,将实际发生的短期薪酬确认为负债,并计入当期损益,其他会计准则要求或允许计入资产成本的除外。

### (一) 货币性职工薪酬

1. 工资、奖金、津贴和补贴

对于发生的工资、奖金、津贴和补贴等货币性职工薪酬,企业应当在职工为其提供服务的会计期间,将实际发生的职工工资、奖金、津贴和补贴等,根据职工提供服务的受益对象,将应确认的职工薪酬,借记"生产成本""制造费用""合同履约成本""管理费用""销售费用""在建工程""研发支出"等账户,贷记"应付职工薪酬——工资、奖金、津贴和补贴"账户。

企业按规定向职工支付工资、奖金、津贴及补贴等,借记"应付职工薪酬——工资、奖金、津贴和补贴"账户,贷记"银行存款""库存现金"等账户。企业从应付职工薪酬中扣还的各种款项(代垫的家属医药费、个人所得税等),借记"应付职工薪酬"账户,贷记"银行存款""库存现金""其他应收款""其他应付款""应交税费——应交个人所得税"等账户。

【做中学3-30】浙江华鸿笔业有限公司2022年3月份应发工资总额为325 000元,其中:基本生产车间生产产品人员工资185 000元,车间管理人员工资64 000元,行政管理部门人员工资76 000元,在发放工资时,扣下代垫职工家属医药费4 500元,职工个人承担养老保险36 000元,代扣个人所得税15 600元。

(1) 计提工资时,根据工资核算表,编制如下会计分录:

借:生产成本　　　　　　　　　　　　　　　　　　　　185 000
　　制造费用　　　　　　　　　　　　　　　　　　　　 64 000
　　管理费用　　　　　　　　　　　　　　　　　　　　 76 000
　　　贷:应付职工薪酬——工资　　　　　　　　　　　　 325 000

(2) 用银行存款发放工资时,根据银行支付凭证,编制如下会计分录:

| 借：应付职工薪酬——工资 | 325 000 | |
|---|---|---|
| 　　贷：其他应收款——代垫医药费 | | 4 500 |
| 　　　　其他应付款——养老保险个人承担部分 | | 36 000 |
| 　　　　应交税费——应交个人所得税 | | 15 600 |
| 　　　　银行存款 | | 268 900 |

> 【小贴士】
> 　　公司已代缴养老保险个人承担部分，则通过"其他应收款"账户核算，如先扣后缴，用"其他应付款"账户核算，即从工资扣下后，再支付给社保账户。

2. 职工福利费

对于职工福利费，企业应当在实际发生时根据实际发生额计入当期损益或相关资产成本，借记"生产成本""制造费用""管理费用""销售费用"等账户，贷记"应付职工薪酬——职工福利费"账户，发放或支付时，借记"应付职工薪酬——职工福利费"账户，贷记"银行存款"账户。

【做中学3-31】　浙江华鸿笔业有限公司下设一所职工食堂，每月月末根据在岗职工数量及岗位分布情况、相关历史经验数据等计算需要补助食堂的金额，从而确定企业每期因补贴职工食堂需要承担的福利费金额。2022年3月，企业在岗职工300人，其中行政管理人员60人，生产车间工人240人，根据以往数据，企业为每个职工每月需补贴食堂200元。

(1) 月末公司计提职工福利费时，根据食堂补助预算表编制如下会计分录：

管理人员应补贴金额＝60×200＝12 000(元)

生产工人应补贴金额＝240×200＝48 000(元)

| 借：管理费用 | 12 000 | |
|---|---|---|
| 　　生产成本 | 48 000 | |
| 　　贷：应付职工薪酬——职工福利费 | | 60 000 |

(2) 当公司将60 000元补贴支付给职工食堂时，根据银行支付凭单编制如下会计分录：

| 借：应付职工薪酬——职工福利费 | 60 000 | |
|---|---|---|
| 　　贷：银行存款 | | 60 000 |

3. 国家规定计提标准的职工薪酬

企业为职工缴纳的医疗保险费、工伤保险费、生育保险费等社会保险费和住房公积金，以及按规定提取的工会经费和职工教育经费，国家均规定了计提基数和计提比例，企业应当在职工为其提供服务的会计期间，根据规定的计提基础和计提比例计算确定相应的职工薪酬金额，并确认相应负债，按照受益对象计入当期损益或相关资产成本，计提时，应借记"生产成本""制造费用""管理费用""销售费用"等账户，贷记"应付职工薪酬"账户。

【做中学3-32】　承[做中学3-30]，浙江华鸿笔业有限公司根据3月份工资总额的2%计提工会经费，根据工资总额的8%计提职工教育经费。公司确认应付工会经费、职工教育经费时，根据计提核算凭证编制如下会计分录：

工会经费计提金额＝325 000×2％＝6 500(元)
职工教育经费计提金额＝325 000×8％＝26 000(元)

```
借：生产成本[185 000×(8％＋2％)]                               18 500
    制造费用[64 000×(8％＋2％)]                                 6 400
    管理费用[76 000×(8％＋2％)]                                 7 600
  贷：应付职工薪酬——工会经费                                    6 500
              ——职工教育经费                                  26 000
```

4. 短期带薪缺勤

职工带薪缺勤根据其性质及职工享有的权利，分为累积带薪缺勤和非累计带薪缺勤两类，企业应当对累积带薪缺勤和非累积带薪缺勤分别进行会计处理。如果带薪缺勤属于长期带薪缺勤，企业应当作为其他长期职工福利处理。

(1) **累计带薪缺勤**，是指带薪缺勤权利可以结转到下期的带薪缺勤，本期尚未用完的带薪缺勤权利可以在未来期间使用。企业应当在职工提供了服务，从而增加了其未来享有的带薪缺勤权利时，确认与累积带薪缺勤相关的职工薪酬，并以累积未行使权利而增加的预期支付金额计量，确认累积带薪缺勤时，借记"管理费用"等账户，贷记"应付职工薪酬——带薪缺勤——短期带薪缺勤——累积带薪缺勤"账户。

**【做中学3-33】** 浙江华鸿笔业有限公司有1 000名职工，该公司实行累积带薪缺勤制度。该制度规定，每个职工每年可享受5个工作日带薪病假，未使用的病假只能向后结转一个公历年度，超过1年未使用的权利作废，不能在职工离开公司时获得现金支付。职工休病假是以后进先出为基础，即首先从当年可享受的权利中扣除，再从上年结转的带薪病假余额中扣除。2022年12月31日，每个职工当年平均未使用带薪病假为2天。根据过去的经验预期，经验数据将继续适用。浙江华鸿笔业有限公司预计2023年有950名职工将享受不超过5天的带薪病假，剩余50名职工每人将平均享受6天半病假，假定这50名职工全部为总部各部门经理，公司平均每名职工每个工作日工资为300元。

浙江华鸿笔业有限公司在2022年12月31日应当预计职工累积未使用的带薪病假权利导致的预期支付的追加金额，即相当于75天(50×1.5天)的病假工资22 500元(75×300)，并根据累积带薪缺勤预算表编制如下会计分录：

```
借：管理费用                                                    22 500
  贷：应付职工薪酬——带薪缺勤——短期带薪缺勤——累积带薪缺勤      22 500
```

注意：以下文稿中将"应付职工薪酬——带薪缺勤——短期带薪缺勤——累积带薪缺勤"账户简写为"应付职工薪酬——累积带薪缺勤"账户。

假定2023年12月31日，上述50名部门经理中有40名享受了6天半病假，并随同正常工资以银行存款支付。另有10名部门经理只享受了5天病假。该公司的带薪缺勤制度规定，未使用的权利只能结转下一年，超过1年未使用的带薪缺勤权利将作废。2022年年末，浙江华鸿笔业有限公司应作如下账务处理：

(1) 根据实际享受40人，每人1.5天，每天300元计算实际多支付的薪酬。根据累积带

薪缺勤薪酬计算表,编制如下会计分录:

借:应付职工薪酬——累积带薪缺勤(40×1.5×300)     18 000
    贷:银行存款     18 000

(2) 另10人未享受,每人1.5天,每天300元,根据累积带薪缺勤薪酬计算表,冲减多提金额,编制如下会计分录:

借:应付职工薪酬——累积带薪缺勤(10×1.5×300)     4 500
    贷:管理费用     4 500

(2) **非累积带薪缺勤**,是指带薪缺勤权利不能结转下期的带薪缺勤,本期尚未用完的带薪缺勤权利将予以取消,并且职工离开企业时也无权获得现金支付。我国《劳动法》规定,国家实行带薪年休假制度,劳动者在法定休假日和婚丧假期间以及依法参加社会活动期间,用人单位应当依法支付工资。我国企业职工休婚假、产假、丧假、探亲假、病假期间的工资通常属于非累积带薪缺勤,由于职工提供服务本身不能增加其能够享受的福利金额,企业在职工未缺勤时不应当计提相关费用和负债。为此,企业应当在职工实际发生缺勤时确认与非累积带薪缺勤相关的职工薪酬。

企业确认职工享有的与非累积带薪缺勤权利相关的薪酬,视同职工出勤确认的当期损益或相关资产成本。通常情况下,与非累积带薪缺勤相关的职工薪酬已经包括在企业每期向职工发放的工资等薪酬中,因此,**不必额外作相应的账务处理**。

### (二) 非货币性职工薪酬

企业以其自产的产品作为非货币性福利发放给职工的,应当根据受益对象,按照该产品的公允价值,计入相关资产成本或当期损益,同时确认应付职工薪酬。计提非货币性福利时,借记"管理费用""生产成本""制造费用"等账户,贷记"应付职工薪酬——非货币性福利"账户,发放非货币性福利时,借记"应付职工薪酬——非货币性福利"账户,贷记"主营业务收入""应交税费——应交增值税(销项税额)"账户,同时应结转自产产品成本,借记"主营业务成本"账户,贷记"库存商品"账户。

企业将拥有的房屋等资产无偿提供给职工使用的,应当根据受益对象,将该住房每期应计提的折旧计入相关资产成本或当期损益,同时确认应付职工薪酬。计提时,借记"管理费用""生产成本""制造费用"等账户,贷记"应付职工薪酬——非货币性福利"账户,提供给职工使用时,借记"应付职工薪酬——非货币性福利"账户,贷记"累计折旧"账户。

企业租赁住房等资产供职工无偿使用的,应当根据受益对象,将每期应付的租金计入相关资产成本或当期损益,并确认应付职工薪酬。计提时,借记"管理费用""生产成本""制造费用"等账户,贷记"应付职工薪酬——非货币性福利"账户;提供给职工使用时,借记"应付职工薪酬——非货币性福利"账户,贷记"银行存款""其他应付款"账户。

难以确定受益对象的非货币性福利,直接计入当期损益和应付职工薪酬。

**【做中学3-34】** 正大公司是一家空调生产企业,有职工900名,其中一线生产工人700名,总部管理人员200名。2022年3月,正大公司决定以其生产的空调作为福利发放给职工。该公司的空调单位成本为1 500元,单位计税价格(公允价值)为2 500元,适用的增

值税税率为13%。该公司的账务处理如下:

(1) 决定发放非货币性福利时,根据非货币性福利核算表,编制如下会计分录:

借:生产成本(700×2 500×1.13)     1 977 500
    管理费用(200×2 500×1.13)     565 000
    贷:应付职工薪酬——非货币性福利     2 542 500

(2) 实际发放非货币性福利时,根据发放清单,编制如下会计分录:

借:应付职工薪酬——非货币性福利     2 542 500
    贷:主营业务收入     2 250 000
        应交税费——应交增值税(销项税额)     292 500

(3) 结转自产品的成本时,根据产品出库单,编制如下会计分录:

借:主营业务成本(1500×900)     1 350 000
    贷:库存商品     1 350 000

3-9 非货币性职工薪酬核算

**【小贴士】**
    企业若将外购商品作为非货币性福利提供给职工,应当按外购商品的成本价值和转出的进项税额确定职工薪酬的金额。

**【做中学3-35】** A公司为总部部门经理级别以上职工每人提供一辆某品牌汽车免费使用。该公司总部共有部门经理级别以上职工20名,假定每辆该品牌汽车每月计提折旧1 500元。此外,该公司还为其5名高级管理人员每人租赁一套公寓免费使用,月租金为每套6 000元。A公司的账务处理如下:

(1) 确认提供汽车、租赁住房的非货币性福利时,根据非货币性福利核算表编制如下会计分录:

确认非货币性福利金额=20×1 500+5×6 000=60 000(元)

借:管理费用     60 000
    贷:应付职工薪酬——非货币性福利     60 000

(2) 为职工免费提供汽车和公寓时,根据折旧分摊表及房租支付凭证,编制如下会计分录:

借:应付职工薪酬——非货币性福利     43 000
    贷:累计折旧     15 000
        银行存款     28 000

## 四、设定提存计划的核算

企业可将离职后福利计划分类为设定提存计划和设定受益计划。

**离职后福利计划**,是指企业与职工就离职后福利达成的协议,或者企业为向职工提供离职后福利制定的规章或办法等。其中,设定提存计划,是指向独立的基金缴存固定费用后,企业不再承担进一步支付义务的离职后福利计划,如企业为职工缴纳的养老保险金。设定受益计划,是指除设定提存计划以外的离职后福利计划。

企业应当在职工为其提供服务的会计期间,根据设定提存计划计算的应缴存金额,确认为应付职工薪酬负债,并计入当期损益或相关资产成本,借记"管理费用""生产成本""制造费用"等账户,贷记"应付职工薪酬——设定提存计划"账户。

**【做中学 3-36】** 浙江华鸿笔业有限公司根据所在地政府规定,按照职工工资总额的12%计提基本养老保险费,缴存当地社会保险经办机构。2022年3月,该公司缴存的基本养老保险费,应计入生产成本的金额为 68 500 元,应计入制造费用的金额为 23 800 元,应计入管理费用的金额为 12 600 元,应计入销售费用的金额为 5 700 元。该公司计提基本养老保险费时,根据养老保险计提清单编制如下会计分录:

```
借:生产成本——基本生产成本                          68 500
    制造费用                                        23 800
    管理费用                                        12 600
    销售费用                                         5 700
  贷:应付职工薪酬——设定提存计划——基本养老保险费    110 600
```

在计提后,次月缴纳基本养老保险费给社保机构时,根据银行扣款凭证,编制如下会计分录:

```
借:应付职工薪酬——设定提存计划——基本养老保险费    110 600
  贷:银行存款                                      110 600
```

## 任务五 应交税费业务核算

### 情境导入

2022年,国际形势波谲云诡,企业经营面临诸多挑战。特别是中小微企业,量大面广,支撑的就业人口多。针对这一情况,税务部门发布了一系列支持中小微企业的优惠政策,如小型微利企业年应纳税所得额不超过100万元的部分,2021年1月1日至2022年12月31日,减按12.5%计入应纳税所得额,按20%的税率缴纳企业所得税,应纳税所得额超过100万元但不超过300万元的部分,2022年1月1日至2024年12月31日,减按25%计入应纳税所得额,按20%的税率缴纳企业所得税。税收作为国家调控经济的重要手段,对中国经济发展起着重要作用,同时也充分体现了中国特色社会主义制度对国家经济宏观调控的自信和精准。

**思考:**

(1) 请同学们思考国家的税收优惠政策对企业将产生怎样的影响?

(2) 在日常工作中,一个财务人员如何使企业充分享受国家的优惠政策?

**知识准备**

### 一、应交税费业务常识

企业根据税法规定应交纳的各种税费包括增值税、消费税、城市维护建设税、资源税、企业所得税、土地增值税、房产税、车船税、土地使用税、教育费附加、矿产资源补偿费、印花税、耕地占用税等。

### 二、账户设置

企业通过设置"应交税费"账户总括反映各种税费的应交、交纳情况。本账户贷方登记应交纳的各种税费,借方登记实际已经交纳的税费,期末余额一般在贷方,反映企业尚未交纳的税费,如果在借方则反映企业多交或尚未抵扣的税费。本账户按应交的税费项目设置明细账户进行明细核算。

企业代扣代交的个人所得税也通过"应交税费"账户进行核算,而企业应交纳的印花税、耕地占用税等不需要预计应交数的税金,不通过"应交税费"账户核算。

### 三、应交增值税业务核算

#### (一) 增值税概述

1. 增值税的概念

**增值税**是以商品(含应税劳务、应税行为)在流转过程中产生的增值额作为计税依据而征收的一种流转税。

3-10 增值税业务的核算

2. 增值税的纳税人

按照我国增值税暂行条例的规定,增值税纳税人是在我国境内销售货物、提供加工修理或修配劳务(简称"应税劳务")、销售应税服务、无形资产和不动产(简称"应税行为")以及进口货物的企业单位和个人。其中,应税服务包括交通运输服务、邮政服务、电信服务、金融服务、现代服务、生活服务。

3. 增值税纳税人的分类

按照纳税人的经营规模大小及会计核算水平的健全程度,增值税纳税人分为一般纳税人和小规模纳税人。

4. 增值税额的计算

增值税的计税方法分为一般计税方法和简易计税方法。

(1) 增值税的一般计税方法,即先按当期销售额和适用的税率计算出销项税额,然后以该销项税额对当期购进项目支付的税款(即进项税额)进行抵扣,从而间接算出当期的应纳税额,当期应纳税额的计算公式如下:

$$当期应纳税额 = 当期销项税额 - 当期进项税额$$

公式中的"当期销项税额"是指纳税人当期销售货物、提供应税劳务、发生应税行为时按照销售额和增值税税率计算并收取的增值税税额。销项税额的计算公式如下：

$$销项税额＝销售额×增值税税率$$

公式中的"当期进项税额"是指纳税人当期购进货物、接受加工修理或修配劳务、应税服务、无形资产和不动产所支付或承担的增值税税额。其通常包括以下几个方面：

① 从销售方取得的增值税专用发票上注明的增值税税额（含税控机动车销售统一发票）。

② 从海关取得的完税凭证上注明的增值税税额。

③ 购进农产品，按照农产品收购发票或者销售发票上注明的农产品买价和9%的扣除率计算的进项税额。

④ 接受境外单位或者个人提供的应税服务，从税务机关或者境内代理人取得的解缴税款的中华人民共和国税收缴款凭证（以下称"税收缴款凭证"）上注明的增值税额。

⑤ 一般纳税人支付的道路、桥、闸通行费，凭取得的通行费发票上注明的收费金额和规定的方法计算的可抵扣的增值税进项税额。

当期销项税额小于当期进项税额不足抵扣时，其不足部分可以结转下期继续抵扣。

一般纳税人采用的税率分为13%、9%、6%和零税率。

一般纳税人销售货物、劳务、有形动产租赁服务或者进口货物，税率为13%。

一般纳税人销售或者进口粮食等农产品、食用植物油、食用盐、自来水、暖气、冷气、热水、煤气、石油液化气、天然气、二甲醚、沼气、居民用煤炭制品、图书、报纸、杂志、音像制品、电子出版物、饲料、化肥、农药、农机、农膜以及国务院及其有关部门规定的其他货物，税率为9%；提供交通运输、邮政、基础电信、建筑、不动产租赁服务，销售不动产，转让土地使用权，税率为9%；其他应税行为，税率为6%。

一般纳税人出口货物，税率为零，但是国务院另有规定的除外。境内单位和个人发生的跨境应税行为税率为零，具体范围由财政部和国家税务总局另行规定。

（2）增值税的简易计税方法，是按照销售额和征收率计算应纳税额的简易办法，但不得抵扣进项税额。应纳税额的计算公式如下：

$$应纳税额＝销售额×征收率$$

增值税一般纳税人计算增值税大多采用一般计税方法；小规模纳税人一般采用简易计税方法。一般纳税人销售服务、无形资产或者不动产，符合规定的，可以采用简易计税方法。

**（二）一般纳税人的账务处理**

1. 账户设置

为了核算企业应交增值税的发生、抵扣、交纳、退税及转出等情况，增值税一般纳税人一般在"应交税费"账户下设"应交增值税""未交增值税""预交增值税""待抵扣进项税额""待认证进项税额""待转销项税额""增值税留抵税额""简易计税""转让金融商品应交增值税""代扣代交增值税"等明细账户。

（1）"应交增值税"明细账内设置"进项税额""销项税额抵减""已交税金""转出未交增值税""减免税款""出口抵减内销产品应纳税额""销项税额""出口退税""进项税额转出""转出多交增值税"等专栏。每个专栏核算内容如下：

①"进项税额"专栏，记录一般纳税人购进货物、加工修理修配劳务、服务、无形资产或不动产而支付或负担的、准予从当期销项税额中抵扣的增值税额。

②"销项税额抵减"专栏，记录一般纳税人按照现行增值税制度规定因扣减销售额而减少的销项税额。

③"已交税金"专栏，记录一般纳税人当月已交纳的应交增值税额。

④"转出未交增值税"和"转出多交增值税"专栏，分别记录一般纳税人月度终了转出当月应交未交或多交的增值税额。

⑤"减免税款"专栏，记录一般纳税人按现行增值税制度规定准予减免的增值税额。

⑥"出口抵减内销产品应纳税额"专栏，记录实行"免、抵、退"办法的一般纳税人按规定计算的出口货物的进项税抵减内销产品的应纳税额。

⑦"销项税额"专栏，记录一般纳税人销售货物、加工修理修配劳务、服务、无形资产或不动产应收取的增值税额。

⑧"出口退税"专栏，记录一般纳税人出口货物、加工修理修配劳务、服务、无形资产按规定退回的增值税额。

⑨"进项税额转出"专栏，记录一般纳税人购进货物、加工修理修配劳务、服务、无形资产或不动产等发生非正常损失以及其他原因而不应从销项税额中抵扣、按规定转出的进项税额。

（2）"未交增值税"明细账户，核算一般纳税人月度终了从"应交增值税"或"预交增值税"明细账户转入当月应交未交、多交或预缴的增值税额，以及当月交纳以前期间未交的增值税额。

（3）"预交增值税"明细账户，核算一般纳税人转让不动产、提供不动产经营租赁服务、提供建筑服务、采用预收款方式销售自行开发的房地产项目等，以及其他按现行增值税制度规定应预缴的增值税额。

（4）"待抵扣进项税额"明细账户，核算一般纳税人已取得增值税扣税凭证并经税务机关认证，按照现行增值税制度规定准予以后期间从销项税额中抵扣的进项税额。

（5）"待认证进项税额"明细账户，核算一般纳税人因未经税务机关认证而不得从当期销项税额中抵扣的进项税额，包括一般纳税人已取得增值税扣税凭证、按照现行增值税制度规定准予从销项税额中抵扣，但尚未经税务机关认证的进项税额；一般纳税人已申请稽核但尚未取得稽核相符结果的海关缴款书的进项税额。

（6）"待转销项税额"明细账户，核算一般纳税人销售货物、加工修理修配劳务、服务、无形资产或不动产，已确认相关收入（或利得）但尚未发生增值税纳税义务而需于以后期间确认为销项税额的增值税额。

（7）"简易计税"明细账户，核算一般纳税人采用简易计税方法发生的增值税计提、扣减、预缴、缴纳等业务。

(8)"转让金融商品应交增值税"明细账户,核算增值税纳税人转让金融商品发生的增值税额。

(9)"代扣代交增值税"明细账户,核算纳税人购进在境内未设经营机构的境外单位或个人在境内的应税行为代扣代缴的增值税税额。

2.取得资产、接受劳务或服务的账务处理

(1)一般纳税人购进货物、加工修理修配劳务、服务、无形资产或者不动产,按应计入相关成本费用或资产的金额,借记"在途物资"或"原材料""库存商品""生产成本""无形资产""固定资产""管理费用"等账户,按当月已认证的可抵扣增值税额,借记"应交税费——应交增值税(进项税额)"账户,按当月未认证的可抵扣增值税额,借记"应交税费——待认证进项税额"账户,按应付或实际支付的金额,贷记"应付账款""应付票据""银行存款"等账户。发生退货的,如原增值税专用发票已做认证,应根据税务机关开具的红字增值税专用发票作相反的会计分录,如原增值税专用发票未做认证,应将发票退回并作相反的会计分录。

【做中学3-37】 2022年3月20日,浙江华鸿笔业有限公司从福鼎德泰铅业有限公司购买铅芯20 000支,单价0.5元/支,增值税税率13%,货款通过银行电汇,铅芯验收入库。浙江华鸿笔业有限公司根据入库单(见图3-20)和进项增值税专用发票客户联(见图3-21),编制如下会计分录:

借:原材料——铅芯　　　　　　　　　　　　　　　　　　　　　　10 000
　　应交税费——应交增值税(进项税额)　　　　　　　　　　　　　1 300
　　贷:银行存款　　　　　　　　　　　　　　　　　　　　　　　　11 300

## 入 库 单

No.62349116

供货单位:福鼎德泰铅业有限公司　　　2022年03月20日

| 编号 | 品名 | 规格 | 单位 | 数量 | 单价 | 金额 | 备注 |
|---|---|---|---|---|---|---|---|
|  | 铅芯 | 2B | 支 | 20 000 | 0.50 | 10 000.00 |  |
|  |  |  |  |  |  |  |  |
|  |  |  |  |  |  |  |  |
|  |  |  |  |  |  |  |  |
|  | 合 计 |  |  |  |  | ¥10 000.00 |  |

仓库主管:刘舰壮　　记账:张伟　　保管:林秀　　经手人:林秀　　制单:林秀

图3-20 入库单

(2)企业购进农产品的业务处理。企业购进农产品,除取得增值税专用发票或者海关进口增值税专用缴款书外,按照农产品收购发票或者销售发票上注明的农产品买价和9%的扣除率计算的进项税额;购进用于生产销售或委托加工13%税率货物的农产品,按照农产品收购发票或者销售发票上注明的农产品买价和9%的扣除率计算的进项税额,借记"应交税费——应交增值税(进项税额)"账户,按农产品买价扣除进项税额后的差额,借记"材料采

图 3-21 进项增值税专用发票客户联

购""在途物资""原材料""库存商品"等账户,按照应付或实际支付的价款,贷记"应付账款""应付票据""银行存款"等账户。

【做中学3-38】 2022年3月15日,浙江华鸿笔业有限公司收购原木作为原材料,实际支付款项160 000元,原木已验收入库,款项已经支付。浙江华鸿笔业有限公司采用实际成本法进行材料日常核算,该产品准予抵扣的进项税额按实价的10%扣除率计算确定。该公司财务人员根据入库单(见图3-22)和农产品收购统一发票(见图3-23),编制如下会计分录:

借:原材料——原木　　　　　　　　　　　　　　　　　　　　144 000
　　应交税费——应交增值税(进项税额)　　　　　　　　　　　 16 000
　　贷:银行存款　　　　　　　　　　　　　　　　　　　　　　1 60 000

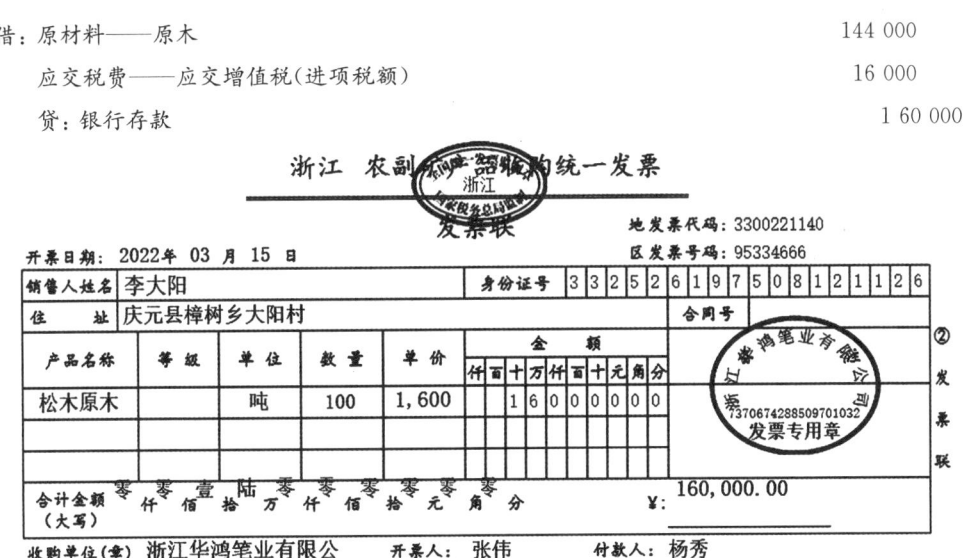

图 3-22 农产品收购统一发票

## 入库单

No.62349116

供货单位：李大阳　　　　　　2022年03月15日

| 编号 | 品名 | 规格 | 单位 | 数量 | 单价 | 金额 | 备注 |
|------|------|------|------|------|------|------|------|
|      | 原木 | 松木 | 吨   | 100  | 1 600.00 | 160 000.0 |      |
|      |      |      |      |      |      |      |      |
|      |      |      |      |      |      |      |      |
|      |      |      |      |      |      |      |      |
|      |      | 合　计 |    |      |      | ￥160 000.00 |  |

仓库主管：刘舰壮　　　记账：张伟　　　保管：林秀　　　经手人：林秀　　　制单：林秀

图3-23 入库单

【小贴士】

　　除购买免税农产品外，企业购入货物时，没有取得增值税专用发票的，进项税额不得抵扣，此时应按支付的全部价款借记"材料采购""在途物资""库存商品"等账户，贷记"银行存款"等账户。即使支付了增值税，也只能将进项税额计入购进货物的成本中。

（3）进项税额不得抵扣的账务处理。一般纳税人已单独确认进项税额的购进货物、加工修理修配劳务、服务、无形资产或不动产，如用于简易计税项目、免征增值税项目、集体福利或个人消费、非正常损失等(提示：税法上的非正常损失，是指因管理不善造成货物被盗、丢失、霉烂变质，以及因违反法律法规造成货物或者不动产被依法没收、销毁、拆除的情形)，其进项税额不得从销项税额中抵扣，原已计入"进项税额""待抵扣进项税额""待认证进项税额"账户的，不得从进项税额中抵扣，应借记"应付职工薪酬""待处理财产损溢"账户，贷记"应交税费——应交增值税（进项税额转出）""应交税费——待抵扣进项税额""应交税费——待认证进项税额"账户。

【做中学3-39】浙江华鸿笔业有限公司2022年3月采购一台不需安装设备，专用于简易计税项目，取得增值税专用发票，不含税价700 000元，增值税91 000元，款项未付，假设当月的销项税额是200 000元，无其他增值税专用发票进行认证抵扣。

（1）购进设备时，根据增值税专用发票和入库单，编制如下会计分录：

　　借：固定资产　　　　　　　　　　　　　　　　　　　　　　700 000
　　　　应交税费——（应交增值税）进项税额　　　　　　　　　　91 000
　　　　贷：银行存款　　　　　　　　　　　　　　　　　　　　　　791 000

（2）由于购进设备用于简易计税项目，增值税专用发票经税务机关认证后不得抵扣，作进项税额转出：

　　借：固定资产　　　　　　　　　　　　　　　　　　　　　　91 000
　　　　贷：应交税费——应交增值税(进项税额转出)　　　　　　　91 000

**【做中学 3-40】** 承[做中学 3-38]，3月15日购入的原木因管理不善发生火灾，全部烧毁，根据火灾损失调查报告金额，将相应进项税额转出，编制如下会计分录：

借：待处理财产损溢——待处理流动资产损溢　　　　　　　　　　　160 000
　　贷：原材料——原木　　　　　　　　　　　　　　　　　　　　　144 000
　　　　应交税费——应交增值税（进项税额转出）　　　　　　　　　 16 000

**【做中学 3-41】** 浙江华鸿笔业有限公司银行存款外购电炖锅作为春节福利，每个炖锅不含税单价100元，增值税13元，发给生产工人80个，车间管理人员20个，行政管理人员10个，请作相关账务处理。

（1）购入时，根据增值税专用发票和入库单，编制如下会计分录：

借：库存商品——电炖锅　　　　　　　　　　　　　　　　　　　　 11 000
　　应交税费——应交增值税（进项税额）　　　　　　　　　　　　　 1 430
　　贷：银行存款　　　　　　　　　　　　　　　　　　　　　　　　12 430

（2）实际发放时，根据产品出库单，编制如下会计分录：

借：应付职工薪酬——非货币性福利　　　　　　　　　　　　　　　　12 430
　　贷：库存商品　　　　　　　　　　　　　　　　　　　　　　　　11 000
　　　　应交税费——应交增值税（进项税额转出）　　　　　　　　　 1 430

（3）如福利费计提不足，则需根据实际发放对象补提福利费。

借：生产成本——非货币性福利　　　　　　　　　　　　　　　　　　 9 040
　　制造费用——非货币性福利　　　　　　　　　　　　　　　　　　 2 260
　　管理费用——非货币性福利　　　　　　　　　　　　　　　　　　 1 130
　　贷：应付职工薪酬——非货币性福利　　　　　　　　　　　　　　12 430

（4）货物等已验收入库但尚未取得增值税扣税凭证的账务处理。一般纳税人购进的货物等已到达并验收入库，但尚未收到增值税扣税凭证并未付款的，应在月末按货物清单或相关合同、协议上的价格暂估入账，不需要将增值税的进项税额暂估入账。下月初，用红字冲销原暂估入账金额，待取得相关增值税扣税凭证并认证后，按应计入相关成本费用或资产的金额，借记"原材料""库存商品""固定资产""无形资产"等账户，按可抵扣的增值税额，借记"应交税费——应交增值税（进项税额）"账户，按应付金额，贷记"应付账款"等账户。

**【做中学 3-42】** 浙江华鸿笔业有限公司于2022年3月10日从浙江华阳贸易有限公司购入一批涂料，协议规定价格80 000元，涂料已于当月验收入库，但尚未取得发票，也未付款。2022年4月3日，收到增值税专用发票上注明价款82 000元，增值税10 660元。

（1）月末根据货物清单或相关合同协议上的价格暂估入账，不需要将增值税的进项税额暂估入账：

借：原材料——暂估入账　　　　　　　　　　　　　　　　　　　　 80 000
　　贷：应付账款——浙江华阳贸易有限公司　　　　　　　　　　　　80 000

（2）下月初，用红字冲销原暂估入账金额：

借：原材料——暂估入账　　　　　　　　　　　　　　　　　　80 000
　　贷：应付账款——浙江华阳贸易有限公司　　　　　　　　　　　　80 000

(3) 4月3日根据取得相关增值税扣税凭证后,编制如下会计分录：

借：原材料　　　　　　　　　　　　　　　　　　　　　　　82 000
　　应交税费——应交增值税（进项税额）　　　　　　　　　　10 660
　　贷：应付账款——浙江华阳贸易有限公司　　　　　　　　　　　　92 660

【小贴士】

　　企业购入材料、商品等不能取得增值税专用发票的,发生的增值税应计入材料采购成本,相应税金借记"材料采购""在途物资""原材料""库存商品"等账户,贷记"银行存款"账户。

3. 销售等业务的账务处理

(1) 普通销售业务的账务处理。企业销售货物、加工修理修配劳务、服务、无形资产或不动产,应当按应收或已收的金额,借记"应收账款""应收票据""银行存款"等账户,按取得的收入金额,贷记"主营业务收入""其他业务收入""固定资产清理"等账户,按现行增值税制度规定计算的销项税额(或采用简易计税方法计算的应纳增值税额),贷记"应交税费——应交增值税（销项税额）"或"应交税费——简易计税"账户。发生销售退回的,应根据规定按开具的红字增值税专用发票作相反的会计分录。

【做中学3-43】　浙江华鸿笔业有限公司2022年3月份按合同规定销售一批产品,开出的增值税专用发票上标明价款10 000元,增值税1 300元,产品已发出,提货单和增值税专用发票已经交给对方,款项尚未收到。

借：应收账款　　　　　　　　　　　　　　　　　　　　　　11 300
　　贷：主营业务收入　　　　　　　　　　　　　　　　　　　　　10 000
　　　　应交税费——应交增值税（销项税额）　　　　　　　　　　　1 300

【小贴士】

　　按照国家统一的会计制度确认收入或利得的时点早于按照增值税制度确认增值税纳税义务发生时点的,应将相关销项税额记入"应交税费——待转销项税额"账户,待实际发生纳税义务时再转入"应交税费——应交增值税（销项税额）"或"应交税费——简易计税"账户。

确认收入时：

借：应收账款/应收票据
　　贷：主营业务收入
　　　　应交税费——待转销项税额

结转时：

借：应交税费——待转销项税额
　　贷：应交税费——应交增值税（销项税额）/应交税费——简易计税

**【做中学 3-44】** 浙江华鸿笔业有限公司为一般纳税人，2022年3月20日，向小规模纳税人销售一批彩铅，开具普通发票注明收取价税合计 22 600 元，款项已存入银行，请问该笔业务中浙江华鸿笔业有限公司应纳增值税为多少？并作相关账务处理。

浙江华鸿笔业有限公司应纳增值税不含税销售额＝22 600÷(1＋13％)＝20 000(元)

应纳增值税＝20 000×13％＝2 600(元)

根据增值税普通发票和销售出库单，编制如下会计分录：

借：银行存款　　　　　　　　　　　　　　　　　　　　　　　　22 600
　　贷：主营业务收入　　　　　　　　　　　　　　　　　　　　　20 000
　　　　应交税费——应交增值税（销项税额）　　　　　　　　　　 2 600

**【小贴士】**
一般纳税人销售货物或服务给小规模纳税人时，销项税率不变，原来13％还是13％，与客户类别无关。

(2) 视同销售业务的账务处理。企业发生税法上视同销售的行为，应当按照企业会计准则制度相关规定进行相应的会计处理，并按照现行增值税制度规定计算的销项税额（或采用简易计税方法计算的应纳增值税额），借记"应付职工薪酬""利润分配"等账户，贷记"应交税费——应交增值税（销项税额）"或"应交税费简易计税"账户。

① 用自产或者外购货物对外捐赠时的会计处理。

**【做中学 3-45】** 浙江华鸿笔业有限公司以公司生产的产品对外捐赠，该批产品的实际成本为 18 000 元，不含税售价为 24 000 元，开具的增值税专用发票上注明的增值税为 3 120 元。根据产品出库单，该公司编制如下会计分录：

借：营业外支出——捐赠支出　　　　　　　　　　　　　　　　　21 120
　　贷：库存商品(成本价出库)　　　　　　　　　　　　　　　　 18 000
　　　　应交税费——应交增值税（销项税额）(24 000×13％)　　　 3 120

**【小贴士】**
自有产品对外捐赠时，不管是否开具增值税发票，都需要按平均销售价格缴纳增值税，但不确认销售收入，按成本价出库。

② 以自产货物发放福利的账务处理。

**【做中学 3-46】** 浙江华鸿笔业有限公司以公司生产的 3 000 支铅笔发放福利。该批铅笔每支成本为 0.5 元，每支不含税售价为 1 元，其中 2 000 支发给生产工人，1 000 支发给管理人员。

公司决定发放非货币性福利时，将费用分摊至各受益对象，根据福利费发放计划清单，编制如下会计分录：

借:生产成本(2 000×1.13)                                            2 260
    管理费用(1 000×1.13)                                            1 130
    贷:应付职工薪酬——非货币性福利                                    3 390

实际发放时,该公司根据发放清单,编制如下会计分录:

借:应付职工薪酬——非货币性福利                                      3 390
    贷:主营业务收入                                                 3 000
        应交税费——应交增值税(销项税额)                              390

根据出库单,该公司编制如下会计分录:

借:主营业务成本                                                     1 500
    贷:库存商品                                                     1 500

【小贴士】
自产产品捐赠账务处理时不确认收入,自产产品发放福利会计处理时确认收入。

③ 以自产或外购的货物对外投资时的账务处理。

【做中学3-47】 浙江华鸿笔业有限公司以一批外购的原材料对甲公司进行投资,该批原材料成本为200 000元,公允价值(同于计税价值)为250 000元,双方协议按250 000元作价。假设该批原材料适用的增值税税率为13%。双方均为增值税一般纳税人。浙江华鸿笔业有限公司根据增值税专用发票存根联、销售出库单、投资协议,编制如下会计分录:

借:长期股权投资                                                    282 500
    贷:其他业务收入                                                250 000
        应交税费——应交增值税(销项税额)                            32 500

借:其他业务成本                                                    200 000
    贷:原材料                                                      200 000

4. 交纳增值税的账务处理

(1) 交纳当月应交增值税的账务处理。

企业交纳当月应交的增值税,借记"应交税费——应交增值税(已交税金)"账户,贷记"银行存款"账户。

【做中学3-48】 浙江华鸿笔业有限公司2022年3月增值税销项税额合计230 000元,增值税进项税额合计为155 000元,进项税额转出合计为21 200元,3月20日实际已缴纳税金60 000元,请计算本月应交纳的增值税,并作相关账务处理。

3月应交增值税=230 000－155 000＋21 200＝96 200(元)

该公司根据增值税缴款单,编制如下会计分录:

借:应交税费——应交增值税(已交税金)                                 60 000
    贷:银行存款                                                    60 000

(2) 交纳以前期间未交增值税的账务处理。

企业交纳以前期间未交的增值税,借记"应交税费——**未交增值税**"账户,贷记"银行存款"账户。

(3) 月末转出多交增值税和未交增值税的账务处理。

月度终了,企业应当将当月应交未交或多交的增值税自"应交增值税"明细账户转入"未交增值税"明细账户。对于当月应交未交的增值税,借记"应交税费——应交增值税(转出未交增值税)"账户,贷记"应交税费——未交增值税"账户;对于当月多交的增值税,借记"应交税费——未交增值税"账户,贷记"应交税费——应交增值税(转出多交增值税)"账户。

**【做中学3-49】** 承[做中学3-48],3月31日转出3月未交增值税36 200元,4月10日交纳3月未缴清增值税。

(1) 3月31日转出3月未交增值税36 200元。

借:应交税费——应交增值税(转出未交增值税)　　　　　　　　　　36 200
　　贷:应交税费——未交增值税　　　　　　　　　　　　　　　　　　　36 200

(2) 4月10日缴纳3月未缴清增值税,根据增值税缴款单,编制如下会计分录:

借:应交税费——未交增值税　　　　　　　　　　　　　　　　　　　　36 200
　　贷:银行存款　　　　　　　　　　　　　　　　　　　　　　　　　　　36 200

**(三) 小规模纳税人的账务处理**

小规模纳税企业不享有进项税额的抵扣权,其购进货物或接受应税劳务支付的增值税直接计入有关货物或劳务的成本。

小规模纳税人销售货物、提供应税劳务和应税行为时,按照不含税的销售额和规定的增值税征收率计算应交纳的增值税,但不得开具增值税专用发票。

一般来说,小规模纳税人采用销售额和应纳税额合并定价的方法向客户结算款项,销售货物或提供应税劳务后,应进行价税分离,确定不含税销售额。不含税销售额的计算公式如下:

不含税销售额=含税销售额÷(1+征收率)

应纳税额=不含税销售额×征收率

小规模纳税人进行账务处理时,只需在"应交税费"账户下设"应交增值税"明细账户,在"应交增值税"明细账户下不用再设置专栏。"应交税费——应交增值税"贷方登记应交纳的增值税,借方登记已交纳的增值税,期末贷方余额反映尚未交纳的增值税,借方余额反映多交纳的增值税。

小规模纳税人购进货物或接受应税劳务、应税行为,按照应付或实付的全部款项,借记"材料采购""在途物资""原材料"等账户,贷记"应付账款""应付票据""银行存款"等账户。销售货物、提供应税劳务和应税行为,应按全部价款借记"银行存款""应收账款"等账户,按不含税销售额贷记"主营业务收入"等账户,按应征税额贷记"应交税费——应交增值税"账户。

**【做中学3-50】** 温州好学文化用品有限公司为小规模纳税人,适用增值税税率为3%,3月10日购进A4纸一批,取得增值税专用发票上注明价款为4 000元,增值税税额为520元,款项由银行存款付清。3月20日销售A4纸30箱,开具的普通发票上注明的货款为

6 180元(含税),款项未收。请作相关账务处理。

(1)购进A4纸时,公司根据增值税专用发票客户联(见图3-24)和入库单(见图3-25),编制如下会计分录:

借:库存商品　　　　　　　　　　　　　　　　　　　　　　　　　4 520
　　贷:银行存款　　　　　　　　　　　　　　　　　　　　　　　　　4 520

图3-24　增值税专用发票客户联

入库单　　　　　　　　　　　　　　　　　　　　　　　　　No.65340701

供货单位:浙江华阳贸易有限公司　　2022年03月10日

| 编号 | 品名 | 规格 | 单位 | 数量 | 单价 | 金额 | 备注 |
|------|------|------|------|------|------|------|------|
|      | 打印纸 | A4 | 箱 | 40 | 100.00 | 4 000.00 |  |
|      |      |      |      |      |      |      |      |
|      |      |      |      |      |      |      |      |
|      |      |      |      |      |      |      |      |
|      |      |      |      |      |      |      |      |
|      | 合　　计 |      |      |      |      | ￥4 000.00 |      |

仓库主管:李华　　记账:　　保管:　　经手人:　　制单:江山

图3-25　入库单

(2)3月20日销售A4纸时,公司根据增值税普通发票记账联(见图3-26)和销售出库单(见图3-27),编制如下会计分录:

不含税销售额=6 180÷(1+3%)=6 000(元)

应纳增值税＝6 000×3％＝180（元）

借：应收账款　　　　　　　　　　　　　　　　　　　　　　6 180
　　贷：主营业务收入　　　　　　　　　　　　　　　　　　　　　6 000
　　　　应交税费——应交增值税　　　　　　　　　　　　　　　　　180

图 3-26　增值税普通发票记账联

## 销 售 单

购货单位：浙江康泰科技有限公司　　地址和电话：台州市椒江区台大路21号 0576-85537252　　单据编号：202202182
纳税识别号：923632560027821111319　　开户行及账号：工商银行台州分行三里支行 352153701234　　制单日期：2022年03月20日

| 编码 | 产品名称 | 规格 | 单位 | 单价 | 数量 | 金额 | 备注 |
|---|---|---|---|---|---|---|---|
|  | 打印纸 | A4 | 箱 | 200.00 | 30 | 6 000.00 |  |
|  |  |  |  |  |  |  |  |
|  |  |  |  |  |  |  |  |
| 合计 | 人民币(大写)：陆仟元整 |  |  |  |  | ￥6 000.00 |  |

总经理：陈思远　　　销售经理：孙媚　　　经手人：林秀　　　会计：张伟　　　签收人：李大强

图 2-27　销售出库单

【小贴士】
　　小规模纳税人购进商品，一律不得抵扣进项税额，销售商品按3‰计征销项税，如需开具增值税专用发票，可请税务机关代开或自行开具。

(3)假设本月未发生其他业务,则本月应交纳的增值税为180元,根据增值税缴款单,编制如下会计分录:

　　借:应交税费——应交增值税　　　　　　　　　　　　　　　　　　　180
　　　贷:银行存款　　　　　　　　　　　　　　　　　　　　　　　　　　　　180

### (四)差额征税的账务处理

根据财政部和国家税务总局"营改增"相关规定,对于企业发生的某些业务(金融商品转让、经纪代理服务、融资租赁和融资性售后回租业务、一般纳税人提供客运场站服务、试点纳税人提供旅游服务、选择简易计税方法提供建筑服务等)无法通过抵扣机制避免重复征税的,应采用差额征税方式计算交纳增值税。

**1. 企业按规定相关成本费用允许扣减销售额的账务处理**

按现行增值税制度规定,企业发生相关成本费用允许扣减销售额的,发生成本费用时,按应付或实际支付的金额,借记"主营业务成本"等账户,贷记"应付账款""应付票据""银行存款"等账户。待取得合规增值税扣税凭证且纳税义务发生时,按照允许抵扣的税额,借记"应交税费——应交增值税(销项税额抵减)"或"应交税费——简易计税"账户(小规模纳税人应借记"应交税费——应交增值税"账户),贷记"主营业务成本"等账户。

【做中学3-51】 康辉旅行社为增值税一般纳税人,应交增值税采用差额征税方式核算。2021年3月,该旅行社为浙江华鸿笔业有限公司提供职工境内旅游服务,向浙江华鸿笔业有限公司收取含税价款318 000元,其中增值税18 000元,全部款项已收妥入账。该旅行社以银行存款支付其他接团旅游企业的旅游费用和其他单位相关费用共计254 400元,其中,因允许扣减销售额而减少的销项税额14 400元。该旅行社应编制如下会计分录:

(1)根据银行进账单及增值税专用发票确认旅游服务收入,编制如下会计分录:

　　借:银行存款　　　　　　　　　　　　　　　　　　　　　　　　　318 000
　　　贷:主营业务收入　　　　　　　　　　　　　　　　　　　　　　　　300 000
　　　　　应交税费——应交增值税(销项税额)　　　　　　　　　　　　　 18 000

(2)支付旅游费用时,根据银行支付凭证编制如下会计分录:

　　借:主营业务成本　　　　　　　　　　　　　　　　　　　　　　　　254 400
　　　贷:银行存款　　　　　　　　　　　　　　　　　　　　　　　　　　254 400

(3)根据增值税扣税凭证抵减销项税额,并调整成本:

　　借:应交税费——应交增值税(销项税额抵减)　　　　　　　　　　　　 14 400
　　　贷:主营业务成本　　　　　　　　　　　　　　　　　　　　　　　　 14 400

上述分录(2)(3)可合并编制如下会计分录:

　　借:主营业务成本　　　　　　　　　　　　　　　　　　　　　　　　240 000
　　　　应交税费——应交增值税(销项税额抵减)　　　　　　　　　　　　 14 400
　　　贷:银行存款　　　　　　　　　　　　　　　　　　　　　　　　　　254 400

## 2. 企业转让金融商品按规定以盈亏相抵后的余额作为销售额

按现行增值税制度规定，企业实际转让金融商品，月末，如产生转让收益，则按应纳税额，借记"投资收益"等账户，贷记"应交税费——转让金融商品应交增值税"账户；如产生转让损失，则按可结转下月抵扣税额，借记"应交税费——转让金融商品应交增值税"账户，贷记"投资收益"等账户。交纳增值税时，应借记"应交税费——转让金融商品应交增值税"账户，贷记"银行存款"账户。年末，"应交税费——转让金融商品应交增值税"账户如有借方余额，则借记"投资收益"等账户，贷记"应交税费——转让金融商品应交增值税"账户。

### （五）增值税税控系统专用设备和技术维护费用抵减增值税额的账务处理

按现行增值税制度规定，企业初次购买增值税税控系统专用设备支付的费用以及缴纳的技术维护费允许在增值税应纳税额中全额抵减。增值税税控系统专用设备，包括增值税防伪税控系统设备（如金税卡、IC 卡、读卡器或金税盘和报税盘）、货物运输业增值税专用发票税控系统设备（如税控盘和报税盘）、机动车销售统一发票税控系统和公路、内河货物运输业发票税控系统的设备（如税控盘和传输盘）。

企业初次购入增值税税控系统专用设备，按实际支付或应付的金额，借记"固定资产"账户，贷记"银行存款""应付账款"等账户。按规定抵减的增值税应纳税额，借记"应交税费——应交增值税（减免税款）"账户（小规模纳税人应借记"应交税费——应交增值税"账户），贷记"管理费用"等账户。

企业发生增值税税控系统专用设备技术维护费，应按实际支付或应付的金额，借记"管理费用"账户，贷记"银行存款"等账户。按规定抵减的增值税应纳税额，借记"应交税费——应交增值税（减免税款）"账户（小规模纳税人应借记"应交税费——应交增值税"账户），贷记"管理费用"等账户。

**【做中学3-52】** 甲公司为增值税一般纳税人，初次购买数台增值税税控系统专用设备作为固定资产核算，取得增值税专用发票上注明的价款为 38 000 元，增值税税额为 4 940 元，价款和税款以银行存款支付。该公司应编制如下会计分录：

（1）取得设备，支付价款和税款时根据固定资产入库单和银行支付凭单，编制如下会计分录：

借：固定资产　　　　　　　　　　　　　　　　　　　　　　42 940
　　贷：银行存款　　　　　　　　　　　　　　　　　　　　　　42 940

（2）按规定抵减增值税应纳税额时，根据增值税减免税款明细账，编制如下会计分录：

借：应交税费——应交增值税（减免税款）　　　　　　　　　　42 940
　　贷：管理费用　　　　　　　　　　　　　　　　　　　　　　42 940

> **【小贴士】**
> 小微企业在取得销售收入时，应当按照现行增值税制度的规定计算应交增值税，并确认为应交税费，在符合增值税制度规定的免征增值税条件时，将有关应交增值税转入当期损益。

## 四、应交消费税的核算

### (一)消费税业务常识

1. 消费税的概念

**消费税**是指在我国境内生产、委托加工和进口应税消费品的单位和个人,按其流转额交纳的一种税。

3-11 应交消费税及其他税费的核算

2. 消费税征收办法

消费税有从价定率、从量定额、从价定率和从量定额复合计税三种征收方法。采取从价定率的方法征收消费税以不含增值税的销售额为税基,按照税法规定的税率计算。采取从量定额的方法征收消费税根据税法确定的企业应税消费品的数量和单位应税消费品应交纳的消费税计算确定。采取复合计税方法计征消费税的,以不含增值税的销售额为税基,按照税法规定的税率计算的消费税和企业应税消费品的数量和单位应税消费品应交纳的消费税计算的消费税合计确定。

### (二)应交消费税的账务处理

1. 账户设置

企业应在"应交税费"下设"应交消费税"明细账户,核算消费税的发生和交纳情况,该账户贷方登记应交纳的消费税,借方登记已交纳的消费税,期末贷方余额反映企业尚未交纳的消费税,借方余额反映企业多交纳的消费税。

2. 销售应税消费品的账务处理

企业销售应税消费品应交纳的消费税,应借记"税金及附加"账户,贷记"应交税费——应交消费税"账户。

**【做中学3-53】** 华美科技有限公司为化妆品生产厂家,为增值税一般纳税人。该公司当月销售化妆品2 000件,不含增值税的销售价为60元,实际生产成本为30元,款项已通过银行收妥,化妆品消费税税率为30%。

(1)确认销售收入时,根据销售出库单和增值税专用发票,编制如下会计分录:

借:银行存款 135 600
　　贷:主营业务收入 120 000
　　　　应交税费——应交增值税(销项税额) 15 600

(2)结转已销产品成本时,根据产品出库单,编制如下会计分录:

借:主营业务成本 60 000
　　贷:库存商品 60 000

(3)计算应交纳的消费税=120 000×30%=36 000(元),根据税款计提表,编制如下会计分录:

借:税金及附加 36 000
　　贷:应交税费——应交消费税 36 000

(4)2022年4月10日,实际交纳消费税时,根据税收缴款单(见图3-28),编制如下会计分录：

借：应交税费——应交消费税　　　　　　　　　　　　　　　　　　　　36 000
　　贷：银行存款　　　　　　　　　　　　　　　　　　　　　　　　　　　　36 000

### 中华人民共和国
### 税收缴款书（税务收现专用）

| | | | | | | | | | |
|---|---|---|---|---|---|---|---|---|---|
| 330958186628898904 | | | | | | | （554） | 浙 | 97833313 |
| 6046911607 | | | | | | | | | |

登记注册类型：一般纳税人　　填发日期：2022年 04月 10日　　税务机关：国家税务总局江苏省无锡市惠山区分局

| 纳税人识别号 | 91330303M091709493 | | | 纳税人名称 | 华美科技有限公司 | | | |
|---|---|---|---|---|---|---|---|---|
| 地　址 | 江苏省无锡市惠山区太极路323号 | | | | | | | |
| 税　种 | 品目名称 | 课税数量 | 计税金额或销售收入 | 税率或单位税额 | 税款所属时期 | | 已缴或扣除额 | 实缴金额 |
| 消费税 | 口红 | | 120,000.00 | 30% | 2022-03-01 | 2022-03-31 | 0.00 | 36,000.00 |
| | | | | | | | | |
| | | | | | | | | |
| | | | | | | | | |
| 金额（合计大写）人民币 叁万陆仟元整 | | | | | | | | ¥36,000.00 |
| 税务机关（盖章）征税专用章 | 代　单位财务专用章 | | 填票人 | 备注： | | | | |

妥善保管

图 3-28　税收缴款单

（5）月末结转销售税金时，编制如下会计分录：

借：本年利润　　　　　　　　　　　　　　　　　　　　　　　　　　　　36 000
　　贷：税金及附加　　　　　　　　　　　　　　　　　　　　　　　　　　　36 000

3. 自产自用应税消费品的账务处理

企业将生产的应税消费品用于在建工程等非生产机构时，按规定应交纳的消费税，借记"在建工程""税金及附加"等账户，贷记"应交税费——应交消费税"账户。

【做中学3-54】　甲企业在建工程领用自产油漆，成本为30 000元，市场不含税售价为50 000元，消费税税率为4%。增值税税率为13%，不考虑其他相关税费，根据出库单，编制如下会计分录：

借：在建工程　　　　　　　　　　　　　　　　　　　　　　　　　　　　32 000
　　贷：库存商品　　　　　　　　　　　　　　　　　　　　　　　　　　　　30 000
　　　　应交税费——应交消费税　　　　　　　　　　　　　　　　　　　　　2 000

【小贴士】
　　自产产品用于在建工程，不需要交纳增值税。

**【做中学 3-55】** 乙企业将自产的一批化妆品作为福利发放给员工,该批化妆品成本为 40 000 元,市场不含税售价为 60 000 元,消费税税率为 10%。增值税税率为 13%,不考虑其他相关税费。

(1) 根据出库单及发放清单,编制如下会计分录:

借:应付职工薪酬——职工福利费　　　　　　　　　　　　　　　67 800
　　税金及附加　　　　　　　　　　　　　　　　　　　　　　　　6 000
　　贷:主营业务收入　　　　　　　　　　　　　　　　　　　　　60 000
　　　　应交税费——应交增值税(销项税额)　　　　　　　　　　7 800
　　　　　　　　——应交消费税　　　　　　　　　　　　　　　　6 000

(2) 根据出库单,编制如下会计分录:

借:主营业务成本　　　　　　　　　　　　　　　　　　　　　　40 000
　　贷:库存商品　　　　　　　　　　　　　　　　　　　　　　　40 000

4. 委托加工应税消费品的账务处理

企业如有应交消费税的委托加工物资,一般应由受托方代收代缴消费税。委托加工物资收回后,<u>直接用于销售的</u>,应将受托方代收代缴的消费税计入委托加工物资的成本,借记"委托加工物资"等账户,贷记"应付账款""银行存款"等账户。委托加工物资收回后用于连续生产的,按规定准予抵扣的,应按已由受托方代收代缴的消费税,借记"应交税费——应交消费税"账户,贷记"应付账款""银行存款"等账户。待用委托加工的应税消费品生产出应纳消费税的产品销售时,在交纳消费税时抵扣加工环节交纳的消费税。

**【做中学 3-56】** 浙江华鸿笔业有限公司委托宏海公司代为加工一批应交消费税的材料(非金银首饰)。浙江华鸿笔业有限公司的材料成本为 50 000 元,加工费为 6 000 元,由宏海公司代收代缴的消费税为 4 000 元,增值税税率为 13%。材料已经加工完成,并由浙江华鸿笔业有限公司收回验收入库,加工费尚未支付。浙江华鸿笔业有限公司采用实际成本法进行原材料的核算。

如果甲企业收回的委托加工物资用于继续生产应税消费品:

(1) 材料出库时,根据材料出库单,编制如下会计分录:

借:委托加工物资　　　　　　　　　　　　　　　　　　　　　　50 000
　　贷:原材料　　　　　　　　　　　　　　　　　　　　　　　　50 000

(2) 结算加工费和消费税时,根据结算凭证,编制如下会计分录:

借:委托加工物资　　　　　　　　　　　　　　　　　　　　　　6 000
　　应交税费——应交增值税(进项税额)　　　　　　　　　　　　780
　　应交税费——应交消费税　　　　　　　　　　　　　　　　　4 000
　　贷:应付账款——宏海公司　　　　　　　　　　　　　　　　10 780

(3) 收回加工材料时,根据材料入库单,编制如下会计分录:

借：原材料　　　　　　　　　　　　　　　　　　　　　　　　　56 000
　　贷：委托加工物资　　　　　　　　　　　　　　　　　　　　　　56 000

如果甲企业收回的委托加工物资直接用于对外销售：

(1) 材料出库时，根据材料出库单，编制如下会计分录：

借：委托加工物资　　　　　　　　　　　　　　　　　　　　　　50 000
　　贷：原材料　　　　　　　　　　　　　　　　　　　　　　　　　50 000

(2) 结算加工费和消费税时，根据结算凭证，编制如下会计分录：

借：委托加工物资　　　　　　　　　　　　　　　　　　　　　　10 000
　　应交税费——应交增值税(进项税额)　　　　　　　　　　　　780
　　贷：应付账款——宏海公司　　　　　　　　　　　　　　　　　10 780

(3) 收回加工材料时，根据材料入库单，编制如下会计分录：

借：原材料　　　　　　　　　　　　　　　　　　　　　　　　　60 000
　　贷：委托加工物资　　　　　　　　　　　　　　　　　　　　　　60 000

5. 进口应税消费品的账务处理

企业进口应税物资在进口环节由海关代征，应交的消费税按照组成计税价格和规定税率计算，消费税计入该项物资的成本，借记"材料采购""在途物资""原材料""库存商品""固定资产"等账户，贷记"银行存款"等账户。

### 五、其他应交税费的核算

**其他应交税费**是指除上述应交税费以外的其他各种应上交国家的税费，包括应交资源税、应交城市维护建设税、应交土地增值税、应交所得税、应交房产税、应交土地使用税、应交车船税、应交教育费附加、应交矿产资源补偿费、应交个人所得税等。

企业在"应交税费"下设相应的明细科目进行核算，贷方登记应交纳的有关税费，借方登记已交纳的有关税费，期末贷方余额反映尚未交纳的有关税费。

**(一) 应交资源税**

1. 资源税的概念

资源税是对在我国境内开采矿产品、水资源或者生产盐的单位和个人征收的税。

2. 账户设置

对外销售应税产品应交纳的资源税应记入"税金及附加"账户，借记"税金及附加"账户，贷记"应交税费——应交资源税"账户；自产自用应税产品应交纳的资源税应记入"生产成本""制造费用"等账户，借记"生产成本""制造费用"等账户，贷记"应交税费——应交资源税"账户。

**【做中学3-57】** 金山矿产品有限公司本期对外销售原煤4 000吨，另将自产资源税应税矿产品1 000吨用于其产品生产。已知该矿产品每吨不含税售价300元。其适用的资源税税率为2%。

(1) 计算对外销售应税矿产品应交资源税,根据销售出库单计算并编制如下会计分录:

企业对外销售应税产品而应交的资源税＝4 000×300×2％＝24 000(元)

借:税金及附加　　　　　　　　　　　　　　　　　　　　　　　　24 000
　　贷:应交税费——应交资源税　　　　　　　　　　　　　　　　　　　　24 000

(2) 计算自用应税矿产品应交资源税,根据领用出库单计算并编制如下会计分录:

企业自产自用应税矿产品而应交纳的资源税＝1 000×300×2％＝6 000(元)

借:生产成本　　　　　　　　　　　　　　　　　　　　　　　　　　6 000
　　贷:应交税费——应交资源税　　　　　　　　　　　　　　　　　　　　6 000

(3) 4月10日交纳资源税时,根据税收缴款书,编制如下会计分录:

借:应交税费——应交资源税　　　　　　　　　　　　　　　　　　　30 000
　　贷:银行存款　　　　　　　　　　　　　　　　　　　　　　　　　　30 000

### (二)应交城市维护建设税

1. 城市维护建设税的概念

**城市维护建设税**是以增值税、消费税为计税依据征收的一种税。其纳税人为交纳增值税和消费税的单位和个人,以纳税人实际缴纳的增值税、消费税税额为计税依据,并分别与两项税金同时缴纳。

2. 税率

因纳税人所在地不同,税率不同,一般为1％～7％。

3. 公式

应交城市维护建设税的计算公式如下:

$$应纳税额＝(应交增值税＋应交消费税)×适用税率$$

4. 账务处理

计算应交纳的城市维护建设税时,借记"税金及附加"账户,贷记"应交税费——应交城市维护建设税"账户,实际交纳时,借记"应交税费——应交城市维护建设税"账户。贷记"银行存款""库存现金"等账户。

**【做中学3-58】** 浙江华鸿笔业有限公司本期应交增值税28 000元、消费税16 000元,适用的城市维护建设税税率为7％。该公司应编制如下会计分录:

(1) 计算应交城市维护建设税,并根据税金及附加计算表(见图3-29),编制如下会计分录:

应交的城市维护建设税＝(28 000＋16 000)×7％＝3 080(元)

借:税金及附加　　　　　　　　　　　　　　　　　　　　　　　　3 080
　　贷:应交税费——应交城市维护建设税　　　　　　　　　　　　　　　3 080

(2) 用银行存款上交城市维护建设税,根据税收缴款书,编制如下会计分录:

借:应交税费——应交城市维护建设税　　　　　　　　　　　　　　3 080
　　贷:银行存款　　　　　　　　　　　　　　　　　　　　　　　　　3 080

## 税金及附加计算表

2022 年 03 月 31 日　　　　　　　　　　　　　　　　　　　　单位:元

| 项目 | 计提基数 | | | 计提比例 | 计提金额 |
|---|---|---|---|---|---|
| | 增值税 | 消费税 | 合计 | | |
| 城市维护建设税 | 28 000.00 | 16 000.00 | 44 000.00 | 7% | 3 080.00 |
| 教育费附加 | | | | | |
| 地方教育费附加 | | | | | |

审核:　　　　　　　　　　　　　　　　　　　　　　　　　　制表:

图 3-29　税金及附加计算表

### (三) 应交教育费附加

教育费附加是为了发展教育事业而向企业征收的附加费用,企业按以单位和个人实际缴纳的增值税和消费税的一定比例计算交纳。教育费附加统一比例为 3%,地方教育费附加征收比例为 2%,企业按规定计算出应交纳的教育费附加,借记"税金及附加"账户,贷记"应交税费——应交教育费附加"账户,实际交纳时,借记"应交税费——应交教育费附加"账户,贷记"银行存款""库存现金"等账户。

**【做中学 3-59】** 承[做中学 3-58]

(1) 计算本期应交纳的教育费附加如下:

应交的教育费附加 = (28 000 + 16 000) × (2% + 3%) = 2 200(元)

并根据税金及附加计算表,编制如下会计分录:

借:税金及附加　　　　　　　　　　　　　　　　　　　　　　2 200
　　贷:应交税费——应交教育费附加　　　　　　　　　　　　　　　　2 200

(2) 用银行存款上交应交教育费附加,根据税收缴款书,编制如下会计分录:

借:应交税费——应交教育费附加　　　　　　　　　　　　　　　2 200
　　贷:银行存款　　　　　　　　　　　　　　　　　　　　　　　　2 200

### (四) 应交土地增值税

1. 土地增值税的概念

**土地增值税**是对转让国有土地使用权、地上的建筑物及其附着物(简称"转让房地产")并取得增值性收入的单位和个人所征收的一种税。

土地增值税按转让房地产所取得的增值额和规定的税率计算征收。转让房地产的增值额是转让收入减去税法规定扣除项目金额后的余额,其中,转让收入包括货币收入、实物收入和其他收入,扣除项目主要包括取得土地使用权所支付的金额、房地产开发成本和费用、与转让房地产有关的税金、旧房及建筑物的评估价格、财政部确定的其他扣除项目等。

2. 税率

土地增值税采用四级超率累进税率,其中最低税率为 30%,最高为 60%。

### 3. 账务处理

根据企业对房地产核算方法的不同,企业应交土地增值税的账务处理也有所区别:

企业转让的土地使用权连同地上建筑物及其附着物一并在"固定资产"账户核算的,转让时应交的土地增值税,借记"固定资产清理"账户,贷记"应交税费——应交土地增值税"账户;土地使用权在"无形资产"账户核算的,按实际收到的金额,借记"银行存款"账户,按应交的土地增值税,贷记"应交税费——应交土地增值税"账户,同时冲销土地使用权的账面价值,贷记"无形资产"账户,借记"累计摊销""无形资产减值准备"等账户,按其差额,借记或贷记"资产处置损益"账户。

房地产开发经营企业销售房地产应交纳的土地增值税,借记"税金及附加"账户,贷记"应交税费——应交土地增值税"账户。实际交纳土地增值税时,借记"应交税费——应交土地增值税"账户,贷记"银行存款"账户。

**【做中学3-60】** 浙江华鸿笔业有限公司对外转让一栋厂房,根据税法规定计算的应交土地增值税为38 000元。浙江华鸿笔业有限公司根据纳税申报表应编制如下会计分录:

(1)计算应交土地增值税,根据土地增值税计算表,编制如下会计分录:

借:固定资产清理　　　　　　　　　　　　　　　　　　　　38 000
　　贷:应交税费——应交土地增值税　　　　　　　　　　　　　　38 000

(2)用银行存款缴纳土地增值税,根据税收缴款书,编制如下会计分录:

借:应交税费——应交土地增值税　　　　　　　　　　　　　　38 000
　　贷:银行存款　　　　　　　　　　　　　　　　　　　　　　　38 000

### (五)应交房产税、城镇土地使用税、车船税和矿产资源补偿费

#### 1. 房产税

房产税是国家对在城市、县城、建制镇和工矿区征收的由产权所有人缴纳的一种税。房产税依照房产原值一次减除10%～30%后的余额计算交纳。没有房产原值作为依据的,由房产所在地税务机关参考同类房产核定;房产出租的,以房产租金收入为房产税的计税依据。

#### 2. 城镇土地使用税

城镇土地使用税是以城市、县城、建制镇、工矿区范围内使用土地的单位和个人为纳税人,以其实际占用的土地面积和规定税额计算征收的一种税。

#### 3. 车船税

车船税是以车辆、船舶(简称车船)为课税对象。向车船的所有人或者管理人征收的一种税。

企业应交的房产税、城镇土地使用税和车船税,记入"税金及附加"账户。计算时,借记"税金及附加"账户,贷记"应交税费——应交房产税(或应交城镇土地使用税、应交车船税)"账户;实际交纳时,借记"应交税费——应交房产税(或应交城镇土地使用税、应交车船税)"账户,贷记"银行存款"账户。

## (六) 应交个人所得税

企业职工按规定应交纳的个人所得税通常由单位代扣代缴。企业计算个税时,借记"应付职工薪酬"等账户,贷记"应交税费——应交个人所得税"账户;实际交纳时,借记"应交税费——应交个人所得税"账户,贷记"银行存款"等账户。

【做中学3-61】 浙江华鸿笔业有限公司本月应付职工工资总额221 000元,按税法规定应代扣代缴职工个人所得税共计4 500元,实发工资216 500元,根据个税申报表,编制如下会计分录:

(1) 代扣代缴个人所得税,根据工资表明细,编制如下会计分录:

借:应付职工薪酬——工资　　　　　　　　　　　　　　　　　　　4 500
　　贷:应交税费——应交个人所得税　　　　　　　　　　　　　　　　4 500

(2) 交纳个人所得税,根据个税缴款凭证,编制如下会计分录:

借:应交税费——应交个人所得税　　　　　　　　　　　　　　　　　4 500
　　贷:银行存款　　　　　　　　　　　　　　　　　　　　　　　　　4 500

# 项目四　存货业务

**学习目标**

1. 熟悉存货内容、存货管理制度的规定。
2. 熟悉存货的初始计量和确认。
3. 熟练运用实际成本法、计划成本法进行存货收发业务的会计核算。
4. 掌握存货相关盘盈、盘亏的会计账务处理。
5. 掌握存货期末减值的计提标准、会计核算。

**业务导入思考**

1. 存货核算包含哪些业务？分别通过哪些科目核算？
2. 存货在实际成本法和计划成本法下进行会计核算时，分别有什么特点？选择不同核算方法时应当考虑哪些因素？进行会计处理时分别采用什么科目？
3. 存货业务该如何进行账务处理？
4. 期末进行库存盘点时，应如何进行账务处理？

## 任务一　存货业务认知

**情境导入**

张华是 A 上市公司的财务总监，年末他预测今年整体利润很有可能出现负数，于是把这个情况报告给了董事长。董事长担心报表亏损会引起股价下跌，希望财务总监能想办法在报表上扭转亏损。张华思来想去，今年的材料价格一直在上涨，而且上涨得很厉害，如果在成品出库时由原来的移动加权平均法改为先进先出法，成品的成本明显会降低，因此他对当年的存货出库方法进行了调整，当年报表实现了盈利。

**思考：**

(1) 你认为存货的出库方法能随意变更吗？为什么？
(2) 财务总监张华的做法对吗？
(3) 如果你是财务总监，你会如何处理？

### 知识准备

## 一、存货的概念及特点

### (一) 存货的概念

<u>存货</u>是指<u>企业在日常活动中持有以备出售的产成品或商品</u>、处在生产过程中的在产品、在生产过程或提供劳务过程中耗用的材料和物料等,是一项流动性较强的资产。

4-1 存货的概念

### (二) 存货的特点

存货区别于其他资产最本质的特征就是,所持有存货的最终目的是出售。存货包括可供出售的产成品、商品以及需要进一步加工后出售的原材料。存货的这一特征,使其与企业储存的用于工程建设的各种工程物资相区别。

存货属于有形资产,具有实物形态。存货这一特征使其与企业中其他无实物形态的资产相区别。

存货属于流动性较强的资产,但其流动性又低于现金、应收账款等其他流动资产。

## 二、存货的确认条件

企业考虑是否将某项资产列为存货进行核算时,应该在同时满足下列条件时,才能予以确认:

(1) 与该存货有关的经济利益很可能流入企业。通常认为拥有存货的所有权是存货包含的经济利益很可能流入企业的一个重要标志。

(2) 该存货的成本能够可靠地计量。如果存货的成本不能可靠计量,就不能对该项存货进行确认。

## 三、存货的内容

存货<u>包括原材料、在产品、半成品、产成品、商品、周转材料、委托加工物资等</u>。

## 四、存货的计量和确认

存货应当按照成本进行初始计量。存货成本包括采购成本、加工成本和其他成本。存货的来源不同,其成本的构成内容不尽相同。

### (一) 外购存货的成本

外购存货的成本即存货的采购成本,是指存货从采购到入库前发生的全部支出,包括以下几个方面:

(1) 购买价款。购买价款是指企业购入存货的发票账单上记载的价款,但是不包括按税法规定可以抵扣的增值税额。

(2) 运杂费。运杂费是指存货在采购过程中发生的运输费、装卸费、保险费、包装费、仓储费等费用。

(3) 运输过程中的合理损耗。运输过程中的合理损耗是指在运输途中发生一定的短缺和损耗。合理损耗部分应当计入存货的采购成本；能确定过失人的损失，应向责任单位或过失人索取赔偿，不计入采购成本；自然灾害等不可抗力原因发生的损失，减去保险赔偿及可收回材料作价后的净损失，应作为营业外支出处理，不计入存货成本；无法收回的其他损失，计入管理费用。

(4) 入库前的挑选费用。入库前的挑选费用是指存货在入库前，在整理挑选过程中发生的人工费、必要损失等。

(5) 相关税费。相关税费是指购买存货发生的进口关税、消费税、资源税以及不能抵扣的增值税进项税额等按规定应计入存货采购成本的税费。

(6) 其他可归属于存货采购成本的费用。

### (二) 自制存货的成本

自制存货包括自制的原材料、周转材料、在产品和半成品、产成品等。其成本包括制造过程中发生的直接材料、直接人工以及可归属于该存货的间接费用。

### (三) 加工取得存货的成本

企业委托外单位进一步加工取得的存货，其实际成本包括以下几个方面：

(1) 委托加工耗用原材料的实际成本。

(2) 支付的加工费。

(3) 收回委托加工时负担的运杂费。

(4) 按规定应计入成本的税费。

### (四) 接受投资者投入存货的成本

投资者投入存货的成本，应当按照投资合同或协议约定的价值确定，但合同或协议约定价值不公允的除外；在投资合同或者协议约定的价值不公允的情况下，按照该项存货的公允价值作为入账价值。

### (五) 盘盈存货的成本

盘盈的存货，应当按照其重置成本作为入账价值。

### (六) 不计入存货成本的相关费用

下列费用应当在发生时确认为当期损益，不计入存货成本：

(1) 非正常消耗的直接材料、直接人工和制造费用。

(2) 仓储费用。企业在生产过程中为达到下一个生产阶段所必需的仓储费用应该计入存货成本。而企业在存货采购入库之后发生的仓储费用，应当在发生时计入当期损益（管理费用）。

(3) 不能归属于使存货达到目前场所和状态的其他支出。

## 五、存货发出的计量和确认

实务中，企业发出存货可以按实际成本核算，也可以按计划成本核算。如果用计划成本核算，会计期末应调整为实际成本。

如果采用实际成本核算，企业应当根据各类存货的实物流转方式、企业管

4-2 存货发出的计量和确认

理的要求、存货的性质等实际情况,合理地选择采用个别计价法、先进先出法、月末一次加权平均法和移动加权平均法确定发出存货的成本。

**(一)个别计价法**

**个别计价法**,亦称个别认定法、具体辨认法,其特征是注重所发出存货实物流转与成本流转之间的联系,逐一辨认各批发出存货和期末存货所属的购进批别或生产批别,分别按其购入或生产时所确定的单位成本计算各批发出存货和期末结存存货的成本。

**【做中学4-1】** 浙江华鸿笔业有限公司2022年4月铅芯材料的购入、发出情况如表4-1所示,假定公司采用个别计价法结转发出存货的成本。经过具体辨认,本期发出存货单位成本如下:4月5日发出的200件存货中,100件为期初存货,单位成本为20元,另外100件为4月2日购入存货,单位成本为16.5元;4月17日发出的100件存货为4月8日购入存货,单位成本为19元;4月28日发出的100件存货中,50件为期初存货,单位成本为20元,另外50件为4月25日购入存货,单位成本为18元。

按照个别计价法认定,浙江华鸿笔业有限公司2022年4月份发出原材料成本=100×20+100×16.5+100×19+50×20+50×18=7 450(元)

2022年4月末结存原材料成本=100×19+50×18=2 800(元)

表4-1 铅芯明细账(个别计价法)

数量单位:千克　金额单位:元

| 日期 | | 摘要 | 购入 | | | 发出 | | | 结存 | | |
|---|---|---|---|---|---|---|---|---|---|---|---|
| 月 | 日 | | 数量 | 单价 | 金额 | 数量 | 单价 | 金额 | 数量 | 单价 | 金额 |
| 4 | 1 | 期初余额 | | | | | | | 150 | 20 | 3 000 |
| | 2 | 购入 | 100 | 16.5 | 1 650 | | | | 150<br>100 | 20<br>16.5 | 3 000<br>1 650 |
| | 5 | 领用 | | | | 100<br>100 | 20<br>16.5 | 2 000<br>1 650 | 50 | 20 | 1 000 |
| | 8 | 购入 | 200 | 19 | 3 800 | | | | 50<br>200 | 16.5<br>19 | 805<br>3 800 |
| | 17 | 领用 | | | | 100 | 19 | 1900 | 50<br>100 | 20<br>19 | 1 000<br>1 900 |
| | 25 | 购入 | 100 | 18 | 1 800 | | | | 50<br>100<br>100 | 20<br>19<br>18 | 1 000<br>1 900<br>1 800 |
| | 28 | 领用 | | | | 50<br>50 | 20<br>18 | 1 000<br>900 | 100<br>50 | 19<br>18 | 1 900<br>900 |
| | 31 | 本月合计 | 400 | — | 7 250 | 400 | — | 7 450 | 150 | | 2 800 |

个别计价法的成本计算准确,符合实际情况,但在存货收发频繁的情况下,其发出存货成本分辨的工作量较大,因此这种方法适用于一般不能替代使用的存货、为特定项目专门购入或制造的存货以及提供的劳务,如珠宝、名画等贵重物品。

### (二)先进先出法

先进先出法是指以先购入的存货先发出(销售或耗用)这样一种存货实物流动假设为前提,对发出存货进行计价的一种方法,采用这种方法,先购入的存货成本在后购入存货成本之前转出,据此确定发出存货和期末存货的成本。具体方式如下:购入存货时,逐笔登记收入存货的数量、单价和金额;发出存货时,按照先进先出的原则逐笔登记存货的发出成本和结存金额。

【小贴士】
先进先出法只是在出库价格上按先进来的先发出,实际发出实物不需与价格一一对应。

【做中学 4-2】 承[做中学 4-1],假定公司采用先进先出法结转发出存货的成本,具体如表 4-2 所示。

浙江华鸿笔业有限公司 2022 年 4 月份发出原材料成本=150×20+50×16.5+50×16.5+50×19+100×19=7 500(元)

2022 年 4 月末结存原材料成本=50×19+100×18=2 750(元)

表 4-2 铅芯明细账(先进先出法)

数量单位:千克 金额单位:元

| 日期 | | 摘要 | 购入 | | | 发出 | | | 结存 | | |
| --- | --- | --- | --- | --- | --- | --- | --- | --- | --- | --- | --- |
| 月 | 日 | | 数量 | 单价 | 金额 | 数量 | 单价 | 金额 | 数量 | 单价 | 金额 |
| 4 | 1 | 期初余额 | | | | | | | 150 | 20 | 3 000 |
| | 2 | 购入 | 100 | 16.5 | 1 650 | | | | 150<br>100 | 20<br>16.5 | 3 000<br>1 650 |
| | 5 | 领用 | | | | 150<br>50 | 20<br>16.5 | 3 000<br>825 | 50 | 16.5 | 825 |
| | 8 | 购入 | 200 | 19 | 3 800 | | | | 50<br>200 | 16.5<br>19 | 825<br>3 800 |
| | 17 | 领用 | | | | 50<br>50 | 16.5<br>19 | 825<br>950 | 150 | 19 | 2 850 |
| | 25 | 购入 | 100 | 18 | 1 800 | | | | 150<br>100 | 19<br>18 | 2 850<br>1 800 |
| | 28 | 领用 | | | | 100 | 19 | 1 900 | 50<br>100 | 19<br>18 | 950<br>1 800 |
| | 31 | 本月合计 | 400 | — | 7 250 | 400 | — | 7 500 | 150 | — | 2 750 |

先进先出法可以随时结转存货发出成本,但较烦琐。如果存货收发业务较多且存货单价不稳定时,其工作量较大。在物价持续上升时,期末存货成本接近市价,而发出成本偏低,会高估企业当期利润和库存存货价值;反之,则会低估存货价值和当期利润。

### (三)月末一次加权平均法

**月末一次加权平均法**是指以当月全部购货数量加上月初存货数量作为权数,去除当月全部购货成本与月初存货成本之和,计算出存货的加权平均单位成本,以此为基础计算当月发出存货成本和期末结存存货成本的一种方法。其计算公式如下:

$$存货单位成本=\frac{月初库存存货实际成本+\sum(本月各批进货实际单位成本\times本月各批进货数量)}{月初库存存货数量+本月各批进货数量之和}$$

本月月末库存存货的成本＝本月库存存货的数量×存货单位成本

本月发出存货的成本＝本月发出存货的数量×存货单位成本

或

$$本月发出存货的成本=月初库存存货的实际成本+本月收入存货的实际成本-本月月末库存存货成本$$

【做中学4-3】 承[做中学4-1],假定公司采用月末一次加权平均法结转发出存货的成本,具体如表4-3所示。

$$存货单位成本=\frac{150\times20+100\times16.5+200\times19+100\times18}{150+100+200+100}=18.6363(元)$$

本月月末库存存货的成本＝150×18.6363＝2 795.45(元)

本月发出存货的成本＝3 000+7 250-2 795.45＝7 454.55(元)

表4-3 铅芯明细账(月末一次加权平均法)

数量单位:千克　金额单位:元

| 日期 | | 摘要 | 购入 | | | 发出 | | | 结存 | | |
|---|---|---|---|---|---|---|---|---|---|---|---|
| 月 | 日 | | 数量 | 单价 | 金额 | 数量 | 单价 | 金额 | 数量 | 单价 | 金额 |
| 4 | 1 | 期初余额 | | | | | | | 150 | 20 | 3 000 |
| | 2 | 购入 | 100 | 16.5 | 1 650 | | | | 250 | | |
| | 5 | 领用 | | | | 200 | | | 50 | | |
| | 8 | 购入 | 200 | 19 | 3 800 | | | | 250 | | |
| | 17 | 领用 | | | | 100 | | | 150 | | |
| | 25 | 购入 | 100 | 18 | 1 800 | | | | 250 | | |
| | 28 | 领用 | | | | 100 | | | 150 | | |
| | 31 | 本月合计 | 400 | — | 7 250 | 400 | — | 7 454.55 | 150 | 18.64 | 2 795.45 |

月末一次加权平均法只在月末一次计算加权平均单价,有利于简化成本计算工作,但平时无法从账上提供发出和结存存货的单价及金额,因此不利于存货成本的日常管理。

(四) 移动加权平均法

**移动加权平均法**是指以每次购货的成本加上原有库存存货的成本,除以每次购货数量与原有库存存货的数量之和,据以计算加权平均单位成本,作为在下次购货前计算各次发出存货成本依据的一种方法。其计算公式如下:

$$存货单位成本=\frac{原有库存存货实际成本+本次购货的实际成本}{原有库存存货数量+本次购货数量}$$

本次发出存货的成本＝本次发出存货的数量×本次发货前存货的单位成本

本月月末库存存货成本＝月末库存存货的数量×本月月末存货单位成本

**【做中学4-4】** 承[做中学4-1]，假定公司采用移动加权平均法结转发出存货的成本，具体如表4-4所示。

$$4月2日购入铅芯后平均单价=\frac{150\times20+100\times16.5}{150+100}=18.60(元)$$

$$4月8日购入铅芯后平均单价=\frac{50\times18.6+200\times19}{50+200}=18.92(元)$$

$$4月25日购入铅芯后平均单价=\frac{150\times18.92+100\times18}{150+100}=18.55(元)$$

2022年4月发出存货成本＝200×18.6+100×18.92+100×18.55＝7 467.20(元)

2022年4月末结存存货成本＝150×18.55＝2 782.80(元)

表4-4 铅芯明细账(移动加权平均法)

数量单位：千克　金额单位：元

| 日期 | | 摘要 | 购入 | | | 发出 | | | 结存 | | |
|---|---|---|---|---|---|---|---|---|---|---|---|
| 月 | 日 | | 数量 | 单价 | 金额 | 数量 | 单价 | 金额 | 数量 | 单价 | 金额 |
| 4 | 1 | 期初余额 | | | | | | | 150 | 20 | 3 000 |
| | 2 | 购入 | 100 | 16.50 | 1 650 | | | | 250 | 18.60 | 4 650 |
| | 5 | 领用 | | | | 200 | 18.6 | 3 720 | 50 | 18.60 | 930 |
| | 8 | 购入 | 200 | 19 | 3 800 | | | | 250 | 18.92 | 4 730 |
| | 17 | 领用 | | | | 100 | 18.92 | 1 892 | 150 | 18.92 | 2 838 |
| | 25 | 购入 | 100 | 18 | 1 800 | | | | 250 | 18.55 | 4 638 |
| | 28 | 领用 | | | | 100 | 18.55 | 1 855 | 150 | 18.55 | 2 782.80 |
| | 31 | 本月合计 | 400 | — | 7 250 | 400 | — | 7 467.20 | 150 | 18.55 | 2 782.80 |

采用移动加权平均法能够使企业管理层及时了解存货的结存情况，计算平均单位成本以及发出和结存的存货成本，比较客观，但由于每次购货都要计算一次平均单价，计算工作量较大，对收发货较频繁的企业不适用。

## 任务二　原材料业务核算

**情境导入**

浙江康泰科技有限公司是一家规模较大的企业，日常采购材料种类多，金额也大，有时不同的采购员采购回来的价格相差得比较大。会计小张发现有些材料的采购价格远远高出市场价,为了更好地控制采购价格同时也方便成本核算,他向总经理建议企业存货出入库由原来的实际成本法改为计划成本法。他向总经理介绍了计划成本的核算流程后,总经理认为没有必要,因为总经理认为计划成本法就是把差异先从成本中分离出来,月末又摊回成本,做的是无用功。小张把计划成本法的每个环节的作用和总经理解释后,总经理采纳了他的意见。自从实施计划成本法后,公司的采购成本明显下降,且月末结转成本也方便了很多。

**思考:**
(1) 你认为计划成本法对企业管理有什么好处?
(2) 一个财务人员是否需要具备管理意识?

**知识准备**

### 一、原材料的概念

**原材料**是指企业生产过程中经过加工改变其形态或者性质并构成产品主要实体的各种原料。其具体包括企业生产所需的原料和主要材料,以及不构成产品实体但有助于产品生产的辅助材料、外购半成品(外购件)、修理用备件、包装材料、燃料等。

原材料的日常收发及结存,可以采用实际成本法核算,也可以采用计划成本法核算。

### 二、原材料按实际成本计价的核算

原材料按照实际成本计价的核算是指原材料日常收入、发出及结存,无论总分类核算还是明细分类核算,均采用实际成本计价的一种方法。

4-3 实际成本法的核算

**(一)账户设置**

原材料按实际成本计价需要设置"在途物资""原材料"等账户。

1. "在途物资"账户

"在途物资"账户用于核算企业采用实际成本(进价)进行材料、商品等物资的日常核算、价款已付尚未验收入库的各种物资(即在途物资)的采购成本。"在途物资"账户借方登记企业购入的在途物资的实际采购成本,贷方登记在途物资运抵企业并验收入库的实际成本;期末余额在借方,反映期末企业已经购入但尚未验收入库的在途材料或者商品等物资的实际成本。该账户应当按照供应单位和物资品种设置明细账,进行明细分类核算。

2. "原材料"账户

"原材料"账户用于核算企业库存的各种原料及主要材料、辅助材料、外购半成品(外购件)、修理用备件、包装材料、燃料等的收入、发出和结存情况。"原材料"账户借方登记入库材料的实际成本,贷方登记发出材料的实际成本;期末余额在借方,反映企业期末库存材料的实际成本。该账户可按材料的类别、品种和规格、保管地点等设置明细账,进行明细分类核算。

### 3. "应付账款"账户

"应付账款"账户用于核算企业因购买材料、商品和接受劳务等经营活动应支付但尚未支付的款项。"应付账款"账户的贷方登记企业因购入材料、商品和接受劳务等尚未支付的款项,借方登记支付的应付账款,期末余额一般在贷方,反映企业尚未支付的应付账款。该账户应按照债权人设置明细账进行明细核算。

### (二)原材料取得的核算

#### 1. 购入材料的核算

企业购入材料时,由于采购地方和采用的结算方式不同,支付货款与收料可能同时完成,也可能两者在时间上不同步,核算时应当区分不同情况进行处理。

(1)结算凭证和材料同时到达。单、货同时到达,即结算单据到达财务部门的同时,材料也已经验收入库。企业应当根据实际结算凭证、收料单等进行相应的账务处理,借记"原材料""应交税费"等账户,贷记"银行存款""应付账款""应付票据"等账户。

【做中学4-5】 浙江华鸿笔业有限公司2022年4月1日发生下列经济业务:公司采购部门于福鼎德泰铅业有限公司处购入一批铅芯作为生产原料,当日取得增值税专用发票,用银行存款支付含税价款11 300元,当日到货填制收料单并验收入库,公司根据增值税专用发票(见图4-1)、收料单(见图4-2)、银行转账凭单(见图4-3),编制如下会计分录:

借:原材料——铅芯　　　　　　　　　　　　　　　　　　　　　　　10 000
　　应交税费——应交增值税(进项税额)　　　　　　　　　　　　　　 1 300
　　贷:银行存款　　　　　　　　　　　　　　　　　　　　　　　　　11 300

图4-1　增值税专用发票记账联

## 收 料 单

供应单位：福鼎德泰铅业有限公司　　　　　2022年04月01日　　　　　收料单编号：10001
材料类别：原材料　　　　　　　　　　　　　　　　　　　　　　　　　收料仓库：原材料库

| 材料编号 | 名称 | 规格 | 单位 | 数量 | | 实际成本 | | 运杂费 | 其他 | 合计 |
| --- | --- | --- | --- | --- | --- | --- | --- | --- | --- | --- |
| | | | | 应收 | 实收 | 买价 | | | | |
| | | | | | | 单价 | 金额 | | | |
| 1403001 | 铅芯 | HB | 箱 | 50 | 50 | 200.00 | 10 000.00 | | | ￥10 000.00 |
| | | | | | | | | | | |
| | | | | | | | | | | |
| | | | | | | | | | | |
| 合计 | | | | 50 | 50 | | 10 000.00 | | | ￥10 000.00 |
| 备注 | | | | | | | | | | |

仓库主管：孙婉　　　　　记账：张伟　　　　　收料：张竣威　　　　　制单：张伟

第三联 记账联

图 4-2　收料单

## 付 款 回 单

中国银行

日期：2022年04月01日　　　业务类型：网上企业银行支付　　　流水号：658906156415

付款账号：7370674288509701032　　户名：浙江华鸿笔业有限公司

开户行：中国银行温州市分行城南支行

金额（大写）：人民币 壹万壹仟叁佰元整

金额（小写）：CNY 11,300.00

业务编号：508447314657

摘要：原材料采购　　　　　　　　　　批次号：186468473024

经办：　　　　　　　　　　　　　　　回单编号：590669289898　　078780

提示：1. 电子回单验证相同表示同一笔业务回单，请勿重复记账使用。
　　　2. 已在银行柜台领用业务回单的单位，请注意核对，勿重复记账使用。

打印时间：2022年04月01日21时34分

图 4-3　银行转账凭单

（2）结算凭证先到、材料后入库。单先到、货后到，即结算单据到达财务部门时，材料尚未到达或尚未验收入库。企业应当在收到结算单据时，借记"在途物资""应交税费"等账户，贷记"银行存款""应付账款""应付票据"等账户；待收到材料并且验收入库后，根据收料单等验收单据，借记"原材料"账户，贷记"在途物资"账户。

**【做中学 4-6】** 2022 年 4 月 5 日,华鸿笔业公司采购部门于福鼎德泰铅业有限公司处购入一批铅芯作为生产原料,当日取得增值税专用发票,用银行存款支付含税价款 11 300 元,福鼎德泰铅业有限公司已发货但尚未到达,公司根据增值税专用发票、银行转账凭单,编制如下会计分录:

借:在途物资——铅芯　　　　　　　　　　　　　　　　　10 000
　　应交税费——应交增值税(进项税额)　　　　　　　　　1 300
　　贷:银行存款　　　　　　　　　　　　　　　　　　　　　　11 300

待货物到达后,填制收料单并验收入库,公司根据收料单编制如下会计分录:

借:原材料——铅芯　　　　　　　　　　　　　　　　　　10 000
　　贷:在途物资——铅芯　　　　　　　　　　　　　　　　　10 000

(3) 材料先入库、结算凭证后到达。货到、结算凭证未到,即材料验收入库时,发票、结算单据尚未到达财务部门。在这种情况下,因无法确定材料的实际成本,为简化核算手续,月份内发生的,可暂不入账,待发票账单到达时,视同单、货同时到达处理;若月末发票账单仍然未到达,应按照合同价款暂估入账,借记"原材料"账户,贷记"应付账款——暂估应付款"账户。在下月初,再编制相同的红字分录予以冲回,待收到发票账单后再按实际金额记账。

**【做中学 4-7】** 2022 年 4 月 8 日,浙江华鸿笔业公司采购部门于福鼎德泰铅业有限公司处购入一批铅芯作为生产原料,原料已运到并填制收料单验收入库。但尚未收到有关发票、结算凭证,货款尚未支付。月底,财会部门按合同价款 10 000 元暂估入库,公司根据收料单编制如下会计分录:

借:原材料——铅芯　　　　　　　　　　　　　　　　　　10 000
　　贷:应付账款——暂估应付款　　　　　　　　　　　　　　10 000

5 月初,浙江华鸿笔业有限公司收到增值税专用发票,用红字冲平上月暂估。公司根据增值税专用发票编制如下会计分录:

借:原材料——铅芯　　　　　　　　　　　　　　　　　　10 000
　　贷:应付账款——暂估应付款　　　　　　　　　　　　　　10 000

同时,公司根据收到的增值税专用发票及 5 月付款的银行转账凭单编制如下会计分录:

借:原材料——铅芯　　　　　　　　　　　　　　　　　　10 000
　　应交税费——应交增值税(进项税额)　　　　　　　　　1 300
　　贷:银行存款　　　　　　　　　　　　　　　　　　　　　　11 300

2. 接受投资者投入原材料的核算

企业接受投资者投入的原材料,应按投资合同或协议约定的价值(合同或协议约定价值不公允的除外)确定材料的实际成本,借记"原材料""应交税费"等账户,贷记"实收资本"(或"股本")等账户。

【做中学 4-8】 浙江华鸿笔业有限公司于 2022 年 4 月 5 日接受其股东李泽投入板材一批,已验收入库。双方约定的价值以板材发票金额为准,发票售价为 45 000 元,增值税进项税额为 5 850 元。浙江华鸿笔业有限公司根据提供的增值税专用发票、收料单、投资协议书编制如下会计分录:

  借:原材料——板材                45 000
    应交税费——应交增值税(进项税额)       5 850
    贷:实收资本——李泽              50 850

### 3. 接受捐赠原材料的核算

企业接受捐赠的原材料,应按捐赠方提供的发票上注明的金额或市价或同类、类似存货的市场价格的估计金额,加上支付的相关税费(不包含准予抵扣的进项税额)作为材料的实际成本,借记"原材料""应交税费"等账户,贷记"营业外收入"等账户。

【做中学 4-9】 2022 年 4 月 4 日,浙江华鸿笔业有限公司接受温州大咖传媒有限公司捐赠的油漆,材料已验收入库。浙江华鸿笔业有限公司提供的增值税专用发票价款为 33 000 元,增值税为 4 290 元。浙江华鸿笔业有限公司另用银行存款支付运杂费 600 元。浙江华鸿笔业有限公司根据增值税专用发票、收料单、银行支付凭单,编制如下会计分录:

  借:原材料——油漆               33 600
    应交税费——应交增值税(进项税额)       4 290
    贷:营业外收入                37 290
      银行存款                 600

### 4. 发出材料的核算

企业各生产单位及有关部门领用的材料具有种类多、业务频繁等特点。为了简化核算,可以在月末根据"领料单"或"限额领料单"中有关领料的单位、部门等加以归类,编制"发料凭证汇总表",据以编制记账凭证,登记入账。发出材料实际成本的确定,可以由企业从上述个别计价法、先进先出法、月末一次加权平均法、移动加权平均法等方式中选择。计价方法一经确定不得随意变更,如因业务需要确需变更,应在附注中予以说明。

【做中学 4-10】 2022 年 4 月 30 日,浙江华鸿笔业有限公司根据"发料凭证汇总表"的记录,4 月份基本生产车间产品领用铅芯 30 000 元,辅助生产车间领用铅芯 20 000 元,车间管理部门领用铅芯 5 000 元,行政管理部门领用铅芯 2 000 元,共计 57 000 元。浙江华鸿笔业有限公司根据发料凭证汇总表(见图 4-4)编制如下会计分录:

  借:生产成本——基本生产车间           30 000
       ——辅助生产车间           20 000
    制造费用                  5 000
    管理费用                  2 000
    贷:原材料——铅芯               57 000

### 发出材料汇总表

2022 年 04 月 30 日　　　　　　　　　　　　　　　　　　　　　单位：元

| 领料部门 | 铅芯 | | | 板材 | | | 其他材料 | 合计 |
|---|---|---|---|---|---|---|---|---|
| | 数量 | 单价 | 金额 | 数量 | 单价 | 金额 | | |
| 基本生产车间 | 30 | 1,000.00 | 30,000.00 | | | | | 30,000.00 |
| 辅助生产车间 | 20 | 1,000.00 | 20,000.00 | | | | | 20,000.00 |
| 车间管理部门 | 5 | 1,000.00 | 5,000.00 | | | | | 5,000.00 |
| 行政管理部门 | 2 | 1,000.00 | 2,000.00 | | | | | 2,000.00 |
| 合计 | 57 | | 57,000.00 | | | | | 57,000.00 |

会计主管：叶凯　　　记账：张伟　　　保管：张竣威　　　制表：张伟

图 4-4 发料凭证汇总表

## 三、原材料按计划成本计价的核算

4-4　计划成本法的核算

原材料采用实际成本进行日常核算，要求原材料的购入和发出凭证、明细分类账、总分类账全部按实际成本计价，这对材料品种、规格、数量繁多、收发频繁的企业来说，日常核算工作量较大，核算成本较高，也会影响会计信息的及时性，且日常不能反映和考核物资采购成本是节约还是超支，实际成本法一般只适用于收发业务较少的企业。为了简化存货的核算、提高核算工作时效，企业可以采用计划成本法对材料的收入、发出及结算进行日常核算。

原材料按照计划成本计价的核算是指原材料日常收入、发出及结存，无论总分类核算还是明细分类核算，均采用计划成本计价的一种方法。其特点如下：收发凭证按材料的计划成本计价，总分类账和明细分类账按计划成本登记。原材料的实际成本与计划成本的差异，通过"材料成本差异"账户核算；月末计算发出材料应负担的成本差异并进行分摊，随同本月发出材料的计划成本记入相关账户，从而将发出存货的计划成本调整为实际成本。

### （一）账户设置

原材料按计划成本计价核算时，需要设置的账户主要有"原材料""材料采购"和"材料成本差异"账户，不再设置"在途物资"账户。

1."材料采购"账户

"材料采购"账户属于资产类账户，用于总括反映企业购入各种材料的采购成本，其借方登记外购材料的实际成本，贷方登记验收入库材料的计划成本；实际成本大于计划成本的超支差异，从本账户结转到"材料成本差异"账户的借方；实际成本小于计划成本的节约差异，从本账户结转到"材料成本差异"账户的贷方。"材料采购"账户月末余额在借方，表示已取得但尚未运达企业或未验收入库的在途物资的实际采购成本。该账户可按照供货单位或存货类别设置明细账。

2."原材料"账户

"原材料"账户用于核算企业库存的各种原材料及主要材料、辅助材料、外购半成品（外购件)、修理用备件、包装材料、燃料等的实收入、发出和结存情况。材料采用计划成本核算时,其借方登记入库材料的计划成本,贷方登记发出材料的计划成本;期末余额在借方,反映企业库存材料的计划成本。该账户可按照材料的保管地点、类别、品种和规格设置明细账。

3. "材料成本差异"账户

"材料成本差异"账户用来核算入库存货的实际成本与计划成本的差异。其借方登记采购业务中发生的实际成本大于计划成本的差异额(超支差异),贷方登记实际成本小于计划成本的差异额(节约差异),以及发出存货应分摊的成本差异(超支用蓝字,节约用红字)。期末余额表示各类库存存货实际成本与计划成本的差异,借方余额表示超支差异,贷方余额表示节约差异。该账户可按照存货类别或品种设置明细账。

(二)原材料取得的核算

原材料按照计划成本计价核算时,取得的原材料不论是否验收入库,都必须先通过"材料采购"账户核算,验收入库后,再转入"原材料"账户,同时将实际成本和计划成本两者差额结转至"材料成本差异"账户。

采用计划成本进行材料收入的核算,也应根据来源、采用的结算方式等不同情况,分别进行账务处理。

1. 结算凭证和材料同时到达

单、货同时到达。对于发票、结算凭证等单据与材料同时到达的采购业务,企业应根据发票、结算凭证,借记"材料采购""应交税费"等账户,贷记"银行存款""应付账款"或"应付票据"等账户;同时,根据收料单按计划成本借记"原材料"账户,贷记"材料采购"账户,并结转入库材料的成本差异额;根据实际成本大于计划成本的超支差异,借记"材料成本差异"账户,贷记"材料采购"账户;实际成本小于计划成本的节约差异作相反的会计分录。

【做中学4-11】 2022年4月16日,浙江华鸿笔业有限公司从美国爱士琪科技有限公司购入辅助材料一批,增值税专用发票上注明的价款为30 000元,增值税税额为3 900元,发票账单已收到,计划成本为32 000元,材料已根据收料单验收入库,货款尚未支付。浙江华鸿笔业有限公司采用计划成本法进行辅助材料日常核算,公司根据增值税专用发票和收料单,编制如下会计分录:

借:材料采购——辅助材料　　　　　　　　　　　　　　　　30 000
　　应交税费——应交增值税(进项税额)　　　　　　　　　 3 900
　　贷:应付账款——美国爱士琪科技有限公司　　　　　　　　　　33 900

同时进行如下处理:

借:原材料——辅助材料　　　　　　　　　　　　　　　　　32 000
　　贷:材料采购——辅助材料　　　　　　　　　　　　　　　　　32 000

结转材料成本差异:

借:材料采购——辅助材料　　　　　　　　　　　　　　　　 2 000
　　贷:材料成本差异——辅助材料　　　　　　　　　　　　　　　 2 000

计划成本法下,购入的材料无论是否验收入库,都要先通过"材料采购"账户进行核算,以反映企业所购材料的实际成本,从而与"原材料"账户相比较,计算材料成本差异。

> **【小贴士】**
> 　　计划成本法下,材料入库时,"原材料"账户核算的金额一定是计划成本,"材料采购"账户核算的一定是实际成本。

**2. 结算凭证先到、材料后入库**

<u>单先到,货后到</u>。对于发票、结算凭证先到,材料后到达的采购业务,企业可在收到发票、结算凭证等单据时,根据实际结算的价款借记"材料采购""应交税费"等账户,贷记"银行存款""应付账款""应付票据"等账户;待材料到达并验收入库时,根据收料单按计划成本借记"原材料"账户,贷记"材料采购"账户,并结转入库材料的成本差异额。

**【做中学 4-12】** 4月18日,浙江华鸿笔业有限公司从无锡市奥曼特科技有限公司购入辅助材料一批,增值税专用发票上注明的价款为30 000元,增值税税额为3 900元,发票账单已收到,计划成本为32 000元,材料暂未验收入库,款项尚未支付。浙江华鸿笔业有限公司采用计划成本法进行辅助材料日常核算,公司根据增值税进项发票、入库单编制如下会计分录:

　　借:材料采购——辅助材料　　　　　　　　　　　　　　　　　　30 000
　　　　应交税费——应交增值税(进项税额)　　　　　　　　　　　　3 900
　　　　贷:应付账款——无锡市奥曼特科技有限公司　　　　　　　　　　33 900

材料入库后:

　　借:原材料　　　　　　　　　　　　　　　　　　　　　　　　　32 000
　　　　贷:材料采购　　　　　　　　　　　　　　　　　　　　　　　　30 000
　　　　　　材料成本差异　　　　　　　　　　　　　　　　　　　　　　2 000

**3. 材料先入库、结算凭证后到达**

<u>货先到,单后到</u>。对于尚未收到发票、结算凭证等单据的已入库材料,其账务处理与原材料按实际成本计价核算类似,即月份内发生的,可暂不进行账务处理,收到发票、结算凭证等单据时,比照单货同到情况核算;若月末仍未收到发票、结算凭证等单据,可按计划成本暂估入账,下月初用红字冲回。

**【做中学 4-13】** 2022年4月19日,浙江华鸿笔业有限公司购入辅助材料一批,计划成本为32 000元,材料已运到并验收入库,但尚未收到有关发票、结算凭证,款项尚未支付。浙江华鸿笔业有限公司采用计划成本法进行辅助材料日常核算,并根据收料单按计划成本编制如下会计分录:

　　借:原材料——辅助材料　　　　　　　　　　　　　　　　　　　32 000
　　　　贷:应付账款——暂估应付款　　　　　　　　　　　　　　　　　32 000

下月初,收到增值税专用发票时用红字冲回:

　　借:原材料——辅助材料　　　　　　　　　　　　　　　　　　　32 000
　　　　贷:应付账款——暂估应付款　　　　　　　　　　　　　　　　　32 000

同时根据增值税专用发票,按正常货、票同月到达的方法处理。

### (三)原材料发出的核算

**1. 结转发出材料的计划成本**

原材料采用计划成本计价核算,在处理发出业务时,按事先制订的计划单位成本乘以发出材料数量,计算发出材料的计划成本;根据所发出的材料的用途,按计划成本分别记入"生产成本""制造费用""销售费用""管理费用"等账户,实务中,由于材料收发业务比较频繁,为了简化核算,对材料的收发业务,企业平时只在明细账中登记,月末,根据领料单等编制"发料凭证汇总表"结转发出材料的计划成本。

**2. 计算并结转发出材料应负担的材料成本差异**

材料成本差异随着材料入库而形成,同时也随着材料的出库而减少,期初和当期形成的材料成本差异,应当在当期已发出材料和期末结存材料之间进行分配,将发出材料的计划成本调整成实际成本。其计算公式如下:

$$材料成本差异率 = \frac{月初结存材料成本差异 + 本月收入材料成本差异}{月初结存材料计划成本 + 本月收入材料计划成本} \times 100\%$$

本月发出材料应负担的材料成本差异 = 本月发出材料计划成本 × 材料成本差异率

本月发出材料的实际成本 = 本月发出材料的计划成本 + 本月发出材料应负担的材料成本差异

月末结存材料应负担的材料成本差异 = 月末结存材料的计划成本 × 材料成本差异率

或

月末结存材料应负担的材料成本差异 = 月初结存材料成本差异 + 本月收入材料成本差异 − 本月发出材料应负担的材料成本差异

月末结存材料的实际成本 = 月末结存材料的计划成本 + 月末结存材料应负担的材料成本差异

> **【小贴士】**
> 以上计划成本,均不包含暂估入库材料的计划成本。超支差用"+"表示,节约差用"−"表示。

结转发出材料应负担的超支差异时,应用蓝字借记"生产成本""制造费用""管理费用"等账户,贷记"材料成本差异"账户;结转发出材料应负担的节约差异时,应用红字借记"生产成本""制造费用""管理费用"等账户,贷记"材料成本差异"账户。

**【做中学 4-14】** 2022 年 4 月 1 日,浙江华鸿笔业有限公司"原材料——油漆"账户期初余额为 41 000 元,"材料成本差异——油漆"账户期初余额为借方 640 元,本月购入油漆的计划成本共计 82 000 元,形成材料成本差异为 −1 800 元。基本生产车间领用材料 15 000 元,辅助车间领用 10 000 元,车间一般耗用 5 000 元,销售部门领用 3 000 元,管理部门领用 1 000 元。月末,财务部门核算本月油漆的发出业务,根据不同部门领用情况进行以下计算:

$$材料成本差异率 = \frac{640 - 1\,800}{41\,000 + 82\,000} \times 100\% = -0.94\%$$

基本生产车间应分摊的材料成本差异 = 15 000 × (−0.94%) = −141(元)

辅助生产车间应分摊的材料成本差异 = 10 000 × (−0.94%) = −94(元)

制造费用应分摊的材料成本差异 = 5 000 × (−0.94%) = −47(元)

销售费用应分摊的材料成本差异＝3 000×(－0.94％)＝－28.2(元)

管理费用应分摊的材料成本差异＝1 000×(－0.94％)＝－9.4(元)

(1) 平时领用时,公司根据不同部门领料凭证汇总表(见图4-5),编制如下会计分录:

| | |
|---|---:|
| 借:生产成本——基本生产成本 | 15 000 |
| 　　　　　　——辅助生产成本 | 10 000 |
| 　　制造费用 | 5 000 |
| 　　销售费用 | 3 000 |
| 　　管理费用 | 1 000 |
| 　贷:原材料——油漆 | 34 000 |

**领 料 凭 证 汇 总 表**

2022 年 04 月 30 日　　　　　　　　　　　　　　　单位:元

| 部门 | | 油漆 | | | | | | 合计 |
|---|---|---|---|---|---|---|---|---|
| | | 数量 | 金额 | 数量 | 金额 | 数量 | 金额 | |
| 基本生产车间 | 甲车间 | 600 | 15,000.00 | | | | | 15,000.00 |
| | 乙车间 | | | | | | | |
| | 丙车间 | | | | | | | |
| 辅助生产车间 | 辅助生产车间1 | 400 | 10,000.00 | | | | | 10,000.00 |
| | 辅助生产车间2 | | | | | | | |
| 基本生产车间一般耗用 | | 200 | 5,000.00 | | | | | 5,000.00 |
| 专设销售机构 | | 120 | 3,000.00 | | | | | 3,000.00 |
| 管理部门 | | 40 | 1,000.00 | | | | | 1,000.00 |
| 合　　计 | | 1360 | 34,000.00 | | | | | 34,000.00 |

图 4-5　领料凭证汇总表

(2) 结转发出材料的成本差异,根据成本差异计算表(见图4-6)及分摊结果,编制如下会计分录:

| | |
|---|---:|
| 借:材料成本差异——油漆 | 320.56 |
| 　贷:生产成本——基本生产成本 | 141.47 |
| 　　　　　　——辅助生产成本 | 94.31 |
| 　　制造费用 | 47.15 |
| 　　销售费用 | 28.20 |
| 　　管理费用 | 9.43 |

或

| | |
|---|---:|
| 借:生产成本——基本生产成本 | 141.47 |
| 　　　　　　——辅助生产成本 | 94.31 |
| 　　制造费用 | 47.15 |
| 　　销售费用 | 28.20 |
| 　　管理费用 | 9.43 |
| 　贷:材料成本差异——油漆 | 320.56 |

## 成本差异计算表

2022 年 04 月 30 日

原材料：油漆　　　　　　　　　　　　　　　　　　　　　　　　　　单位：元

| | | |
|---|---|---|
| (1) | 月初结存材料的成本差异 | 640.00 |
| (2) | 本月验收入库材料成本差异 | −1 800.00 |
| (3) | 月初结存材料的计划成本 | 41 000.00 |
| (4) | 本月验收入库材料的计划成本 | 82 000.00 |
| (5)=(1+2)/(3+4) | 本月材料成本差异率 | −0.94% |
| (6) | 本月领用材料的计划成本 | 34 000.00 |
| (7) | 本月结存材料的计划成本 | 89 000.00 |
| (8) | 本月领用材料应负担的成本差异额 | 320.56 |

审核：叶凯　　　　　　　　　　　　　　　　　　　　　　　　　制单：张伟

图 4-6　成本差异计算表

# 任务三　周转材料业务核算

### 情境导入

浙江华鸿笔业有限公司仓库日常进出货物很多，但仓管只有一个，所以特别忙，因此仓管小李就把包装纸盒和胶带纸这些价值比较低的东西直接放在另外一个小仓库，车间领用时自己拿。他月底去清点一下剩下的数量，根据进货数，就能倒压计算出出库数，这就方便多了。

思考：

(1) 你认为小李的做法科学吗？为什么？

(2) 你有什么更好的方法既能解决收发频繁问题又能保证存货核算的准确性和存货的安全？

### 知识准备

**周转材料**是指企业能够多次使用、逐渐转移其价值但仍保持原有形态且不确认为固定资产的材料，包括包装物、低值易耗品、企业（建筑业）的钢模板、木模板、脚手架等。

周转材料不直接构成企业产品的实体，它们能够被多次反复使用。企业的周转材料符合存货的定义和确认条件的，按照使用次数分次计入成本费用；金额较小的，可在领用时一次计入成本费用，以简化核算，但为加强实物管理，应当在备查簿上进行登记。

## 一、包装物

### （一）包装物的概念及内容

包装物是指为了包装本企业商品而储备的各种包装容器，如桶、箱、瓶、坛、袋等。其核

算内容包括以下几个方面:
(1) 生产过程中用于包装产品作为产品组成部分的包装物。
(2) 随同商品出售而不单独计价的包装物。
(3) 随同商品出售单独计价的包装物。
(4) 出租或出借给购买单位使用的包装物。

> 【小贴士】
>
> 以下各项不作为包装物核算:
> (1) 各种包装材料,如纸、绳、铁皮、铁丝等,应在"原材料"账户核算。
> (2) 用于储存和保管材料、产品而不对外出售的包装物,应按价值大小和使用期限长短,分别在低值易耗品和固定资产核算。
> (3) 作为企业主要生产或销售的产品或商品而自制或外购的包装物,应作为库存商品核算。

### (二) 包装物的核算

**1. 账户设置**

为了反映和监督包装物的增减变动及其价值损耗、结存等情况,企业应当设置"周转材料——包装物"(也可以单独设置"包装物")账户进行核算。该账户属于资产类账户,借方登记包装物的增加,贷方登记包装物的减少,期末借方余额,反映企业期末结存包装物的金额。

4-5 包装物的核算

**2. 包装物取得的核算**

企业可以按照实际成本计价对包装物进行核算,也可以按照计划成本计价核算。在实际成本法下,企业外购的、自制的或委托外单位加工的包装物的核算与原材料的核算方法基本相同,可以比照原材料核算规定进行账务处理。如果按照计划成本计价核算,还应同时结转材料成本差异。

【做中学4-15】浙江华鸿笔业有限公司的包装物采用实际成本法进行核算。2022年4月,该公司购入一批包装用纸箱5 000只,取得的增值税专用发票上注明的价款为20 000元,增值税为2 600元,款项以银行转账支付。公司根据增值税专用发票(见图4-7)、材料入库单(见图4-8)、银行转账凭单(见图4-9),编制如下会计分录:

借:周转材料——包装物(纸箱)　　　　　　　　　　　　　　20 000
　　应交税费——应交增值税(进项税额)　　　　　　　　　　2 600
　　贷:银行存款　　　　　　　　　　　　　　　　　　　　22 600

**3. 生产领用包装物的核算**

对于生产过程中领用的直接用于产品生产的包装物,因其构成了产品的组成部分,故应将包装物的实际成本计入产品成本,借记"生产成本"账户,贷记"周转材料"账户;如用于车间一般耗用,应作为间接生产费用,借记"制造费用"账户,贷记"周转材料"账户。

图 4-7 增值税专用发票

## 材料入库单

发票号码：70683771
供应单位：福鼎德泰铅业有限公司　　　　　　　　　　　收料单编号：10007
材料类别：周转材料　　　2022 年 04 月 15 日　　　　　收料仓库：周转材料库

| 编号 | 名称 | 规格 | 单位 | 数量 | | 实际成本 | | | | |
| | | | | 应收 | 实收 | 买价 | | 运杂费 | 合计 | 单位成本 |
| | | | | | | 单价 | 金额 | | | |
|---|---|---|---|---|---|---|---|---|---|---|
| 1 | 包装用纸箱 | | 只 | 5000 | 5000 | 4.00 | 20,000.00 | | 20,000.00 | 4.0000 |
| | | | | | | | | | | |
| | | | | | | | | | | |
| | | | | | | | | | | |
| | 合计 | | | 5000 | 5000 | | ¥20,000.00 | | ¥20,000.00 | ¥4.0000 |
| | 备注 | | | | | | | | | |

采购员：陈清　　　检验员：张竣威　　　记账员：张伟　　　保管员：张竣威

图 4-8 材料入库单

```
                                            中国银行
                    付 款 回 单
     日期： 2022年04月15日    业务类型：网上企业银行支付    流水号： 555777711629
     付款账号： 7370674288509701032    户名：浙江华鸿笔业有限公司
     开户行： 中国银行温州市分行城南支行
     金额（大写）：人民币贰万贰仟陆佰元整
     金额（小写）：CNY 22,600.00
     业务编号： 978979528593

     摘要： 周转材料采购                批次号： 829410786735
                                      回单编号： 307440744002    449212
     提示：1.电子回单验证相同表示同一笔业务回单，请勿重复记账使用。
           2.已在银行柜台领用业务回单的单位，请注意核对，勿重复记账使用。
     打印时间： 2022年04月15日1时20分
```

图 4-9　银行转账凭单

**【做中学 4-16】** 2022年4月18日，浙江华鸿笔业有限公司生产车间为包装彩色铅笔领用纸箱 5 000 只，实际成本 20 000 元。公司根据领料单（见图 4-10），编制如下会计分录：

借：生产成本——基本生产成本（彩色铅笔）　　　　　　　　　　　　　　20 000
　　贷：周转材料——包装物（纸箱）　　　　　　　　　　　　　　　　　　　20 000

## 领 料 单

领用部门：生产车间
仓库：周转材料库　　　　　　　　2022 年 04 月 18 日　　　　　　　　编号：028

| 编号 | 类别 | 材料名称 | 规格 | 单位 | 数量 | | 实际成本 | |
| --- | --- | --- | --- | --- | --- | --- | --- | --- |
| | | | | | 请领 | 实发 | 单价 | 金额 |
| 1411001 | 周转材料 | 包装用纸箱 | | 只 | 5 000 | 5 000 | 4.00 | 20 000.00 |
| | | | | | | | | |
| | | | | | | | | |
| | | | | | | | | |
| 用途 | | 产品包装 | | | 领料部门 | | 发料部门 | |
| | | | | | 负责人 | 领料人 | 标准人 | 发料人 |
| | | | | | 陈清 | 王超 | 孙婉 | 薛理 |

第三联　记账联

图 4-10　领料单

4. 随同商品出售包装物的核算

(1) 随同商品出售且不单独计价的包装物,应按其实际成本计入销售费用,借记"销售费用"账户,贷记"周转材料——包装物"账户。如果包装物按照计划成本计价核算,还应同时结转材料成本差异。

**【做中学4-17】** 浙江华鸿笔业有限公司4月销售商品时,领用不单独计价的包装纸盒,实际成本为1 000元,公司根据销货单(见图4-11)和材料出库单(见图4-12),编制如下会计分录:

借:销售费用　　　　　　　　　　　　　　　　　　　　　　　　　　1 000
　　贷:周转材料——包装物(纸盒)　　　　　　　　　　　　　　　　　1 000

## 销 售 单

购货单位:温州佳静文化用品有限公司　地址和电话:温州龙湾区欧拓路480号 48274623　　单据编号:8845
纳税识别号:91330303M266331135　开户行及账号:工行温州龙湾区奥文路支行 3740183600584573355 制单日期:2022年04月19日

| 编码 | 产品名称 | 规格 | 单位 | 单价 | 数量 | 金额 | 备注 |
|---|---|---|---|---|---|---|---|
| 1411002 | 包装纸盒 | | 只 | 5.00 | 200 | 1 000.00 | |
| | | | | | | | |
| | | | | | | | |
| 合计 | 人民币(大写):壹仟元整 | | | | | ¥1 000.00 | |

总经理:陈海东　　销售经理:陈森　　经手人:张竣威　　会计:张伟　　签收人:

图 4-11 销货单

## 出 库 单

出货单位:浙江华鸿笔业有限公司　　日期:2022年04月19日　　单号:10002
提货单位(部门):温州佳静文化用品有限公司　销售单号:8846　发货仓库:周转材料库　出库日期:2022年04月19日

| 编码 | 名称 | 规格 | 单位 | 数量 | | 单价 | 金额 |
| | | | | 应发 | 实发 | | |
|---|---|---|---|---|---|---|---|
| 1411002 | 包装纸盒 | | 只 | 200 | 200 | 5.00 | 1 000.00 |
| | | | | | | | |
| | | | | | | | |
| | | | | | | | |
| 合计 | 人民币(大写):壹仟元整 | | | | | | ¥1 000.00 |

会计联

部门经理:孙婉　　　会计:张伟　　　仓库:张竣威　　　经办人:张竣威

图 4-12 材料出库单

(2) 随同商品出售但单独计价的包装物,一方面反映其销售收入,计入其他业务收入,借记"银行存款"等账户，贷记"其他业务收入""应交税费——应交增值税（销项税额）"账户；另一方面应按包装物实际成本计入其他业务成本，借记"其他业务成本"账户，贷记"周转材料——包装物"账户。如果包装物按计划成本计价核算，还应同时结转材料成本差异。

**【做中学 4-18】** 浙江华鸿笔业有限公司 4 月销售商品时，领用单独计价包装物的实际成本为 2 000 元，销售收入 5 000 元，增值税税额为 650 元，款项已收。公司根据增值税专用发票（见图 4-13）、银行进账单（见图 4-14），编制如下会计分录：

图 4-13 增值税专用发票

图 4-14 银行进账单

借：银行存款　　　　　　　　　　　　　　　　　　　　　　　　　　5 650
　　贷：其他业务收入　　　　　　　　　　　　　　　　　　　　　　　5 000
　　　　应交税费——应交增值税(销项税额)　　　　　　　　　　　　　650

同时，结转所售单独计价包装物的成本：

借：其他业务成本　　　　　　　　　　　　　　　　　　　　　　　　2 000
　　贷：周转材料——包装物(纸箱)　　　　　　　　　　　　　　　　2 000

5. 出租、出借包装物的核算

(1) 出租。出租包装物时，为督促使用单位安全使用并及时归还，往往会收取一定数额的押金，并于使用单位退回包装物时退还对方。企业收取押金时，借记"库存现金""银行存款"等账户，贷记"其他应付款"账户；退回押金时编制相反会计分录；对于逾期未退材料没收的押金，借记"其他应付款"账户，贷记"其他业务收入"账户。

企业出租包装物，按实际收到的租金，借记"银行存款"账户，贷记"其他业务收入""应交税费——应交增值税(销项税额)"账户；按摊销的材料价值，借记"其他业务成本"账户，贷方分别按一次转销法或分次摊销法记入"周转材料"或"周转材料——××(摊销)"账户。

【做中学4-19】 2022年4月21日，浙江华鸿笔业有限公司出租未使用的木箱一批给江苏金世纪贸易有限公司，该批木箱的实际成本为2 000元，租期3个月，收取押金3 000元，每月租金1 000元，款项已收。该批木箱采用一次转销法。2022年7月21日，租约到期，购货单位将包装木箱如数退回，企业开出支票退回押金。

发出包装物，根据包装物出库单编制如下会计分录：

借：其他业务成本　　　　　　　　　　　　　　　　　　　　　　　　2 000
　　贷：周转材料——包装物　　　　　　　　　　　　　　　　　　　2 000

收取押金时，根据银行进账单(见图4-15)和押金收据(见图4-16)编制如下会计分录：

借：银行存款　　　　　　　　　　　　　　　　　　　　　　　　　　3 000
　　贷：其他应付款——江苏金世纪贸易有限公司　　　　　　　　　　3 000

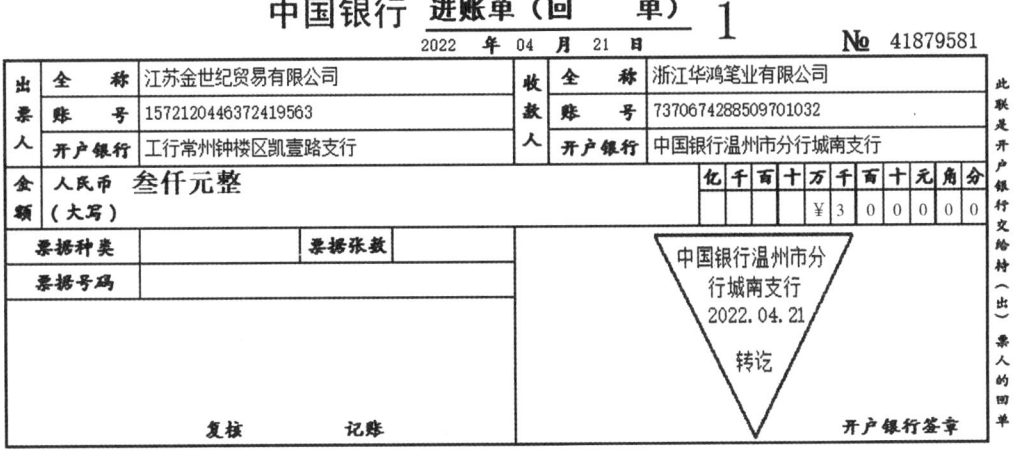

图4-15　银行进账单

**浙江华鸿笔业有限公司 收款收据** No: 40086360

2022 年 04 月 21 日

| 交款单位或个人 | 江苏金世纪贸易有限公司 | | | |
|---|---|---|---|---|
| 款项内容 | 包装物押金 | | 收款方式 | 银收 |
| 人民币（大写） | 叁仟元整 | | 现金收讫 | 3000.00 |
| 收款单位盖章 | （浙江华鸿笔业有限公司 财务专用章） | 收款人签字 李静 | 经办人 | 李江 |

第三联 记账联

图 4-16 押金收据

每月收到租金时，根据银行进账单和增值税专用发票，编制如下会计分录：

借：银行存款　　　　　　　　　　　　　　　　　　　　　　1 000
　　贷：其他业务收入　　　　　　　　　　　　　　　　　　　　884.96
　　　　应交税费——应交增值税（销项税额）　　　　　　　　　115.04

【小贴士】

注意租金一般按含税收入结算，确认收入时需进行价税分离，因此其他业务收入金额＝1 000÷(1＋13%)＝884.96(元)。

租约到期，购货单位退回包装物时在备查簿中登记即可。

同时退还押金，根据银行付款凭证和押金收据，编制如下会计分录：

借：其他应付款——江苏金世纪贸易有限公司　　　　　　　　3 000
　　贷：银行存款　　　　　　　　　　　　　　　　　　　　　3 000

若租期满，出租的包装物逾期未还，没收包装物押金时，根据增值税专用发票编制如下会计分录：

借：其他应付款　　　　　　　　　　　　　　　　　　　　　3 000
　　贷：其他业务收入　　　　　　　　　　　　　　　　　　　2 307.69
　　　　应交税费——应交增值税（销项税额）　　　　　　　　　692.31

【小贴士】

注意押金为含税收入，确认收入时需进行价税分离，因此其他业务收入金额＝3 000÷(1＋13%)＝2 307.69(元)。

(2) 出借。企业出借周转材料是将材料借给客户暂时使用，会收取一定数额的押金，但不收取租金，故无须确认收入。企业出借材料时，应将其按摊销成本转入"销售费用"账户，采用分次摊销的，需设置"周转材料——出借包装物"账户，其相关核算可比照出租包装物进行。

## 二、低值易耗品

### (一) 低值易耗品的概念及内容

低值易耗品,是指不符合固定资产确认条件的各种用具物品,如工具、管理用具、玻璃器皿、劳动保护用品以及在经营过程中周转使用的容器等。其一般划分为一般工具、专用工具、管理用具、劳动保护用品、替代设备、其他用具等。低值易耗品与固定资产一样,同属于劳动资料,但因其具有品种多、价值低、易损耗等特点,企业通常将其视同存货,作为流动资产核算和管理。

### (二) 低值易耗品的核算

企业应当根据材料的价值大小、耐用程度、消耗方式,并结合企业管理要求,将包装物账面价值进行一次或者分次计入有关的成本费用。

**1. 账户设置**

企业应当设置"周转材料——低值易耗品"账户进行核算。低值易耗品的摊销可采用一次摊销法或分次摊销法,摊销时记入"制造费用"等账户。

(1) 一次转销法。一次转销法是指在领用周转材料时,将其全部价值按其用途一次性转入有关成本费用的一种方法,即借记有关成本费用账户,贷记"周转材料"账户。

一次转销法通常适用于生产领用的包装物和随同商品出售的包装物,或价值较低、极易损坏的管理用具和小型工具,以及在单件小批生产方式下为制造某批订货所用的专用工具等低值易耗品;数量不多、金额较小,且不频繁地出租或出借周转材料,也可以采用一次转销法结转包装物的成本,但在以后收回使用过的出租和出借包装物时,应加强实物管理,并在备查簿上进行登记。

【做中学 4-20】 2022 年 4 月 19 日,浙江华鸿笔业有限公司生产车间为生产产品领用生产用具(不符合固定资产定义)一批,实际成本 1 500 元,采用一次摊销法摊销。公司根据领料单编制如下会计分录:

借:制造费用　　　　　　　　　　　　　　　　　　　　　　1 500
　　贷:周转材料——低值易耗品　　　　　　　　　　　　　　　　1 500

(2) 分次摊销法。分次摊销法是指按照估计领用的期限,平均分摊周转材料账面价值的一种方法。

采用分次摊销法的包装物及低值易耗品,应设置"在库""在用""出租""出借""摊销"五个明细账户核算。分次摊销法适用于可供多次使用的周转材料,或数量较多、金额较大,且频繁地出租或出借周转材料。

【做中学 4-21】 2022 年 4 月 19 日,浙江华鸿笔业有限公司生产车间为包装产品领用生产用具(不符合固定资产定义)一批,实际成本 1 500 元,采用分次摊销法摊销。该批用具预计使用 3 次,公司根据领料单编制如下会计分录:

领用时:

借:周转材料——低值易耗品(在用)　　　　　　　　　　　　　1 500
　　贷:周转材料——低值易耗品(在库)　　　　　　　　　　　　　1 500

第一次摊销时：

借：制造费用　　　　　　　　　　　　　　　　　　　　　　　　　500
　　贷：周转材料——低值易耗品（摊销）　　　　　　　　　　　　　　　500

2. 低值易耗品报废的核算

当企业的低值易耗品不能继续使用时，应将其予以报废。报废时，应将残料出售或变价收入冲减原已计入的成本费用，借记"银行存款""原材料"等账户，贷记"生产成本""制造费用""其他业务成本""销售费用"等账户。采用分次摊销法的材料报废时，还需将"摊销"明细科目余额与"在用""出租"或"出借"明细账的余额对冲转平。

【做中学 4-22】　承［做中学 4-21］，浙江华鸿笔业有限公司的基本生产车间在第三次领用生产用具并使用完后退回仓库，收回的生产用具已不能继续使用，经相关部门批准后准予报废。该部分用具残料回收入材料库，估价 100 元。公司根据领料单及退料单编制如下会计分录：

第三次领用摊销时：

借：制造费用　　　　　　　　　　　　　　　　　　　　　　　　　500
　　贷：周转材料——低值易耗品（摊销）　　　　　　　　　　　　　　　500

生产用具做报废处理时：

借：原材料　　　　　　　　　　　　　　　　　　　　　　　　　　100
　　贷：制造费用　　　　　　　　　　　　　　　　　　　　　　　　　100
借：周转材料——低值易耗品（摊销）　　　　　　　　　　　　　1 500
　　贷：周转材料——低值易耗品（在用）　　　　　　　　　　　　　1 500

## 任务四　委托加工物资业务核算

### 情境导入

浙江华鸿笔业有限公司为增值税一般纳税人，适用增值税税率为 13%，4 月 22 日，发出本月 5 日购进的原材料 10 吨，价值 200 000 元，委托温州佳静文化用品有限公司加工成成品，收回后用于直接对外销售。温州佳静文化用品有限公司为增值税一般纳税人，浙江华鸿笔业有限公司根据温州佳静文化用品有限公司开具的增值税专用发票向其支付加工费 50 000 元和增值税 6 500 元，另支付包装费 20 000 元、运费 10 000 元。在收回物资时，会计小王根据以往经验发现此次加工出来的成品率明显偏低，当打电话给加工方时，加工方承认确实在加工中报废了一批原材料，希望小王不要告诉公司，对方承诺给小王一定的好处。

思考：

(1) 委托加工物资还属于公司的存货吗？
(2) 包装费、运费等产生的中间费用应当计入委托加工物资的成本里吗？

（3）浙江华鸿笔业有限公司收回委托加工的产品入账价值为多少？
（4）你认为小王应该怎么做？

**知识准备**

企业由于自身工艺设备条件或技术水平等的限制，或考虑经济上的合理性，有时需要将材料等存货委托给其他单位进行进一步的加工，制成另一种性能或用途的存货，以满足生产经营的需要，如将某一种材料加工成另一种材料，或加工成包装物、低值易耗品，或将半成品加工成可直接出售的商品等，即形成企业委托加工物资。

## 一、委托加工物资业务常识

### （一）委托加工物资的概念

**委托加工物资**，是指企业向受托加工企业提供原材料和主要材料，并支付给受托加工企业一定的加工费用，待加工完成后由企业收回的制成品。

4-6 委托加工物资的核算

### （二）委托加工物资的成本

企业委托外单位加工物资的成本包括加工中实际耗用物资的成本、支付的加工费用及应负担的运杂费、支付的相关税费等。

## 二、委托加工物资的核算

1. 账户设置

为了反映和监督委托加工物资的增减变动及其结存情况，企业应当设置"委托加工物资"账户。该账户属于资产类账户，借方登记委托加工物资的实际成本，贷方登记加工完成验收入库的物资的实际成本和剩余物资的实际成本，期末借方余额，反映企业尚未完工的委托加工物资的实际成本。该账户可按加工合同、委托加工单位以及加工物资的各种品种等进行明细核算。

2. 发出委托加工物资的核算

企业发给外单位加工物资时，按实际成本借记"委托加工物资"账户，贷记"原材料"等账户。

3. 支付加工费、运杂费

企业在委托加工过程中，支付加工费及往返运费时，需要计入委托加工物资成本，借记"委托加工物资"账户；按增值税专用发票上注明的税额，借记"应交税费"账户，贷记"银行存款"等账户。

4. 加工完成验收入库

委托加工物资加工完成并验收入库时，按收回物资的实际成本，借记"原材料""库存商品"等账户，贷记"委托加工物资"账户。

**【做中学 4-23】** 浙江华鸿笔业有限公司委托某板材厂加工一批板材，发出材料的计划成本为25 000元，材料成本差异率为2%，以转账支票支付运杂费1 090元，对公转账支付加工费2 000元。加工完毕后收回代加工的板材，对公转账支付运杂费1 500元，假设不考虑相关税费,该批板材现已验收入库,其计划成本为28 000元。

(1)发出材料时,公司根据出库单(见图4-17)、板材加工厂收料单,编制如下会计分录:

借:委托加工物资　　　　　　　　　　　　　　　　　25 500
　　贷:原材料　　　　　　　　　　　　　　　　　　　　　25 000
　　　　材料成本差异　　　　　　　　　　　　　　　　　　　500

出 库 单

出货单位:浙江华鸿笔业有限公司　　日期:2022年04月10日　　　　　　单号:2022041001
提货单位(部门):温州睿一加工有限公司　　销售单号:　　发货仓库:原材料库　　出库日期:2022年04月10日

| 编码 | 名称 | 规格 | 单位 | 数量 | | 单价 | 金额 |
| | | | | 应发 | 实发 | | |
|---|---|---|---|---|---|---|---|
| 1403001 | 板材 | 5mm | kg | 50 | 50 | 500.00 | 25,000.00 |
| | | | | | | | |
| | | | | | | | |
| | | | | | | | |
| 合计 | 人民币(大写):　贰万伍仟元整 | | | | | | ¥25,000.00 |

会计联

部门经理:孙嫔　　　　会计:张伟　　　　仓库:张竣威　　　　经办人:张竣威

图 4-17　出库单

企业发给外单位加工的原材料及主要材料采用计划成本核算的,还应同时结转材料成本差异,贷记或者借记"材料成本差异"账户。

(2)支付运杂费时,公司根据转账支票存根(见图4-18)及运费发票(见图4-19),编制如下会计分录:

借:应交税费——应交增值税(进项税额)　1 090
　　贷:银行存款　　　　　　　　　　　　　　　1 090

(3)支付加工费时,公司根据加工费发票(见图4-20)及银行转账凭证(见图4-21),编制如下会计分录:

借:应交税费——应交增值税(进项税额)　2 260
　　贷:银行存款　　　　　　　　　　　　　　　2 260

(4)支付运杂费时,公司根据银行转账凭证及运费发票,编制如下会计分录:

借:委托加工物资　　　　　　　1 500
　　贷:银行存款　　　　　　　　　1 500

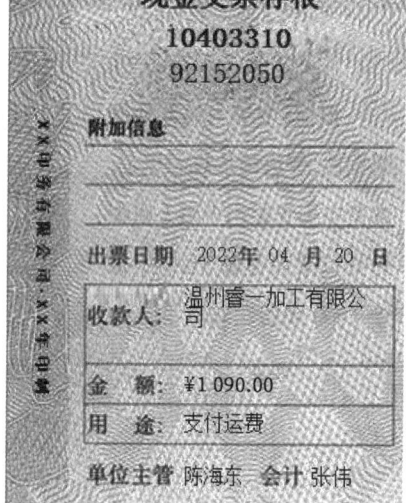

图 4-18　转账支票存根

【小贴士】
　　本题中既有通过转账支票付款,又有银行直接转账付款,虽然支付的形式和原始凭证不一样,但都是从银行账户划款,所以贷方均为银行存款。

图 4-19 运费发票

图 4-20 加工费发票

**付款回单**  中国银行

日期： 2022年04月20日　　业务类型：网上银行企业支付　　流水号： 370367075830

付款账号： 7370674288509701032　　户名： 浙江华鸿笔业有限公司

开户行： 中国银行温州市分行城南支行

金额（大写）：人民币 贰仟贰佰陆拾元整

金额（小写）：CNY 2,260.00

业务编号： 165089092579

摘要：　　　　　　　　　　　　　　批次号： 643000150846

经办：　　　　　　　　　　　　　　回单编号： 222020108203　　645322

提示：1.电子回单验证相同表示同一笔业务回单，请勿重复记账使用。
　　　2.已在银行柜台领用业务回单的单位，请注意核对，勿重复记账使用。

打印时间： 2022年04月20日14时11分

图 4-21　银行转账凭证

（5）板材入库时，公司根据委托加工入库单（见图 4-22）编制如下会计分录：

加工完成的委托加工物资的实际成本＝25 000＋500＋1 000＋2 000＋1 500
　　　　　　　　　　　　　　　　＝30 000（元）

加工完成的委托加工物资计划成本＝28 000（元）

加工完成的委托加工物资的成本差异＝30 000－28 000＝2 000（元）

## 委托加工入库单

委托加工单位：温州睿一加工有限公司　　　　　　　　　　材料仓库：原材料库

收发类别：　　　　　　　2022年04月20日　　　　　　　编号：490778

| 出库单编号 | 加工后材料名称及规格 | 单位 | 应收数 | 实收数 | 单价 | 金额 | 备注 |
|---|---|---|---|---|---|---|---|
| 2022041001 | 板材 | KG | 50 | 50 | 600.00 | 30 000.00 | |
| | | | | | | | |
| | | | | | | | |
| | | | | | | | |
| | 合　计 | | 50 | 50 | | ￥30 000.00 | |

检验：张竣威　　　　收料：孙婉　　　　记账：张伟

第二联　记账联

图 4-22　委托加工入库单

借:原材料——板材　　　　　　　　　　　　　　　28 000
　　材料成本差异　　　　　　　　　　　　　　　2 000
　　贷:委托加工物资　　　　　　　　　　　　　　　　30 000

## 任务五　库存商品业务核算

**情境导入**

浙江华鸿笔业有限公司仓管小王刚上班不久,对库存商品不是很熟悉。有一天,车间送过来一批水笔,外观上好像没什么两样,只有包装盒上型号最后一个字母不一样。他认真地按照型号开了入库单。第二天,销售人员就过来提其中一种水笔,小王点清数量交给业务员,结果第二天发现发错货了,把另外一种发给业务员了,而且货也运出去了。他想打电话给业务员,但又怕他告诉公司,担心自己刚来就犯错误会被开除。他心想这两种型号也相差不大,说不定人家也不会发现,于是他就没有通知业务员。最后客户发现不是他们要的货,让业务员全部退回,并赔偿损失。小王因此受了处分。

**思考:**

(1) 如果你是小王,在发现发错货时,你会怎么处理?

(2) 你觉得小王以后可以采取什么方法避免发货错误?

**知识准备**

### 一、库存商品的概念及内容

**库存商品**是指企业完成全部生产过程并已验收入库、符合标准规格和技术条件,可以按照合同规定的条件送交订单或可以作为商品对外销售的产品以及外购或委托加工完成验收入库用于销售的各种商品。

库存商品具体包括库存产成品、外购商品、存放在门市部准备出售的商品、发出展览的商品、寄存在外的商品、接受来料加工制造的代制品和为外单位加工修理的代修品等。已完成销售手续但购买单位在月末尚未提取的产品,不应作为企业的库存商品,而应作为代管商品处理,单独设置代管商品备查簿进行登记。

### 二、库存商品的核算

#### (一) 按实际成本计价核算

库存商品可以采用实际成本核算,也可以采用计划成本核算,其方法与原材料相似,采用计划成本核算时,库存商品实际成本与计划成本的差异,可单独设置"产品成本差异"账户核算。

4-7　库存商品的核算

**1. 账户设置**

为了反映和监督库存商品的增减变动及其结存情况,企业应当设置"库存商品"账户。

该账户属于资产类账户,借方登记验收入库的库存商品成本,贷方登记发出的库存商品成本,期末借方余额,反映各种库存商品的实际成本或计划成本。该账户可按库存商品的种类、品种和规格等进行明细核算。

2. 商品验收

对于库存商品采用实际成本核算的企业,当库存商品生产完成并验收入库时,应按实际成本,借记"库存商品"账户,贷记"生产成本——基本生产成本"账户。

3. 商品发出

企业商品发出业务包括销售商品,发出样品、赠品等,根据商品发出用途的不同,分别记入不同的账户,贷方全部记入"库存商品"账户。当企业销售商品时确认收入并结转销售成本时,借记"主营业务成本"账户,贷记"库存商品"账户。当以促销为目的发出样品和赠品时,借记"销售费用"账户,贷记"库存商品"账户,如果是纯粹的捐赠或发放福利则需视同销售处理。

【做中学4-24】 2022年4月30日,浙江华鸿笔业有限公司当月验收入库的彩色铅笔共20 000件,实际单位成本20元,计400 000元。同时,4月份发出的商品中,彩色铅笔200件。浙江华鸿笔业有限公司根据产品入库单(见图4-23)、销售出库单,编制如下会计分录:

借:库存商品——彩色铅笔　　　　　　　　　　　　　　　400 000
　　贷:生产成本——基本生产成本　　　　　　　　　　　　　　400 000

## 产成品入库单

仓库:产成品库
文库单位:　　　　　　　　2022年04月30日　　　　　　　编号:333

| 产品编号 | 产品名称 | 规格 | 计量单位 | 数量 | | 单位成本 | 总成本 | 备注 |
|---|---|---|---|---|---|---|---|---|
| | | | | 送检 | 实收 | | | |
| 1405001 | 铅笔 | 彩色 | 盒 | 20 000 | 20 000 | 20.00 | 400 000.00 | |
| | | | | | | | | |
| | | | | | | | | |
| | | | | | | | | |

仓库主管:孙婉　　　保管员:张竣威　　　记账:张伟　　　制单:张竣威

图4-23 产成品入库单

假设按先进先出法确定的已销彩笔产品成本为3 800元,具体如表4-5所示。公司销售商品时,结转产品成本,根据产成品出库单编制会计分录如下:

借:主营业务成本　　　　　　　　　　　　　　　　　　　3 800
　　贷:库存商品——彩色铅笔　　　　　　　　　　　　　　　　3 800

假设按移动加权平均法确定的已销彩笔产品成本为3 998.01元,具体如表4-6所示。公司销售商品时,结转产品成本,根据产成品出库单编制会计分录如下:

表 4-5　彩色铅笔明细账(先进先出法)

数量单位：盒　金额单位：元

| 日期 | | 摘要 | 购入 | | | 发出 | | | 结存 | | |
|---|---|---|---|---|---|---|---|---|---|---|---|
| 月 | 日 | | 数量 | 单价 | 金额 | 数量 | 单价 | 金额 | 数量 | 单价 | 金额 |
| 4 | 1 | 期初余额 | | | | | | | 100 | 18 | 1 800 |
| | 2 | 生产入库 | 20 000 | 20 | 400 000 | | | | 100<br>20 000 | 18<br>20 | 1 800<br>400 000 |
| | 5 | 销售出库 | | | | 100<br>100 | 18<br>20 | 1 800<br>2 000 | 19 900 | 20 | 398 000 |
| | 31 | 本月合计 | 20 000 | — | 400 000 | 200 | — | 3 800 | 19 900 | — | 398 000 |

记账：张伟　　　仓管：王明　　　业务员：江山　　　收货单位经手人

表 4-6　彩色铅笔明细账(移动加权平均法)

数量单位：盒　金额单位：元

| 日期 | | 摘要 | 购入 | | | 发出 | | | 结存 | | |
|---|---|---|---|---|---|---|---|---|---|---|---|
| 月 | 日 | | 数量 | 单价 | 金额 | 数量 | 单价 | 金额 | 数量 | 单价 | 金额 |
| 4 | 1 | 期初余额 | | | | | | | 100 | 18 | 1 800 |
| | 2 | 生产入库 | 20 000 | 20 | 400 000 | | | | 20 100 | 19.99 | 401 800 |
| | 5 | 销售出库 | | | | 200 | 19.99 | 3 998 | 19 900 | 19.99 | 397 802 |
| | 31 | 本月合计 | 20 000 | — | 400 000 | 200 | | 3 998 | 19 900 | — | 397 802 |

记账：张伟　　　仓管：王明　　　业务员：江山　　　收货单位经手人

借：主营业务成本　　　　　　　　　　　　　　　　　　　　3 998.01
　　贷：库存商品——彩色铅笔　　　　　　　　　　　　　　　　　3 998.01

### (二) 按售价金额核算

在我国商品零售企业(如百货公司、超市等)会计实务中,由于经营的商品种类、品种、规格等繁多,而且要求按商品零售价格标价,采用其他成本计算结转方法均较困难,因此,该类企业的库存商品核算广泛采用售价金额核算法。该方法是指平时商品的购入、加工收回、售价均按售价记账,售价与进价的差额通过"商品进销差价"账户核算,期末计算进销差价率和本期已售商品应分摊的进销差价,并据以调整本期销售成本的一种方法。相关计算公式如下：

$$进销差价率 = \frac{期初商品进销差价 + 本期发生的商品进销差价}{期初库存商品售价 + 本期发生的商品售价} \times 100\%$$

本期已销商品应分摊的进销差价 = 本期商品销售收入 × 进销差价率

【做中学 4-25】　浙江华鸿笔业有限公司旗下自营的一家百货商场为增值税一般纳税人,其库存商品采用售价金额进行核算。2022 年 4 月初库存彩色铅笔 1 000 盒,单位不含税售价 20 元,商品进销差价为贷方 6 000 元。4 月该商场购入彩色铅笔 2 000 盒,实际成本

20 000元,增值税专用发票注明税金2 600元,款项以银行转账支付,商品售价为40 000元。当期销售彩色铅笔2 500盒,实现不含税销售收入50 000元。

购入商品时,根据材料入库单、增值税专用发票、银行转账凭单,编制如下会计分录:

借:库存商品　　　　　　　　　　　　　　　　　　　　　　　　　　40 000
　　应交税费——应交增值税(进项税额)　　　　　　　　　　　　　　2 600
　　贷:银行存款　　　　　　　　　　　　　　　　　　　　　　　　　　22 600
　　　　商品进销差价　　　　　　　　　　　　　　　　　　　　　　　　20 000

销售时,根据销售出库单、增值税专用发票、银行进账单,编制如下会计分录:

借:银行存款　　　　　　　　　　　　　　　　　　　　　　　　　　56 500
　　贷:主营业务收入　　　　　　　　　　　　　　　　　　　　　　　　50 000
　　　　应交税费——应交增值税(销项税额)　　　　　　　　　　　　　6 500

结转商品成本时,根据仓库出库单,编制如下会计分录:

借:主营业务成本　　　　　　　　　　　　　　　　　　　　　　　　50 000
　　贷:库存商品　　　　　　　　　　　　　　　　　　　　　　　　　　50 000

月末计算商品进销差价率进行分摊:

进销差价率=(6 000+20 000)÷(20 000+40 000)=43.33%

本月已销商品应分摊的进销差价=50 000×43.33%=21 665(元)

根据商品进销差价分摊表,编制如下会计分录:

借:商品进销差价　　　　　　　　　　　　　　　　　　　　　　　　21 665
　　贷:主营业务成本　　　　　　　　　　　　　　　　　　　　　　　　21 665

### (三) 按毛利率核算

**毛利率法**是根据本期销售净额乘以上期实际(或本期计划)毛利率计算本期销售毛利,并据以计算发出存货和期末存货成本的一种方法。其计算公式如下:

毛利率=(销售毛利÷销售额)×100%

销售毛利=销售额×毛利率

销售成本=销售额-销售毛利

期末存货成本=期初存货成本+本期购货成本-本期销售成本

商品流通企业由于经营商品的品种繁多,如果分品种计算商品成本,工作量将大大增加,而且一般来讲,商品流通企业同类商品的毛利率大致相同,采用这种方法既能减轻工作量,又能满足对存货管理的需要。<u>这一方法是商品流通企业,尤其是商品批发企业商用的计算本期商品销售成本和期末库存商品成本的方法。</u>

**【做中学4-26】** 浙江华鸿笔业有限公司旗下自营的一家百货商场为增值税一般纳税人,其库存商品采用毛利率法进行核算。2022年4月1日企业"库存商品"账户期初余额为150万元,本月购进一批商品,采购成本为250万元,本月实现商品销售收入300万元。上季度该类商品的实际毛利率为20%。不考虑其他因素,本月已销商品和月末库存商品的成本计算如下：

销售毛利＝300×20%＝60(万元)

本期销售成本＝300－60＝240(万元)

月末库存商品＝150＋250－240＝160(万元)

## 任务六 | 存货清查与减值业务核算

**情境导入**

浙江华鸿笔业有限公司在年末盘点时发现，部分存货由于在储藏的过程中没有注意保管的要求，出现毁损、无法使用的情况。此外，在盘点过程中，还经常发生找不到相应存货的情况，给盘点工作带来了巨大的困难。

**思考：**

(1) 变质、毁损的存货应当如何进行处理？

(2) 为了使企业存货减少毁损的风险，企业在存货保管时应当注意什么？

**知识准备**

### 一、存货清查

#### (一) 存货清查的概念

**存货清查**是指通过对存货的实地盘点，确定存货的实有数量，并于账面结存数进行核对，从而确定存货实存数与账面结存数是否相符的一种专门方法。

由于企业持有的存货种类繁多、收发频繁，在日常收发过程中可能会发生计量错误、计算错误、自然损耗，还可能发生损坏变质以及贪污、盗窃等情况，从而造成账实不符。对于存货的盘盈、盘亏，应填写存货盘点报告(如实存账存对比表)，并及时查明原因，按照规定程序报批处理。

4-8 存货清查的核算

#### (二) 存货清查的核算

1. 账户设置

为了反映和监督企业在财产清查中查明的各种存货的盘盈、盘亏和毁损情况，企业应设置"待处理财产损溢——待处理流动资产损溢"账户，该账户借方登记存货的盘亏、毁损金额及盘盈的转销金额，贷方登记存货的盘盈金额及盘亏的转销金额。企业清查的各种存货损溢，应查明原因，在期末结转前处理完毕，期末处理后，"待处理财产损溢"账户应无余额。该账户可按盘盈、盘亏的资产种类和项目进行明细核算。

2. 存货盘盈的核算

企业发生存货盘盈时，借记"原材料""库存商品"等账户，贷记"待处理财产损溢"账户；在按管理权限报经批准后，借记"待处理财产损溢——待处理流动资产损溢"账户，贷记"管理费用"账户。

【做中学4-27】 浙江华鸿笔业有限公司在财产清查中盘盈油漆50千克,实际单位成本25元,经查属于材料收发计量方面的错误。

批准处理前,公司根据盘点表(见图4-24)编制如下会计分录:

 借:原材料——油漆  1 250
  贷:待处理财产损溢——待处理流动资产损溢  1 250

## 2022年04月原材料盘点汇总表

编制单位:浙江华鸿笔业有限公司  重点部门:  2022年04月30日  单位:元

| 商品名称 | 计量单位 | 账存数量 | 实盘数量 | 盘盈/盘亏数 | 单价 | 金额 | 备注 |
| --- | --- | --- | --- | --- | --- | --- | --- |
| 油漆 | 100 | 10 | 60 | 50 | 25 | 1 250.00 | |
| | | | | | | | |
| | | | | | | | |
| | | | | | | | |
| | | | | | | | |
| | | | | | | | |
| | | | | | | | |
| 合计 | | | | | | 1 250.00 | |

财务经理:叶凯  监盘人:王超  盘点人:孙晓

图4-24 盘点表

批准处理后,公司根据盘盈处理批复文件(见图4-25),编制如下会计分录:

 借:待处理财产损溢——待处理流动资产损溢  1 250
  贷:管理费用  1 250

3. 存货盘亏及毁损的核算

企业发生存货盘亏及毁损时,借记"待处理财产损溢——待处理流动资产损溢"账户,贷记"原材料""库存商品"等账户。在按管理权限报经批准后应作如下账务处理:对于入库的残料价值,借记"原材料"等账户;对于应由保险公司和过错人承担的赔偿款,记入"其他应收款"账户;扣除材料价值和赔偿款后的净损失,属于一般经营损失的部分,记入"管理费用"账户,属于非常损失的部分,记入"营业外支出"账户。

【做中学4-28】 浙江华鸿笔业有限公司在财产清查中盘亏板材40千克,实际单位成本18元,经查属于一般经营损失。

批准处理前,公司根据盘点表,编制如下会计分录:

 借:待处理财产损溢——待处理流动资产损溢  720
  贷:原材料——板材  720

查明原因,属一般经营损失,批准处理后,公司根据盘亏处理批复文件,编制如下会计分录:

图 4-25 盘盈处理批复文件

借：管理费用 720
　　贷：待处理财产损溢——待处理流动资产损溢 720

【做中学 4-29】 浙江华鸿笔业有限公司在财产清查中发现毁损的板材 100 千克，实际单位成本 18 元，经查属于材料保管员的过失造成的，按规定由其个人赔偿 1 000 元，残料已办理入库手续，价值 300 元。

批准处理前，公司根据盘点表，编制如下会计分录：

借：待处理财产损溢——待处理流动资产损溢 2 034
　　贷：原材料——板材 1 800
　　　　应交税费——应交增值税（进项税额转出） 234

【小贴士】
　　只有因管理不善造成被盗、丢失、霉烂变质的损失属税法规定的"非正常损失"需进项税额转出，自然灾害属正常损失，其进项税额允许抵扣。

批准处理后，公司根据盘亏处理批复文件，编制如下会计分录：
① 由过失人赔偿部分

借：其他应收款 1 000
　　贷：待处理财产损溢——待处理流动资产损溢 1 000

② 残料入库时，公司根据残料入库单，编制如下会计分录：

借：原材料 300
　　贷：待处理财产损溢——待处理流动资产损溢 300

材料毁损净损失,公司根据盘亏处理批复文件,编制如下会计分录:

借:管理费用　　　　　　　　　　　　　　　　　　　　　　　　　834
　　贷:待处理财产损溢——待处理流动资产损溢　　　　　　　　　　　　834

**【做中学 4-30】**　浙江华鸿笔业有限公司因台风造成一批库存材料毁损,实际成本 20 000 元,根据保险范围及合同约定,应由中华保险公司赔偿 18 000 元。

批准处理前,公司根据盘点表编制如下会计分录:

借:待处理财产损溢——待处理流动资产损溢　　　　　　　　　　20 000
　　贷:原材料——板材　　　　　　　　　　　　　　　　　　　　　　20 000

批准处理后,公司根据盘亏处理批复文件编制如下会计分录:

借:其他应收款——中华保险公司　　　　　　　　　　　　　　18 000
　　营业外支出——非常损失　　　　　　　　　　　　　　　　　2 000
　　贷:待处理财产损溢——待处理流动资产损溢　　　　　　　　　　20 000

**【小贴士】**
　　库存材料因意外事故、自然灾害导致的毁损不属于税法规定的非正常损失,无须转出购进环节已抵扣的进项税额。

## 二、存货减值

### (一) 存货期末计量原则

企业的存货价值会随着市场环境等因素发生变化,从而使实际价值与账面价值不符。为使账面价值能真实地反映企业资产实际价值,我国企业会计准则规定,企业在资产负债表日,存货应当按照成本与可变现净值孰低计量,以反映存货实际价值,其中成本是指存货期末的实际成本。当存货成本低于可变现净值时,存货按照成本计量;当存货成本高于可变现净值时,存货按可变现净值计量,企业应按照成本高于可变现净值的差额计提存货跌价准备,计入当期损益。

4-9　存货减值的核算

当存货可变现净值跌至成本以下时,表明存货给企业带来的未来经济利益低于其账面成本,因此,应将这部分损失从资产价值中扣除,计入当期损益。否则,存货可变现净值低于成本时,如果仍然以成本计量,就会出现资产价值虚高的现象。

### (二) 存货的可变现净值

**可变现净值**是指在日常活动中,存货的估计售价减去至完工时估计将要发生的成本、估计的销售费用以及估计的相关税费后的金额。可变现净值的特征表现为存货的预计未来净现金流量,而不是简单地等于存货的售价或合同价。但不同类型存货可变现净值不同,其计算公式如下:

直接用于出售的存货的可变现净值＝存货的估计售价－估计的销售费用以及估计的相关税费

需要经过加工的材料　　　产成品的　　至完工时估计将　　估计的销售费用以及
存货的可变现净值　＝　估计售价　－　要发生的成本　－　估计的相关税费

$$\text{按订单生产的存货可变现净值} = \text{存货协议价} - \text{至完工估计将要发生的成本} - \text{估计的销售过程中的相关税费}$$

**【做中学 4-31】** 2022 年 12 月 31 日,浙江华鸿笔业有限公司库存油漆实际成本为 100 万元,估计销售费用和相关税费为 2 万元,估计该存货售价为 110 万元。

该存货的可变现净值 = 110 - 2 = 108(万元)

**【做中学 4-32】** 2022 年 12 月 31 日,浙江华鸿笔业有限公司库存铅芯账面价值为 30 万元,可用于生产彩色铅笔,相应的市场售价为 28 万元,预计销售时发生的相关销售税费为 1.5 万元。由于铅芯市场销售价格下降,用库存铅芯生产的彩色铅笔的市场售价由 80 万元下降到 65 万元,将该批铅芯加工成彩色铅笔尚需投入 40 万元,估计销售彩色铅笔的销售税费为 3 万元。

因为铅芯是用于生产彩色铅笔的,所以铅芯可变现净值 = 彩色铅笔 - 铅芯加工成彩色铅笔尚需投入的成本 - 估计销售税费 = 65 - 40 - 3 = 22(万元)。

### (三)存货跌价准备的计提

企业通常应当按照单个存货项目计提存货跌价准备。对于数量繁多、单价较低的存货,可以按照存货类别计提存货跌价准备。与在同一地区生产和销售的产品系列相关、具有相同或类似最终用途和目的,且难以与其他项目分开计量的存货,可以合并计提存货跌价准备。

资产负债表日,同一项存货中一部分有合同价格约定、其他部分不存在合同价格的,应当分别确定其可变现净值,并与其相对应的成本进行比较,分别确定存货跌价准备的计提金额或转回金额。

**1. 账户设置**

为了核算和监督存货跌价准备的计提、转回等情况,企业应设置"存货跌价准备"账户。该账户属于资产类账户,是存货各项目的备抵账户,用来核算企业计提的存货跌价准备。其贷方登记企业会计中期期末或年末计提的存货跌价准备,借方登记存货跌价准备的转回金额及结转金额。其余在贷方,反映企业累计计提的存货跌价准备。该账户可按存货项目或类别进行明细核算。

"资产减值损失"属于损益类账户,用于核算企业计提各项资产减值准备所形成的损失,该账户借方登记企业计提各项资产减值准备所形成的损失金额,贷方登记转回的存货跌价损益金额及期末结转"本年利润"的金额,期末无余额。该账户可按资产减值损失的项目进行明细核算。

**2. 存货跌价准备的核算**

(1) 计提存货跌价准备。当存户成本高于其可变现净值时,企业应当按照存货可变现净值低于成本的差额,借记"资产减值损失——存货跌价准备"账户,贷记"存货跌价准备"账户。

(2) 存货跌价准备的转回。资产负债表日,企业应当确定存货的可变现净值。以前减记存货价值的影响因素已经消失的,减记的金额应当予以恢复,并在原已计提的存货跌价准备金额内转回,转回的金额计入当期损益。转回已计提的存货跌价准备金额时,按恢复增加的金额,借记"存货跌价准备"账户,贷记"资产减值损失——存货跌价准备"账户。

(3)存货跌价准备的结转。企业计提了存货跌价准备,如果其中部分存货已经销售,企业结转存货销售成本时,应同时结转对其已计提的存货跌价准备,借记"存货跌价准备"账户,贷记"主营业务成本""其他业务成本"等账户。

**【做中学 4-33】** 2022 年 6 月 30 日,浙江华鸿笔业有限公司铅芯账面余额(成本)300 000 元。由于市场价格下跌,预计可变现净值为 280 000 元,由此应计提的存货跌价准备为 20 000 元(300 000－280 000)。为此,公司根据存货减值计提表,编制如下会计分录:

借:资产减值损失——存货跌价准备　　　　　　　　　　　　　　　　20 000
　　贷:存货跌价准备——铅芯　　　　　　　　　　　　　　　　　　　　　20 000

假设 2022 年 12 月 31 日,铅芯的账面余额(成本)仍为 300 000 元,由于市场价格有所上升,铅芯的预计可变现净值为 290 000 元,应转回的存货跌价准备为 10 000 元[(300 000－290 000)－20 000]。为此,公司应根据存货减值计提表,编制如下会计分录:

借:存货跌价准备——铅芯　　　　　　　　　　　　　　　　　　　　　10 000
　　贷:资产减值损失——存货跌价准备　　　　　　　　　　　　　　　　　10 000

# 项目五　投资业务

**学习目标**

1. 熟悉金融资产的划分。
2. 能够熟练核算交易性金融资产相关业务。
3. 了解投资业务风险和收益并存的特征,培养风险意识。
4. 规范核算投资业务,遵守市场规则、会计准则要求进行投资业务的操作和会计处理。

**业务导入思考**

1. 投资业务核算具体包含了哪些业务?不通过金融资产核算时有什么区别?
2. 交易性金融资产相关的业务如何进行账务处理?
3. 不同的投资业务、金融产品在账务处理上有什么不同?

## 任务一　投资业务认知

**情境导入**

浙江华鸿笔业有限公司为增值税一般纳税人,其在2022年间发生了一项投资业务,即用闲置资金从二级交易市场购买了甲公司发行的股票20万股,目的是获取短期收益。但在公司持有的过程中,因为没有对股票价格给予实时的关注,公司在最后出售时投资收益为负数,造成了亏损。

思考:

(1) 为什么要对股票投资给予实时关注?
(2) 为什么选择在投资亏损的时候出售?可能是什么原因?
(3) 以上案例给我们带来了什么启示?

**知识准备**

### 一、投资业务的概念及分类

**投资**是指企业为了在未来一定时间内获得某种比较持续稳定的现金流收益而向一定对象投放资金的行为。

按照不同分类标准,投资可作以下分类:

(1) 按投资回收期限的长短,投资可分为短期投资和长期投资。短期投资是指回收期在一年以内的投资,主要包括现金、应收款项、存货、短期有价证券等投资。长期投资是指回收期在一年以上的投资,主要包括固定资产、无形资产、对外长期投资等。

(2) 按投资的方向不同,投资可分为对内投资和对外投资。从企业的角度看,对内投资就是项目投资,是指企业将资金投放于为取得供本企业生产经营使用的固定资产、无形资产、其他资产和垫支流动资金而形成的一种投资。对外投资是指企业为购买国家及其他企业发行的有价证券或其他金融产品(期货与期权、信托、保险),或以货币资金、实物资产、无形资产向其他企业(如联营企业、子公司等)注入资金而发生的投资。

(3) 按投资行为的介入程度,投资可分为直接投资和间接投资。直接投资包括企业内部直接投资和对外直接投资。前者形成企业内部直接用于生产经营的各项资产;后者形成企业持有的各种股权性资产,如持有子公司或联营公司股份等。间接投资是指通过购买被投资对象发行的金融工具而将资金间接转移交付给被投资对象使用的投资,如企业购买特定投资对象发行的股票、债券、基金等。

本章节主要学习金融类资产投资业务及长期股权投资业务。

## 二、金额资产

**(一) 金融资产的概念及分类**

在企业的全部资产中,库存现金、银行存款、应收账款、应收票据、贷款、其他应收款、应收利息、债券投资、股票投资、基金投资及衍生金融资产等统称为金融资产。

5-1 金融资产的概念及分类

企业应当根据其管理金融资产的业务模式和金融资产的合同现金流量特征,将金融资产划分为以下三类:

(1) 以公允价值计量且其变动计入当期损益的金融资产。

(2) 以公允价值计量且其变动计入其他综合收益的金融资产。

(3) 以摊余成本计量的金融资产。

上述分类一经确定,不得随意变更。

**(二) 金融资产的特点**

三类金融资产的特点如下。

(1) 以公允价值计量且其变动计入当期损益的金融资产,也称为"交易性金融资产",是指企业为了近期内出售而持有的金融资产,如企业为赚取差价为目的从二级市场上购入的股票、债券、基金等,或是初始确认时属于集中管理的可辨认金融工具组合的一部分,且有客观证据表明近期实际存在短期获利模式的金融资产,如企业管理的以公允价值进行业绩考核的某项投资组合。

(2) 以公允价值计量且其变动计入其他综合收益的金融资产,是指企业管理资产业务模式为既以收取合同现金流量为目标又以出售该金融资产为目标而持有,且该金融资产产生的现金流量,仅为支付的本金和以未偿付本金金额为基础的利息支付,如随时可向银行出售的应收账款。

（3）以摊余成本计量的金融资产，是指企业管理资产业务模式为仅收取合同现金流量为目标，且该金融资产产生的现金流量，仅为支付本金和未偿付本金金额为基础的利息，如银行向企业客户发放的固定利率贷款。

## 任务二　交易性金融资产业务核算

**情境导入**

浙江华鸿笔业有限公司2022年因投资相关股票业务取得了较高收益，几乎与当年主营业务收入水平持平，于是管理层要求财务投资部小张实时关注股票交易价格，以望在2023年能够取得更高水平的投资收益。同时，管理层要求财务部门各员工配合小张工作，降低对日常财务核算工作的投入。公司上下对2023年的投资收益抱有极高的期待。

思考：
（1）企业管理层对投资取得收益的态度是否存在一定的问题？为什么？
（2）如果你是小张，你要怎样改变管理层的想法？

**知识准备**

### 一、交易性金融资产的概念

**交易性金融资产**是企业为了近期内出售而持有的金融资产，如企业以赚取差价为目的从二级市场购入的股票、债券、基金等；或者是在初始确认时属于集中管理的可辨认金融工具组合的一部分，且有客观证据表明近期实际存在短期获利模式的金融资产等，如企业管理的以公允价值进行业绩考核的某项投资组合。

### 二、交易性金融资产的核算

**（一）账户设置**

企业通过设置"交易性金融资产""公允价值变动损益""投资收益"等账户核算交易性金融资产的取得、收取现金股利或利息、处置等业务。

"交易性金融资产"账户核算企业近期内出售以赚取差价为目的所持有的债券投资、股票投资和基金投资等交易性金融资产的公允价值。"交易性金融资产"账户借方登记交易性金融资产的取得成本、资产负债表日其公允价值高于账面余额的差额等，贷方登记资产负债表日其公允价值低于账面余额的差额，以及企业出售交易性金融资产时结转的成本和公允价值变动损益。企业应当按照交易性金融资产的类别和品种，分别设置"成本""公允价值变动"等明细账户进行核算。

"公允价值变动损益"账户核算企业交易性金融资产因公允价值变动而形成的应计入当期损益的利得和损失。该账户贷方登记资产负债表日企业持有的交易性金融资产等的

5-2　交易性金融资产的核算

公允价值高于账面余额的差额,借方登记资产负债表日其公允价值低于账面余额的差额。

"投资收益"账户核算企业持有的交易性金融资产等期间取得的投资收益以及处置交易性金融资产等实现的投资收益或投资损失。该账户贷方登记企业持有交易性金融资产期间取得的投资收益以及出售交易性金融资产等实现的投资收益,借方登记企业出售交易性金融资产发生的投资损失。

### (二) 交易性金融资产取得的核算

企业取得交易性金融资产时,应当按照该交易性金融资产取得时的公允价值作为其初始入账价值,借记"交易性金融资产——成本"账户。

取得交易性金融资产所支付的价款中包含了已宣告但尚未发放的现金股利或已到付息期但尚未领取的债券利息的,应单独确认为应收项目,借记"应收利息(应收股利)"账户,不构成交易性金融资产的初始入账金额。

企业为取得投资时发生的交易费用记入"投资收益"账户的借方,发生交易费用取得增值税专用发票的,进项税额可以抵扣,借记"应交税费——应交增值税(进项税额)"账户。交易费用包括支付给代理机构、咨询公司、券商、证券交易所、政府有关部门等的手续费、佣金、相关税费以及其他必要支出,不包括债券溢价、折价、融资费用、内部管理成本和持有成本等与交易不直接相关的费用。

【做中学 5-1】 浙江华鸿笔业有限公司从深圳证券交易所购入温州大咖传媒股份有限公司股票,并划分为交易性金融资产,共支付价款 3 600 000 元(其中包含已宣告但尚未发放的现金股利 100 000 元),另支付相关交易费用 10 000 元,取得并经税务机关认证的增值税专用发票上注明的增值税税额为 600 元。不考虑其他因素,浙江华鸿笔业有限公司根据股权转让协议书(见图 5-1)、增值税专用发票(见图 5-2),编制如下会计分录:

## 成交过户交割凭单　买

2022 年 04 月 30 日

| | | | |
|---|---|---|---|
| 股东编号: | 5869 | 成交证券: | 温州大咖传媒股份有限公司 |
| 电脑编号: | 3503 | 成交数量: | 1 800 000 |
| 公司代号: | 3258 | 成交价格: | 2 元/股 |
| 申请编号: | 77624 | 成交金额: | 3 600 000 |
| 申报时间: | 2022 年 4 月 30 日 | 标准佣金: | 10 000 |
| 成交时间: | 2022 年 4 月 30 日 | 过户费用: | 0 |
| 上次余额: | 0 | 印花税: | — |
| 本次成交: | 1 800 000 | 应付金额: | — |
| 本次余额: | 0 | 最终余额: | 3 610 000 |
| 附加费用: | | 实付金额: | 3 610 000 |

客户联

经办单位:　　　　　　　　　　　　　　　客户签章:浙江华鸿笔业有限公司

图 5-1 　股票交割单

| 借：交易性金融资产——成本 | 3 500 000 | |
|---|---|---|
| 　应收股利 | 100 000 | |
| 　投资收益 | 10 000 | |
| 　应交税费——应交增值税（进项税额） | 600 | |
| 　贷：其他货币资金——存出投资款 | | 3 610 600 |

图 5-2　增值税专用发票

### （三）交易性金融资产持有期间的核算

**1. 后续计量**

资产负债表日，交易性金融资产应当按照公允价值计量，公允价值与账面价值之间的差额计入当期损益。资产负债表日，交易性金融资产的公允价值高于其账面价值的差额，借记"交易性金融资产——公允价值变动"账户，贷记"公允价值变动损益"账户；公允价值低于账面价值的差额，作相反的会计分录。

**【做中学 5-2】** 浙江华鸿笔业有限公司持有的"交易性金融资产——温州大咖传媒股份有限公司"借方余额为 1 000 000 元。12 月 31 日，该公司股票的公允价值为 1 050 000 元。不考虑其他因素，关于上述业务，浙江华鸿笔业有限公司根据当日证券交易系统截图价格编制如下会计分录：

| 借：交易性金融资产——公允价值变动 | 50 000 | |
|---|---|---|
| 　贷：公允价值变动损益 | | 50 000 |

**2. 应收股利、利息的核算**

交易性金融资产在持有期间，被投资单位宣告发放的现金股利，或在资产负债表日计算出已到付息期尚未收到的利息,应作为交易性金融资产持有期间的投资收益,借记"应收股利"或"应收利息"账户,贷记"投资收益"账户。实际收到股利或者利息时,借记"银行存款"账户,贷记"应收股利"或"应收利息"账户。

【做中学 5-3】 浙江华鸿笔业有限公司持有"交易性金融资产——温州大咖传媒股份有限公司"。2021年12月,温州大咖传媒股份有限公司宣告发放股利20 000元,2022年1月,浙江华鸿笔业有限公司收到该笔股利。浙江华鸿笔业有限公司根据温州大咖传媒股份有限公司股息发放公告及发放凭证(见图5-3)编制如下会计分录:

借:应收股利——温州大咖传媒股份有限公司 20 000
    贷:投资收益 20 000

借:其他货币资金 20 000
    贷:应收股利——温州大咖传媒股份有限公司 20 000

## 兴业证券公司
### 股息发放凭证 [存款]

流水号:1353884 　　　　　2022年01月19日

| 户名:浙江华鸿笔业有限公司 | 资金账号: | 委托人签名 |
|---|---|---|
| 发放金额:20 000.00 | 余额:21 000.00 | |
| | 账户: | 账户: |

操作员:陈辉　　　　复核员:赖其

图 5-3 发放凭证

**(四)交易性金融资产处置的核算**

企业出售交易性金融资产时,应将出售时的公允价值与其账面余额之间的差额确认为投资收益。如果在处置交易性金融资产时已计入应收项目的现金股利或者债券利息尚未收回,应先从处置价款中扣除该部分现金股利或债券利息之后,再确认处置损益。

企业处置交易性金融资产时,应按实际收到的处置价款,借记"其他货币资金"等账户,按该交易性金融资产的初始成本,贷记"交易性金融资产——成本"账户,按该交易性金融资产的公允价值变动,贷记或借记"交易性金融资产——公允价值变动"账户。如果处置时有已计入应收项目的股利或利息的,应贷记"应收股利"或"应收利息"账户,按其差额,贷记或者借记"投资收益"账户。

【做中学 5-4】 浙江华鸿笔业有限公司持有"温州大咖传媒股份有限公司"股票,并将其分类为"交易性金融资产",该股票购入支付价款1 000 000元(其中包含已宣告尚未发放股利60 000元),2021年年末账面金额为1 300 000元,期中初始投资成本940 000元,公允价值变动360 000元;2022年5月31日,浙江华鸿笔业有限公司将其处置出售给杭州美馨影视文化传播有限公司,收到款项1 500 000元,存入证券账户。不考虑其他因素,关于上述业务,浙江华鸿笔业有限公司根据收款凭证(见图5-4),编制如下会计分录:

借：其他货币资金　　　　　　　　　　　　　　　　　　1 500 000
　　贷：交易性金融资产——成本　　　　　　　　　　　　　　940 000
　　　　　　　　　　　——公允价值变动　　　　　　　　　　360 000
　　　　投资收益　　　　　　　　　　　　　　　　　　　　　200 000

### 浙江华鸿笔业有限公司 收款收据　　No：74883941

2022 年 05 月 31 日

| 交款单位或个人 | 杭州美馨影视文化传播有限公司 | | |
|---|---|---|---|
| 款项内容 | 股票转让所得 | 收款方式 | 证券账户收款 |
| 人民币（大写） | 壹佰伍拾万元整 | 现金收讫 | 壹佰伍拾万元整 |
| 收款单位盖章 | （浙江华鸿笔业有限公司 财务专用章） | 收款人签字：李静 | 经办人 |

图 5-4　收款凭证

### （五）转让金融商品应交的增值税

金融商品转让按照卖出价扣除买入价(不需要扣除已宣告未发放现金股利和已到付息期末领取的利息)后的余额作为销售额计算增值税，即转让金融商品按盈亏相抵后的余额作为销售额。若相抵后出现负差，可结转下一纳税期与下期转让金融商品销售额互抵，但年末时仍出现负差的，不得转入下一会计年度。

转让金融资产当月月末，如产生转让收益，则按应纳税额，借记"投资收益"等账户，贷记"应交税费——转让金融商品应交增值税"账户；如产生转让损失，则按可结转下月抵扣税额，借记"应交税费——转让金融商品应交增值税"账户；贷记"投资收益"等账户。年末，如果"应交税费——转让金融商品应交增值税"账户借方有余额，说明本年度的金融商品转让损失无法弥补，且本年度的金融资产转让损失不可转入下年度继续递减转让金融资产的收益，因此，应借记"投资收益"等账户，贷记"应交税费——转让金融商品应交增值税"账户，将"应交税费——转让金融商品应交增值税"账户的借方余额转出。

**【做中学 5-5】**　承[做中学 5-4]，计算该项业务转让金融商品应交的增值税。

转让金融商品应交增值税＝(1 500 000－1 000 000)÷(1+6%)×6%＝28 301.89(元)

借：投资收益　　　　　　　　　　　　　　　　　　　　28 301.89
　　贷：应交税费——转让金融商品应交增值税　　　　　　28 301.89

**【小贴士】**

在计算金融商品转让增值税的过程中，特别注意，直接按卖出收到价款和买入支付价款差额计算增值税，无需扣除已宣告未发放现金股利和已到付息期未领取的利息。

# 任务三 长期股权投资业务核算

## 情境导入

浙江华鸿笔业有限公司于2022年1月1日收购了华海公司40%的股权，成为第二大股东，能够对华海公司施加重大影响；同时，浙江华鸿笔业有限公司还持有林海公司20%的股权。2022年1月20日，浙江华鸿笔业有限公司的董事李达出任林海公司董事。

2022年年末华海、林海两家公司的年报显示：华海供公司当年实现净利润2 000万元；林海公司发生亏损800万元。

2022年3月8日，华海公司宣告发放现金股利500万元。2022年4月1日，林海公司宣告当年不进行股利分配。

浙江华鸿笔业有限公司对华海公司的股权投资采用权益法核算，对林海公司的股权采用成本法核算。浙江华鸿笔业有限公司在两家被投资单位公布年报和宣告股利分配时，按规定进行了账务处理（假定浙江华鸿笔业有限公司对华海、林海两家公司的投资核算均未冲减过投资成本）。

**思考：**

(1) 浙江华鸿笔业有限公司对华海、林海两家被投资公司的股权投资核算方法上是否存在不妥之处？为什么？

(2) 该怎么对浙江华鸿笔业有限公司持有的股权核算方法进行调整，请分别按原公司确定的核算方法及经你调整后的核算方法，计算出对"长期股权投资"账户账面的影响金额，并将两种方法加以比较，分析采用不同方法核算对公司当年会计报表的损益金额影响是多少？

(3) 企业持有长期股权投资的目的有很多，获利是主要的持有目的吗？谈谈你的看法。

## 知识准备

### 一、长期股权投资业务常识

#### （一）长期股权投资的概念

**长期股权投资，是指投资方对被投资单位实施控制、重大影响的权益性投资，以及对其他合营企业的权益性投资。** 除此之外，其他权益性投资不作为长期股权投资进行核算，而应当按照《企业会计准则第22号——金融工具的确认和计量》的规定进行会计核算。

5-3 长期股权投资的概念

#### （二）长期股权投资的内容

1. 实施控制

投资方能够对被投资单位实施控制的，被投资单位为其子公司。**控制，是指投资方拥有对被投资方的权力，通过参与被投资方的相关活动而享受可变回报，并且有能力运用对被投**

资方的权利影响其回报金额。

2. 共同控制

企业与其他方对被投资单位实施共同控制的,被投资单位为本企业的合营企业。共同控制,是指按照相关约定对某项安排所共有的控制,并且该安排的相关活动必须经过分享控制权的参与方一致同意后才能决策。

3. 重大影响

企业持有的能够对被投资单位实施重大影响的权益性投资,即对联营企业投资。重大影响,是指投资方对被投资单位的财务和经营政策有参与决策的权力,但并不能够控制或者与其他方一起共同控制这些政策的制定。在确定能否对被投资单位实施重大影响时,应当考虑投资方和其他持有的被投资单位当期可转换债券、当期可执行认股权证等潜在表决权因素。

通常可以通过以下一种或几种情形来判断是否对被投资单位具有重大影响:

(1) 在被投资单位的董事会或类似权力机构中派有代表。在这种情况下,由于在被投资单位的董事会或者类似权力机构中派有代表,并享有实质性的参与决策权,投资方可以通过该代表参与被投资单位财务和经营政策的制定,达到对被投资单位施加重大影响。

(2) 参与被投资单位财务和经营政策制定过程。在这种情况下,投资方在制定政策过程中可以为其自身利益提出建议和意见,从而可以对被投资单位施加重大影响。

(3) 与被投资单位之间发生重要交易。有关的交易因对被投资单位的日常经营具有重要性,进而一定程度上可以影响被投资单位的生产经营决策。

(4) 向被投资单位派出管理人员。在这种情况下,管理人员有权利主导被投资单位的相关活动,从而能够对被投资单位施加重大影响。

(5) 向被投资单位提供关键技术资料。因被投资单位的生产经营需要依赖投资方的技术或技术资料,表明投资方对被投资单位具有重大影响。

需要注意的是,存在上述一种或多种情形并不意味着投资方一定对被投资单位具有重大影响。企业需要综合考虑所有事实和情况来作出恰当的判断。

## 二、长期股权投资的核算

### (一) 核算方法

长期股权投资的核算方法有两种:一是成本法,二是权益法。成本法的适用范围如下:

投资企业能够对单位实施控制的长期股权投资,即企业对子公司的长期股权投资应当采用成本法核算,投资企业为投资性主体且子公司不纳入其合并财务报表的除外。

(1) 投资企业对被投资单位具有共同控制的长期股权投资,即企业对合营企业的长期股权投资。

(2) 投资企业对被投资单位具有重大影响的长期股权投资,即企业对联营企业的长期股权投资。

### (二) 账户设置

为反映长期股权投资的取得、持有和处置等情况,企业应当设置"长期股权投资""投收益""其他综合收益"等账户。

"长期股权投资"账户核算企业持有的采用成本法和权益法的长期股权投资,借方登记长期股权投资取得时的成本以及采用权益法核算时被投资单位实现的净损益、其他综合收益和其他权益变动等计算的应享有的份额,贷方登记处置长期股权投资的账面价值或采用权益法核算时被投资单位宣告分派现金股利或者利润时企业按持股比例计算应享有的份额,及按被投资单位发生的净亏损等计算的应分担的份额。其期末借方余额,反映企业持有的长期股权投资的价值。该账户应当按照被投资单位进行明细核算。长期股权投资核算采用权益法的,应当分别设置"投资成本""损益调整""其他综合收益""其他权益变动"等账户进行明细核算。

**(三) 采用成本法核算长期股权投资**

1. 长期股权投资初始投资成本的确定

成本法,是指投资按投资成本计价的方法。在成本法下,长期股权投资一般以取得股权时的初始投资成本计价,以后除了投资企业追加投资或收回投资,长期股权投资的账面价值一般应保持不变。

5-4 长期股权投资成本法的核算

除企业合并形成的长期股权投资,以支付现金取得的长期股权投资应当以实际支付的购买价款作为初始投资成本。企业所发生的与取得长期股权投资直接相关的费用、税金及其他必要支出应计入长期股权投资的初始投资成本。但所支付的价款中包含已宣告但尚未发放的现金股利或利润,应作为企业应收项目处理,不构成长期股权投资的投资成本。

2. 长期股权投资取得的核算

企业取得长期股权投资时,应当按照初始投资成本计价,除企业合并形成的长期股权投资,以支付现金、非现金资产等方式取得的长期股权投资,应当按照上述规定确定的长期股权投资初始投资成本,借记"长期股权投资"账户,贷记"银行存款"等账户。如果实际支付的价款中包含已宣告但尚未发放的现金股利或利润,借记"应收股利"账户,贷记"银行存款""其他货币资金"等账户。

3. 长期股权投资持有期间的核算

长期股权投资持有期间被投资单位宣告分派现金股利或利润时,对采用成本法核算的,投资企业应按享有的部分,确认为当期投资收益,借记"应收股利"账户,贷记"投资收益"账户。

4. 长期股权投资处置的核算

企业处置长期股权投资时,按照实际取得的价款与长期股权投资账面价值的差额确认为投资损益,并应同时结转已计提的长期股权投资减值准备。

企业处置长期股权投资时,应当按实际收到的金额,借记"银行存款"等账户;按照原已计提的减值准备,借记"长期股权减值准备"账户;按照该项长期股权投资的账面余额,贷记"长期股权投资"账户;按照尚未领取的现金股利或利润,贷记"应收股利"账户;按其差额,贷记或者借记"投资收益"账户。

**【做中学5-6】** 2022年5月6日,浙江华鸿笔业有限公司取得大海公司60%的股权,成本为10 000 000元,以银行存款支付。2022年12月31日,大海公司宣告分派现金股利,浙江华鸿笔业有限公司按照持股比例可取得 600 000 元。浙江华鸿笔业有限公司取得大海公司股权后,能够对大海公司实施控制。2023 年 1 月,浙江华鸿笔业有限公司将所持有的大海公司股权以 12 000 000 全部售出,假定浙江华鸿笔业有限公司未对该股权计提过减值准备。公司应编制如下会计分录:

(1) 2021 年 5 月 6 日取得长期股权投资时,根据股权凭证、银行付款凭证,编制如下会计分录:

借:长期股权投资　　　　　　　　　　　　　　　　　　　　10 000 000
　　贷:银行存款　　　　　　　　　　　　　　　　　　　　　　10 000 000

(2) 2022 年 12 月 31 日大海公司分派现金股利时,根据股东会决议,编制如下会计分录:

借:应收股利　　　　　　　　　　　　　　　　　　　　　　　600 000
　　贷:投资收益　　　　　　　　　　　　　　　　　　　　　　　600 000

(3) 实际取得时,根据银行进账单,编制如下会计分录:

借:银行存款　　　　　　　　　　　　　　　　　　　　　　　600 000
　　贷:应收股利　　　　　　　　　　　　　　　　　　　　　　　600 000

(4) 2023 年 1 月处置时,根据银行进账单,编制如下会计分录:

借:银行存款　　　　　　　　　　　　　　　　　　　　　　12 000 000
　　贷:长期股权投资　　　　　　　　　　　　　　　　　　　　10 000 000
　　　　投资收益　　　　　　　　　　　　　　　　　　　　　　2 000 000

**(四)采用权益法核算长期股权投资**

权益法下投资方长期股权的账面价值始终要与被投资单位的所有者权益保持联动。因此,权益法的核心在于:投资方长期股权投资的账面价值＝被投资单位可辨认净资产的公允价值×持股比例。任何影响被投资单位所有者权益的交易或者事项都会对投资单位的长期股权投资产生影响。

5-5　长期股权投资权益法的核算

1. 长期股权投资初始投资成本的确定及取得的核算

企业取得长期股权投资采用权益法核算,应当将初始投资成本与所享有的被投资单位可辨认净资产的公允价值进行比较,对于形成差额的,应当区分进行处理:

长期股权投资的初始投资成本大于投资时,应享有的被投资单位可辨认净资产公允价值份额的,不调整已确认的初始投资成本,按初始投资成本(实际支付的对价)借记"长期股权投资——成本"账户,贷记"银行存款""其他货币资金"等账户。

长期股权投资的初始投资成本小于投资时,应享有的被投资单位可辨认净资产公允价值份额的,两者之间的差额体现为双方在交易作价过程中的让步,该部分的经济利益流入,应当作为取得投资当期的营业外收入,同时调整增加长期股权投资的账面价值。

**【做中学 5-7】** 2022 年 2 月,浙江华鸿笔业有限公司取得大海公司 10% 的股权,支付价款 3 400 000 元,具有重大影响。大海公司在购买可辨认净资产的公允价值为 32 000 000

元,浙江华鸿笔业有限公司所享有的份额公允价值为 3 200 000 元。因浙江华鸿笔业有限公司在取得对大海公司的股权后,能够实施重大影响,所以对其采用权益法进行核算。浙江华鸿笔业有限公司在取得投资时应编制如下会计分录:

(1) 2021 年 2 月,取得长期股权投资时,公司根据银行付款凭证和股权转让协议,编制如下会计分录:

借:长期股权投资——投资成本　　　　　　　　　　　　　　3 400 000
　　贷:银行存款　　　　　　　　　　　　　　　　　　　　　　3 400 000

【小贴士】
　　由于长期股权投资的初始投资成本 340 万元大于投资时应享有的被投资单位可辨认净资产公允价值份额 320 万元,不调整已确认的初始投资成本,按 340 万元初始投资成本入账。

(2) 如果浙江华鸿笔业有限公司取得时支付的成本为 3 000 000 元,初始投资成本 3 000 000 元小于投资时应享有的被投资单位可辨认净资产公允价值 3 200 000 元,则差额 200 000 元应当作为取得投资当期的营业外收入,同时调增长期股权投资的账面价值为 3 200 000 元。公司根据银行付款凭证和股权转让协议,编制如下会计分录:

借:长期股权投资——投资成本　　　　　　　　　　　　　　3 200 000
　　贷:银行存款　　　　　　　　　　　　　　　　　　　　　　3 000 000
　　　　营业外收入　　　　　　　　　　　　　　　　　　　　　　200 000

2. 长期股权投资持有期间的核算

被投资单位实现净利润或发生净亏损时,投资企业在持有长期股权投资期间,应根据被投资单位实现的净利润计算应享有的份额,借记"长期股权投资——损益调整"账户,贷记"投资收益"账户。当被投资单位发生亏损时,作相反的会计分录,但以"长期股权投资"账户的账面价值减记到零为限,借记"投资收益"账户,贷记"长期股权投资——损益调整"账户。

"长期股权投资"账户减记到零,是指"长期股权投资"账户下的各二级明细,包括"投资成本""损益调整""其他综合收益""其他权益变动"明细账户余额合计为零。

被投资单位宣告发放现金股利或利润时,企业应当按照所享有的部分,借记"应收股利"账户,贷记"长期股权投资——损益调整"账户。被投资单位宣告发放股票股利时,投资单位不进行账务处理,但需要在备查簿中进行登记。

【做中学 5-8】承[做中学 5-7],大海公司 2022 年净利润为 10 000 000 元,12 月 31 日大海公司宣告发放现金股利 6 000 000 元,2023 年 1 月实际收到股利。

(1) 根据大海公司年度报表,按 10%确认投资收益,编制如下会计分录:

借:长期股权投资——损益调整　　　　　　　　　　　　　　1 000 000
　　贷:投资收益　　　　　　　　　　　　　　　　　　　　　　1 000 000

(2) 宣告发放现金股利时,根据大海公司股东会决议,按 10%确认应收股利,编制如下会计分录：

借：应收股利　　　　　　　　　　　　　　　　　　　　　　　　　600 000
　　贷：长期股权投资——损益调整　　　　　　　　　　　　　　　　　600 000

（3）实际收到股利时，根据银行进账单，编制如下会计分录：

借：银行存款　　　　　　　　　　　　　　　　　　　　　　　　　600 000
　　贷：应收股利　　　　　　　　　　　　　　　　　　　　　　　　　600 000

被投资单位出现其他综合收益变动时，投资企业在持有长期股权投资期间，被投资单位其他综合收益发生变动时（如被投资单位所持有的以公允价值计量且其变动计入其他综合收益的金融资产的公允价值变动），投资企业应当按照应享有或分担的被投资单位其他综合收益的份额，确认其他综合收益，同时调整长期股权投资的账面价值，借记"长期股权投资——其他综合收益"账户，贷记"其他综合收益"账户，或作相反的会计处理。

**【做中学 5-9】** 承[做中学 5-7]，2021 年 12 月，大海公司所持有的某项以公允价值计量且其变动计入其他综合收益的金融资产公允价值升高 5 000 000 元。浙江华鸿笔业有限公司按 10% 持股比例根据当日证券交易价格截图，编制如下会计分录：

借：长期股权投资——其他综合收益　　　　　　　　　　　　　　　500 000
　　贷：其他综合收益　　　　　　　　　　　　　　　　　　　　　　　500 000

被投资单位出现所有者权益其他变动时，在持股比例不变的情况下，被投资单位除了净损益、其他综合收益和利润分配以外所有者权益的其他变动，企业按持股比例计算应享有的份额，借记或贷记"长期股权投资——其他权益变动"账户，贷记或借记"资本公积——其他资本公积"账户。

3. 长期股权投资处置的核算

企业处置长期股权投资时，按照实际取得的价款与长期股权投资账面价值的差额确认为投资收益，并同时结转已计提的长期股权投资减值准备。

企业处置长期股权投资时，应按照实际收到的金额，借记"银行存款""其他货币资金"等账户；按照原已计提的减值准备，借记"长期股权投资减值准备"账户；按照该长期股权投资的账面余额，贷记"长期股权投资"账户；按照尚未领取的现金股利或利润，贷记"应收股利"账户；按其差额，贷记或借记"投资收益"账户。

同时，在处置长期股权投资时，对在长期股权投资持有期间形成的，被投资单位其他综合收益变动带来的其他综合收益、被投资单位其他权益变动带来的资本公积，也应作相应的结转处理。按照上述原则可以转入当期损益的其他综合收益，应按结转的长期股权投资成本比例进行结转，借记或贷记"其他综合收益"账户，贷记或借记"投资收益"账户。同时按照结转长期股权投资的投资成本比例结转"资本公积——其他资本公积"账户，借记或贷记"资本公积——其他资本公积"账户，贷记或借记"投资收益"账户。

**【做中学 5-10】** 承[做中学 5-7][做中学 5-8][做中学 5-9]，2022 年 12 月，浙江华鸿笔业有限公司将持有的大海公司所有股份处置，收回价款 5 000 000 元。浙江华鸿笔业有限公司根据银行回单编制如下会计分录：

借：银行存款　　　　　　　　　　　　　　　　　　　　　　5 000 000
　　贷：长期股权投资——投资成本　　　　　　　　　　　　　3 400 000
　　　　　　　　　　——损益调整　　　　　　　　　　　　　　400 000
　　　　　　　　　　——其他综合收益　　　　　　　　　　　　500 000
　　　　　投资收益　　　　　　　　　　　　　　　　　　　　　700 000

【小贴士】
　　在实际工作中，投资成本、损益调整、其他综合收益结转时根据明细账余额结转即可。在学习过程中，由于无明细账可查，因此需将前面涉及的金额进行计算汇总，损益调整账户中的400 000由[做中学5-8]中的1 000 000减去600 000得出。

同时结转持有期间形成的其他综合收益：

借：其他综合收益　　　　　　　　　　　　　　　　　　　　　500 000
　　贷：投资收益　　　　　　　　　　　　　　　　　　　　　　500 000

**4. 长期股权投资减值的核算**

　　长期股权投资作为企业的一项重要资产，必须能够为企业带来经济利益，如果长期股权投资不能为企业带来经济利益或为企业带来的经济利益低于账面价值，及如果长期股权投资未来的可收回金额低于其账面价值，则通常表明长期股权投资发生了减值。

　　企业计提长期股权投资减值准备，应当通过设置"长期股权投资减值准备"账户进行核算。企业按照应减记的金额，借记"资产减值损失——计提的长期股权投资减值准备"账户，贷记"长期股权投资减值准备"账户。

　　长期股权投资减值准备一经确认，在以后会计期间不得转回。

【小贴士】
　　除存货减值准备和坏账准备，其他资产减值准备确认后均不得转回。

# 项目六　固定资产业务

## 学习目标

1. 能确认固定资产,并对固定资产进行分类。
2. 能核算购入、建造、接受投资固定资产等业务。
3. 能正确核算固定资产折旧。
4. 能核算固定资产清理、改良等后续支出类业务。
5. 能核算固定资产出售、毁损、报废等处置类业务。
6. 能核算固定资产盘盈、盘亏,以及期末减值类业务。

## 业务导入思考

1. 固定资产与无形资产和存货有什么区别?
2. 固定资产可以通过哪些途径取得?不同渠道取得,成本组成一样吗?
3. 固定资产为什么要计提折旧?为什么不同的资产有时会采用不同的折旧方法?
4. 固定资产后续会发生哪些支出?哪些支出能计入固定资产价值?
5. 固定资产出售、毁损、报废应如何进行账务处理?

## 任务一　固定资产业务认知

### 情境导入

王刚同学暑假到企业实习,在学习账务处理时,对企业固定资产账上的两处业务处理有如下疑惑:

(1)公司将自产的市场售价为3 000元的10台空调,安装到本公司办公室,而李会计在进行账务处理时将其作为固定资产核算,王刚同学认为该空调是自产的,应作为库存商品核算。

(2)公司将购入的价值为100 000元的环保设备作为固定资产核算,王刚同学认为环保设备不能给企业直接带来经济利益流入,不能确认为固定资产。

**思考:**

(1)针对王刚同学的以上疑惑,你有何看法?
(2)你认为在固定资产管理方面,财务人员应提升哪些方面的业务素质?

## 知识准备

### 一、固定资产业务常识

#### (一) 固定资产的概念和特征

1. 固定资产的概念

固定资产是指为生产商品、提供劳务、出租或经营管理而持有的使用寿命超过一个会计年度的有形资产。

2. 固定资产的特征

从固定资产的定义看,固定资产具有以下三个特征。

(1) 固定资产是有形资产。固定资产具有实物特征,是看得见、摸得着的,如一幢房屋、一台机器、一辆汽车等。这一特征将固定资产与无形资产区别开来。

(2) 企业持有的固定资产是企业的劳动工具或手段。企业持有固定资产的目的是生产商品、提供劳务、出租或经营管理,即企业持有的固定资产是企业的劳动工具或手段,而不是用于出售的产品。例如,汽车制造厂商生产完工一批货车,若作为待售商品,则应列作"库存商品",若作为企业的运输工具,则应列作"固定资产"。

(3) 使用寿命超过一个会计年度。这意味着固定资产属于长期资产,收益期超过一个会计年度,能在一年以上的时间里为企业带来经济效益。固定资产的使用寿命是指企业使用固定资产的预计期间,或该固定资产所能生产产品或提供劳务的数量。固定资产一般单位价值较高,使用期限较长,(对于一些满足固定资产定义但单位价值较低、使用期限较短的固定资产应作为低值易耗品核算),如施工企业所持有的模板、挡板和脚手架等周转材料,由于数量多、单价低,考虑到成本效益原则,在实务中通常确认为存货。

企业在对固定资产进行核算时,应根据自身情况制定适合于本企业的固定资产价值标准。

#### (二) 固定资产的确认

一项资产要确认为企业的固定资产,除了满足固定资产的定义,还应同时满足以下两个条件,才能予以确认。

1. 与该固定资产有关的经济利益很可能流入企业

对固定资产的确认来说,如果某一固定资产预期不能给企业带来经济利益,就不能确认为企业的固定资产,在实务工作中,需要判断该项固定资产所包含的经济利益是否很可能流入企业。如果该项固定资产包含的经济利益不是很可能流入企业,则即使其满足固定资产确认的其他条件,企业也不应将其确认为固定资产;如果该项固定资产包含的经济利益很可能流入企业,并同时满足固定资产确认的其他条件,则企业应将其确认为固定资产。

2. 该固定资产的成本能够可靠地计量

固定资产作为企业资产的重要组成部分要予以确认,其为取得该项固定资产而发生的支出也必须能够可靠地计量。如果固定资产的成本能够可靠地计量,并同时满足其他确认条件,就可以确认为固定资产,否则,企业不应确认。

"可靠地计量"在某些情况下也可基于合理的估计。例如,已达到预定可使用状态但未办理竣工手续的固定资产,应按暂估价入账,即其成本能够可靠地计量,且应计提折旧。

企业购置的环保设备和安全设备等资产,虽然不能直接为企业带来经济利益,但是它们的使用却有助于企业从相关资产中获得经济利益或者将减少企业的经济利益流出,因此也应确认为企业的固定资产。

### (三) 固定资产的分类

企业的固定资产种类很多,规格和品种不一。为加强对固定资产的管理和核算,以满足经营管理的需要,企业应当选择适当的分类标准,科学合理地对固定资产进行分类。

**1. 按经济用途分类**

固定资产按经济用途分类,可以分为生产经营用固定资产和非生产经营用固定资产。

生产经营用固定资产是指直接服务于企业生产、经营过程的各种固定资产,如生产经营用的房屋、建筑物、机器、设备、器具、工具等。非生产经营用固定资产是指间接服务于生产、经营过程的各种固定资产,如职工宿舍、食堂、幼儿园等部门使用的房屋、设备及其他固定资产等。该种分类可以反映两者之间的比例及变化情况,便于分析企业固定资产的配置是否合理。

**2. 按经济用途和使用情况综合分类**

固定资产按经济用途和使用情况进行综合分类,可分为以下七大类:

(1) 生产经营用固定资产。

(2) 非生产经营用固定资产。

(3) 租入固定资产,是指在经营租赁方式下出租给外单位使用的固定资产。

(4) 不需用固定资产。

(5) 未使用固定资产。

(6) 融资租入固定资产,是指企业以融资租赁方式租入的固定资产,在租赁期内,应视同企业自有固定资产进行管理。

(7) 土地,是指过去已经单独估价入账的土地。因征用土地而支付的补偿费应计入与土地有关的房屋、建筑物的价值内,不单独作为土地入账。企业取得的土地使用权,应作为无形资产管理和核算。

由于企业的经营性质不同,经营规模各异,对固定资产的分类不可能完全一致。实际工作中,企业大多采用综合分类的方法编制固定资产目录,作为固定资产核算的依据。

## 任务二 固定资产取得业务核算

**情境导入**

国家税务总局发布关于《研发机构采购国产设备增值税退税管理办法》(2021年第18号)的公告。公告中明确:符合条件的研发机构采购国产设备,全额退还增值税。申报期限为采购国产设备之日次月 1 日起至次年 4 月 30 日前的各个增值税纳税申报期。

**思考：**

（1）请同学们思考国家税务总局为什么要对采购国产设备的研发机构进行全额退税？

（2）如果你的企业也有研发项目，当你了解到这个政策，你会怎么做？

### 知识准备

#### 一、固定资产的初始计量

固定资产的初始计量，是指确定固定资产的取得成本，固定资产应当按照成本进行初始计量。

固定资产成本是指企业为购建某项固定资产达到预定可使用状态前所发生的一切合理、必要的支出。这些支出包括直接发生的价款、运杂费、包装费和安装成本等，也包括间接发生的，如应承担的借款利息、外币借款折算差额以及应分摊的其他间接费用。已入账的固定资产成本也被称为固定资产原值。

企业取得固定资产的方式不同，其初始成本的确定也不相同。固定资产取得方式主要包括外购、自行建造、投资者投入、接受捐赠、改扩建、盘盈、融资租赁等。

#### 二、账户设置

为了核算企业固定资产的取得情况，企业需要设置"固定资产""在建工程""工程物资"等账户。

6-1 固定资产取得的核算

**（一）"固定资产"账户**

"固定资产"账户属于资产类账户，用于核算企业持有的固定资产原价的增减变动和结存情况。其借方登记企业增加的固定资产原价，贷方登记企业减少的固定资产原价，期末余额在借方，反映企业现有的固定资产原价。企业应当设置"固定资产登记簿"和"固定资产卡片"，按固定资产类别、使用部门和每项固定资产进行明细核算。

**（二）"在建工程"账户**

"在建工程"账户属于资产类账户，用于核算企业基建、更新改造等在建工程发生的支出。其借方登记各项工程的实际支出，包括需要安装设备的价款，贷方登记工程完工交付使用而转出的实际工程成本，期末借方余额反映企业尚未达到预定可使用状态的在建工程成本。本账户可按工程项目设置"建筑工程""安装工程""待摊支出"以及"单项工程"等进行明细核算。

**（三）"工程物资"账户**

"工程物资"账户属于资产类账户，用于核算企业为在建工程准备的各种物资的实际成本，包括工程用材料、尚未安装的设备以及为生产准备的工具器具等。其借方登记企业购入工程物资的实际成本，贷方登记领用工程物资的成本，期末余额在借方，反映企业为在建工程准备的各种物资的成本。本账户可按"专用材料""专用设备""工器具"等进行明细核算。

## 三、固定资产取得的核算

1. 购入不需要安装的固定资产

企业购入不需要安装的固定资产,按实际支付的购买价款、相关税费以及使固定资产达到预定可使用状态前所发生的可归属于该项资产的运输费、装卸费和专业人员服务费等,为固定资产的取得成本,借记"固定资产"账户,贷记"银行存款"等账户。

若企业为增值税一般纳税人,则企业购入机器设备等固定资产的进项税额不纳入固定资产成本核算,可以在销项税额中抵扣,借记"应交税费——应交增值税(进项税额)"账户,贷记"银行存款"账户。

【做中学6-1】 浙江华鸿笔业有限公司为增值税一般纳税人,适用增值税税率为13%。2022年6月3日,该公司购入一台小轿车,取得增值税专用发票上注明价款180 000元,增值税税额23 400元,另外支付财产保险费4 452元(其中增值税252元),车辆购置税税额18 000元,全部价款已用银行存款支付。请确定该台车辆的入账成本,并编制相关会计分录。

该台车辆入账成本=180 000+4 200+18 000=202 200(元)

根据机动车销售统一发票(见图6-1)、车辆购置税发票(见图6-2)、保险费发票(见图6-3),编制如下会计分录:

图6-1 机动车销售统一发票

图6-2 车辆购置税发票

图6-3 保险费发票

借：固定资产　　　　　　　　　　　　　　　　　　　　　　　202 200
　　应交税费——应交增值税（进项税额）　　　　　　　　　　23 652
　　贷：银行存款　　　　　　　　　　　　　　　　　　　　　225 852

**【小贴士】**
　　记入固定资产成本中的相关税费包括关税、契税、车辆购置税等,不包括允许抵扣的增值税进项税额。

## 2. 购入需要安装的固定资产

　　购入需要安装的固定资产,应在购入的固定资产取得成本的基础上加上安装调试成本等,作为固定资产成本。购入时先记入"在建工程"账户,待安装完毕达到预定可使用状态时,再由"在建工程"账户转入"固定资产"账户。

　　企业购入固定资产时,按实际支付的购买价款、运输费、装卸费和其他相关税费等,借记"在建工程"账户,贷记"银行存款"等账户,支付安装费时,借记"在建工程"账户,贷记"银行存款"等账户,待安装完毕达到预定可使用状态时,按其实际成本,借记"固定资产"账户,贷记"在建工程"账户。

**【做中学6-2】** 2022年6月4日,浙江华鸿笔业有限公司用银行存款购入一台需要安装的压合机,取得增值税专用发票上注明价款200 000元,增值税税额26 000元。6月10日,该设备安装时领用油漆10筒,成本2 000元,用银行存款支付调试费2 650元,其中含增值税150元。6月12日,该设备交付使用。请对相关业务进行账务处理。

（1）1日购入设备时,根据增值税进项发票,编制如下会计分录:

借:在建工程——压合机　　　　　　　　　　　　　　　　　　　　200 000
　　应交税费——应交增值税(进项税额)　　　　　　　　　　　　　26 000
　　贷:银行存款　　　　　　　　　　　　　　　　　　　　　　　　　　226 000

（2）10日安装设备时,根据材料出库单(见图6-4)、调试费发票(见图6-5)、网银电子回单(见图6-6),编制如下会计分录:

借:在建工程——压合机　　　　　　　　　　　　　　　　　　　　4 500
　　应交税费——应交增值税(进项税额)　　　　　　　　　　　　　150
　　贷:原材料——油漆　　　　　　　　　　　　　　　　　　　　　　2 000
　　　　银行存款　　　　　　　　　　　　　　　　　　　　　　　　　2 650

## 出　库　单

No.40845114

购货单位：<u>浙江华鸿笔业有限公司</u>　　　　2022年06月10日

| 编号 | 品名 | 规格 | 单位 | 数量 | 单价 | 金额 | 备注 |
|------|------|------|------|------|------|------|------|
|      | 油漆 |      | 筒   | 10   | 200.00 | 2 000.00 |      |
|      |      |      |      |      |      |      |      |
|      |      |      |      |      |      |      |      |
|      |      |      |      |      |      |      |      |
|      |      | 合　　计 |   |      |      | ￥2 000.00 |      |

第一联　存根联

仓库主管:刘舰壮　　记账:张伟　　保管:林秀　　经手人:林秀　　制单:林秀

图6-4　材料出库单

图 6-5 调试费发票

图 6-6 网银电子回单

(3) 12日设备交付使用时,根据完工手续及固定资产入库单,编制如下会计分录:

借:固定资产——压合机　　　　204 500
　　贷:在建工程——压合机　　　　　　204 500

3. 企业以一笔款项购入多项没有单独标价的固定资产

企业基于产品价格等因素的考虑,可能以一笔款项购入多项没有单独标价的固定资产,如果这些资产均符合固定资产的定义,并满足固定资产的确认条件,则应将各项资产单独确认为固定资产,并按各项固定资产公允价值的比例对总成本进行分配,分别确定固定资产成本。

**【做中学6-3】** 浙江华鸿笔业有限公司同时购入没有单独标价的A和B两台机器设备,预计可使用6年,取得的增值税专用发票上注明价款250 000元,增值税税额32 500元,取得收据上注明支付包装费3 000元,全部款项以银行存款支付。两台设备的公允价值分别为130 000元和160 000元。浙江华鸿笔业有限公司应作如下会计处理:

(1) 确定两台设备的总成本,包括买价、包装费等:

两台设备的总成本＝250 000＋3 000＝253 000(元)

(2) 确定两台设备的成本分配比例:

A设备成本分配比例＝130 000÷(130 000＋160 000)×100％＝44.83％

B设备成本分配比例＝160 000÷(130 000＋160 000)×100％＝55.17％

(3) 确定两台设备各自的成本:

A设备成本＝253 000×44.83％＝113 419.90(元)

B设备成本＝253 000×55.17％＝139 580.10(元)

(4) 根据固定资产入库单、增值税专用发票、包装费发票,编制如下会计分录:

借:固定资产——A设备　　　　　　　　　　　　　　　　113 419.90
　　　　　　——B设备　　　　　　　　　　　　　　　　139 580.10
　　应交税费——应交增值税(进项税额)　　　　　　　　 32 500
　　贷:银行存款　　　　　　　　　　　　　　　　　　　285 500

4. 企业自行建造的固定资产

企业自行建造的固定资产,在建造过程中应先通过"在建工程"账户核算,工程达到预定可使用状态时,再从"在建工程"账户转入"固定资产"账户。自行建造的固定资产主要有自营和出包两种方式。由于采用的建设方式不同,其会计处理也不同。

(1) 自营工程,是指企业自行组织工程物资采购,自行组织施工人员施工的建筑工程和安装工程。采用自营方式建造固定资产,按照建造该项固定资产达到预定可使用状态前所发生的全部支出,作为入账价值。

① 企业为建造固定资产购入工程物资时,应当按照实际支付的买价、运输费、保险费等相关税费作为实际成本,借记"工程物资"账户,取得增值税专用发票,且准予抵扣时,将增值税税额借记"应交税费——应交增值税(进项税额)"账户,按支付的总款项,贷记"银行存款"等账户。

② 自营工程建造期间,领用工程物资时,借记"在建工程"账户,贷记"工程物资"账户;领用本企业的原材料时,借记"在建工程"账户,贷记"原材料"账户;领用本企业的产品时,借记"在建工程"账户,贷记"库存商品"账户;发生人工费等,借记"在建工程"账户,贷记"应付职工薪酬""银行存款"等账户。

企业的辅助生产部门为自营工程提供水、电、设备安装、修理、运输等劳务时,应按月根据分摊的成本,借记"在建工程"账户,贷记"生产成本——辅助生产成本"等账户。

③ 自营工程达到预定可使用状态时,按其总成本借记"固定资产"账户,贷记"在建工程"账户。

④ <u>自营工程建设期间发生的工程物资盘亏、报废及毁损减去残料价值以及保险公司、过失人等赔款后的净损失,计入在建工程项目的成本</u>,借记"在建工程"账户,贷记"工程物资"账户,盘盈的工程物资或处置净收益作相反的会计分录。工程完工后发生的工程物资盘盈、盘亏、报废、毁损,计入当期营业外收支。

**【做中学 6-4】** 浙江华鸿笔业有限公司自建厂房一栋,2022 年 1 月 1 日购入一批工程物资,取得增值税专用发票数份,注明价款 750 000 元,增值税税额 97 500 元,款项已转账支付。1 月 2 日,领用全部工程物资。3 月 5 日,领用库存材料一批,成本 40 000 元;4 月 10 日,领用自产产品一批,成本价 80 000 元,不含税售价 100 000 元;5 月 30 日,分配在建工程人员工资,共计 75 000 元;6 月 30 日,分摊内部辅助生产部门提供的安装、运输劳务费 20 000 元,用存款支付其他费用 13 500 元。7 月 5 日,厂房经过验收达到预定可使用状态。

该公司相关会计分录如下:

(1) 1 月 1 日,购入工程物资时,根据材料入库单及增值税专用发票,编制如下会计分录:

  借:工程物资                  750 000
    应交税费——应交增值税(进项税额)       97 500
    贷:银行存款               847 500

(2) 1 月 2 日,领用工程物资时,根据材料出库单,编制如下会计分录:

  借:在建工程                 750 000
    贷:工程物资               750 000

(3) 3 月 5 日,领用购入材料时,根据材料出库单,编制如下会计分录:

  借:在建工程                 40 000
    贷:原材料                40 000

(4) 4 月 10 日,领用自产产品时,根据产品出库单,编制如下会计分录:

  借:在建工程                 80 000
    贷:库存商品               80 000

(5) 5 月 30 日,分配在建工程人员工资时,根据工资分配表,编制如下会计分录:

  借:在建工程                 75 000
    贷:应付职工薪酬              75 000

(6) 6 月 30 日,分配辅助生产成本、支付其他费用时,根据成本分摊表、银行付款单、费用发票,编制如下会计分录:

借:在建工程　　　　　　　　　　　　　　　　　　　　　　　　33 500
　　　　贷:生产成本——辅助生产成本　　　　　　　　　　　　　　　　20 000
　　　　　　银行存款　　　　　　　　　　　　　　　　　　　　　　　13 500

(7) 7月5日,厂房经过验收达到预定可使用状态时,根据工程结算单(见图6-7),编制如下会计分录:

　　借:固定资产　　　　　　　　　　　　　　　　　　　　　　　978 500
　　　　贷:在建工程　　　　　　　　　　　　　　　　　　　　　　978 500

## 工程结算单

工程名称:厂房　　　　　　　　　　　　　　　　　编制日期:2022年07月05日

| 工程名称 | 厂房 | | 总包单位 | 浙江华鸿笔业有限公司 |
|---|---|---|---|---|
| 施工单位 | 浙江华鸿笔业有限公司 | | 施工日期 | 2022年01月01日 |
| 序号 | 分项工程内容 | 单位 | 数量 | 单价( ) | 金额 |
| 1 | 领用原材料 | | 1 | 40 000.00 | 40 000.00 |
| 2 | 领用工程物资 | | 1 | 750 000.00 | 750 000.00 |
| 3 | 领用库存商品 | | 1 | 80 000.00 | 80 000.00 |
| 4 | 人工工资 | | 1 | 75 000.00 | 75 000.00 |
| 5 | 辅助车间费用 | | 1 | 20 000.00 | 20 000.00 |
| 6 | 其他费用 | | 1 | 13 500.00 | 13 500.00 |

备注:
合计:人民币(大写)玖拾柒万捌仟伍佰元整　　　　　(小写)¥978 500.00
施工单位现场负责人:陈思远　　　　　　　项目现场负责人:周国
　　　统计员:李子轩　　　　　　　　　　预算员:张伟

图6-7　工程结算单

(2) **出包工程**,是指企业通过招标等方式将工程项目发包给建造承包商,由建造承包商组织施工的建筑工程和安装工程。采用出包方式建造固定资产,要与建造承包商签订建造合同,其工程的具体支出主要由建造承包商核算。为此,"在建工程"账户实际上成为企业与建造承包商办理工程价款的结算账户,企业支付给建造承包商的工程价款作为工程成本,通过"在建工程"账户核算。

　　企业按合理估计的发包工程进度和合同规定向建造承包商结算进度款时,借记"在建工程"账户,贷记"银行存款""预付账款"等账户,计提工程出包建造期间应资本化的借款利息时,借记"在建工程"账户,贷记"应付利息""银行存款"账户,工程完成时按合同规定补付工程款时，借记“在建工程”账户，贷记“银行存款”等账户。工程达到预定可使用状态时，按其成本，借记“固定资产”账户，贷记“在建工程”账户。

**【做中学 6-5】** 2022 年 5 月 1 日，浙江华鸿笔业有限公司与浙江奥来建筑有限公司签订了一份出包工程建造合同。浙江华鸿笔业有限公司委托浙江奥来建筑有限公司建造一栋仓库，工程总价款为 1 500 000 元(不含税)，当即签发转账支票一张，预付工程款 450 000 元。2022 年 6 月 1 日，建造工程完工 50%，按完工进度和合同约定向浙江奥来建筑有限公司转账补付工程进度款 367 500 元，并收到浙江奥来建筑有限公司根据工程进度开具的增值税专用发票，增值税税率 9%，增值税税额 67 500 元。2022 年 9 月 1 日，工程完工，同时收到浙江奥来建筑有限公司有关工程的结算单据及增值税专用发票，浙江华鸿笔业有限公司支付剩余工程款，经检测，仓库已达到预定可使用状态。

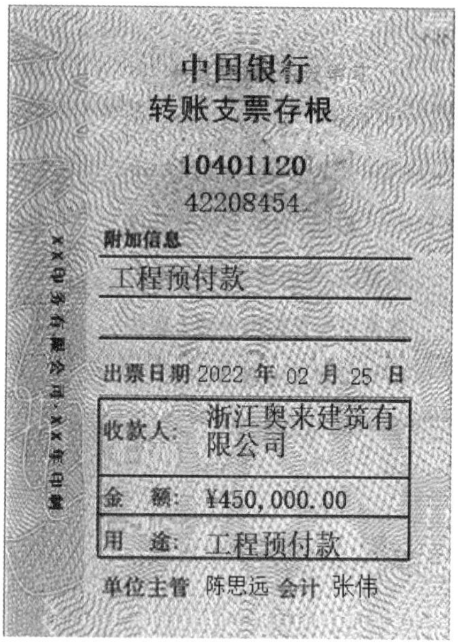
中国银行
转账支票存根
10401120
42208454
XX印务有限公司·XX年印制
附加信息
工程预付款
出票日期 2022 年 02 月 25 日
收款人: 浙江奥来建筑有限公司
金 额: ¥450,000.00
用 途: 工程预付款
单位主管 陈思远 会计 张伟

**图 6-8 转账支票存根**

(1) 5 月 1 日预付工程款时，根据转账支票存根(见图 6-8)，编制如下会计分录：

| | | |
|---|---|---|
| 借：预付账款——浙江奥来建筑有限公司 | 450 000 | |
| 　　贷：银行存款 | | 450 000 |

(2) 6 月 1 日，支付工程进度款时，根据增值税发票和银行付款凭单，编制如下会计分录：

| | | |
|---|---|---|
| 借：在建工程 | 750 000 | |
| 　　应交税费——应交增值税(进项税额) | 67 500 | |
| 　　贷：预付账款——浙江奥来建筑有限公司 | | 450 000 |
| 　　　　银行存款 | | 367 500 |

(3) 9 月 1 日，支付剩余工程款时，根据增值税发票和银行付款凭单，编制如下会计分录：

| | | |
|---|---|---|
| 借：在建工程 | 750 000 | |
| 　　应交税费——应交增值税(进项税额) | 67 500 | |
| 　　贷：银行存款 | | 817 500 |

(4) 9 月 1 日，仓库达到预定可使用状态时，根据竣工结算单，编制如下会计分录：

| | | |
|---|---|---|
| 借：固定资产 | 1 500 000 | |
| 　　贷：在建工程 | | 1 500 000 |

5. 投资者投入的固定资产

投资者投入的固定资产，按投资合同或协议约定的价值确定，作为入账价值，但合同或约定价值不公允的除外。

企业接受固定资产投资时，在办理固定资产移交手续后，应按照投资合同或协议约定的价值加上支付的相关税费确定入账价值，借记"固定资产"账户，按投资各方确认的价值在其注册资本中所占份额，贷记"实收资本"或"股本"账户；按其差额贷记"资本公积"账户。

## 任务三 固定资产折旧业务核算

### 情境导入

案例一：李华在一家研发企业任会计，由于企业的设备在市场上更新速度较快，财务经理提出要享受国家"部分符合条件资产可采用加速折旧方法"的优惠政策，对部分符合条件的资产采用加速折旧法，设备前期多折旧，后期少折旧。李华认为，不管是平均年限法还是加速折旧法，设备最终的折旧额是一样的，加速折旧法计算比直线折旧法复杂得多，而且还要去税务机关申请，没有这必要。

案例二：2019年，河北钢铁等重资产公司由于行业不景气，为了利润数字不为负，避免上市公司被ST，从而做出"资产折旧数字游戏"，即将原规定5年的折旧年限延长为10年，原采用加速折旧的资产改为直线折旧法，从而实现了当年利润表盈利，但最终被证监会查出，难逃ST结局。

思考：

(1) 请同学们思考财务经理为什么要提出加速折旧法，对企业有什么益处？

(2) 结合案例一和案例二，你认为财务人员应如何正确运用国家的优惠政策？

### 知识准备

#### 一、固定资产折旧的概念

**固定资产折旧**是指固定资产在使用过程中，逐渐损耗而消失的那部分价值。固定资产的损耗分为有形损耗和无形损耗两种。有形损耗是指固定资产因使用和自然力而引起的使用价值和价值的损失。无形损耗是指由于科学进步等而引起的固定资产的价值损失。

企业应当在固定资产的使用寿命内，根据固定资产的性质和使用情况，合理确定固定资产的使用寿命和净残值。固定资产的使用寿命和净残值一经确定，不得随意变更，但是符合《企业会计准则第4号——固定资产》第十九条规定的除外。按照确定的方法对应计折旧额进行系统分摊。应计折旧额是指应当计提折旧的固定资产原价扣除其预计净残值后的余额，已计提减值准备的固定资产，还应当扣除已计提的固定资产减值准备累计金额，即应计折旧总额＝固定资产原价－预计净残值－累计减值准备。

## 二、固定资产折旧的计提范围

除下列情况外,企业应对所有固定资产计提折旧:
(1) 已提足折旧仍继续使用的固定资产。
(2) 按照规定单独估价作为固定资产入账的土地。

企业的固定资产应当按月计提折旧。当月增加的固定资产,当月不计提折旧,从下月起计提折旧;当月减少的固定资产,当月仍计提折旧,从下月起停止计提折旧。

固定资产提足折旧后,不论能否继续使用,均不再提取折旧;提前报废的固定资产,也不再补提折旧。提足折旧,是指已经提足该项固定资产的应计折旧额。对于提前报废的固定资产,不再补提折旧。

企业新建或改扩建的固定资产,已达到可使用状态的,如果尚未办理竣工决算,应当按照估计价值确定成本,并计提折旧,待办理竣工决算手续后,将原来暂估价值调整为实际成本,但不需要调整原已计提的折旧额。

## 三、固定资产折旧的计算方法

企业应当根据与固定资产有关的经济利益的预期实现方式,合理选择固定资产折旧方法。企业可选用的折旧方法包括年限平均法、工作量法、双倍余额递减法、年数总和法等。其中,双倍余额递减法和年数总和法属于加速折旧法,其特点是在固定资产有效使用年限的前期多提折旧,后期少提折旧,从而相对加快折旧的速度,以使固定资产成本在有效使用年限中加快得到补偿。

6-2 固定资产折旧业务的核算

### (一)年限平均法

**年限平均法**又称为直线法,其特点是将固定资产的应计折旧额均衡地分摊到固定资产使用寿命内的一种方法。采用这种方法计算的每期折旧额均是等额的。其计算公式如下:

**年折旧率**=(1-预计净利残值率)÷预计使用年限×100%
**月折旧率**=年折旧率÷12
**月折旧额**=固定资产原价×月折旧率

或者:

**年折旧额**=(固定资产原价-预计净残值)÷使用年限
**月折旧额**=年折旧额÷12

【做中学 6-6】 浙江华鸿笔业有限公司的一项固定资产于 2021 年 6 月 10 日安装完毕投入使用,该设备成本为 350 万元,预计使用 5 年,预计净残值为 30 万元。要求采用年限平均法计算其 2021 年、2022 年的年折旧额。

2021 年折旧额=(350-30)÷5÷12×6=32(万元)
2022 年折旧额=(350-30)÷5=64(万元)

采用年限平均法计算固定资产折旧虽然简单,但也存在局限性。例如,固定资产在不同使用年限提供的经济效益不同,平均年限法没有考虑这一事实。又如,固定资产在不同使用年限发生的维修费用也不一样,固定资产的维修费用将随着其使用时间的延长而不断增加,而年限平均法也没有考虑这一因素。

因此,只有当固定资产各期的负荷程度相同,各期应分摊相同的折旧费时,采用平均年限法计算折旧才是合理的。如果固定资产的各期负荷程度不同,采用年限平均法计算折旧,则不能反映固定资产的实际使用情况,提取的折旧数与固定资产的损耗程度也不相符。

### (二) 工作量法

**工作量法**是根据实际工作量计提折旧额的一种方法。这种方法可以弥补平均年限法只注重使用时间,不考虑使用强度的缺点。其计算公式如下:

单位工作量折旧额=[固定资产原价×(1-预计净残值率)]÷预计总工作量

某项固定资产月折旧额=该项固定资产当月工作量×单位工作量折旧额

【做中学 6-7】 浙江华鸿笔业有限公司的一辆卡车原价 120 000 元,预计总里程为 600 000 千米,预计净残值率为 5%,本月行驶 8 000 千米,计算当月应提的折旧额。

单位工作量折旧额=120 000×(1-5%)÷600 000=0.19(元/千米)

当月折旧额=0.19×8 000=1 520(元)

### (三) 双倍余额递减法

**双倍余额递减法**是在不考虑固定资产净残值的情况下,根据每一期期初固定资产账面净值和双倍直线法折旧率计算固定资产折旧的一种方法。由于这种方法计提折旧的前期没有考虑固定资产的残值收入,一般应在固定资产**折旧年限到期的最后两年,将固定资产净值扣除预计净残值后的余额平均摊销**。其计算公式如下:

年折旧率 = 2÷预计的折旧年限×100%

月折旧率 = 年折旧率÷12

月折旧额 = 月初固定资产账面净值×月折旧率

【做中学 6-8】 浙江华鸿笔业有限公司的一台小型生产设备的原价为 30 000 元,预计使用年限为 5 年,预计净残值 300 元,按双倍余额递减法计算折旧,计算其每年的折旧额。

双倍余额年折旧率=2÷5×100%=40%

第一年应提的折旧额=30 000×40%=12 000(元)

第二年应提的折旧额=(30 000-12 000)×40%=7 200(元)

第三年应提的折旧额=(30 000-12 000-7 200)×40%=4 320(元)

从第四年起将固定资产净值扣除预计净残值后的余额平均摊销。

第四年应提的折旧额=(30 000-12 000-7 200-4 320-300)÷2=3 000(元)

第五年应提的折旧额=(30 000-12 000-7 200-4 320-300)÷2=3 090(元)

需要注意的是:这里的年度是指从开始计提月份累计 12 个月,如果固定资产不是 1 月份开始计提折旧,则会出现跨年折旧。

【做中学 6-9】 承[做中学 6-8],假设上题中生产设备是 2017 年 3 月份购入的,则其折旧年度为2017年4月至2018年3月。每年计提的折旧额如下：

2017年4～12月折旧额＝30 000×40％÷12×9＝9 000(元)

2018年1～3月折旧额＝30 000×40％÷12×3＝3 000(元)

2018年4～12月折旧额＝(30 000－12 000)×40％÷12×9＝5 400(元)

2019年1～3月折旧额＝(30 000－12 000)×40％÷12×3＝1 800(元)

2019年4～12月折旧额＝(30 000－12 000－7 200)×40％÷12×9＝3 240(元)

2020年1～3月折旧额＝(30 000－12 000－72 00)×40％÷12×3＝1 080(元)

2021年4～12月折旧额＝(30 000－12 000－7 200－4 320－300)÷2÷12×9＝2 317.5(元)

2021年1～3月折旧额＝(30 000－12 000－7 200－4 320－300)÷2÷12×3＝772.5(元)

2022年4～12月折旧额＝(30 000－12 000－7 200－4 320－300)÷2÷12×9＝2 317.5(元)

2022年1～3月折旧额＝(30 000－12 000－7 200－4 320－300)÷2÷12×3＝772.5(元)

### (四) 年数总和法

年数总和法是将固定资产的原值减去净残值后的净额乘以一个逐年递减的分数计算每年的折旧额，这个分数的分子代表固定资产尚可使用的年数，分母代表固定资产使用年数逐年数字总和，其计算公式如下：

年折旧率 ＝ 尚可使用年限 ÷ 预计使用年限数总和

月折旧率 ＝ 年折旧率 ÷ 12

月折旧额 ＝ (固定资产原值 － 预计净残值) × 月折旧率

**【做中学6-10】** 承[例6-8]，若采用年数总和法计算，其各年的折旧额计算如下：

第一年折旧额＝(30 000－300)×5÷15＝9 900(元)

第二年折旧额＝(30 000－300)×4÷15＝7 920(元)

第三年折旧额＝(30 000－300)×3÷15＝5 940(元)

第四年折旧额＝(30 000－300)×2÷15＝3 960(元)

第五年折旧额＝(30 000－300)×1÷15＝1 980(元)

> **【小贴士】**
> 如果资产是在年中购买，则计算折旧时要以购买日往后推12个月作为一年，比如2022年3月购买的资产，则第一年折旧是从2022年4月到2023年3月，2023年4月开始按第二年折旧率计算。因此，从2023年开始各年的折旧额应当分段计算。

由上述结果可以看出，折旧依据(30 000－300)各年都不变，改变的是每年的折旧率。年数总和法所计算的折旧费随着年数的增加而逐渐递减，这样可以保持固定资产使用成本的均衡性，更符合部分资产的价值消耗特性。

采用年数总和法计提折旧,需要考虑固定资产的净残值,同时要注意折旧年限的一年与会计期间一年并不相同,与上述双倍余额递减法一样,需按折旧年限进行折旧。

【小贴士】
　　从上述例题可以看出,同一种固定资产,采用不同的折旧方法,分摊到每月的折旧额是不同的,因此在实际业务过程中,要根据固定资产的不同特性,采用不同的折旧方法,但一经确定,不可随意变更。

### 五、固定资产折旧的核算

为了反映和监督固定资产的折旧核算情况,企业应设置"累计折旧"账户。"累计折旧"是资产类账户,属于"固定资产"的调整账户,其结构与一般资产账户的结构刚好相反,贷方登记增加,借方登记减少,余额在贷方。"累计折旧"账户核算企业固定资产的累计折旧,贷方登记企业计提的固定资产折旧,借方登记处置固定资产转出的累计折旧,期末贷方余额,反映企业固定资产的累计折旧额。

固定资产应当按月计提折旧,计提的折旧应通过"累计折旧"账户核算,并根据用途计入相关资产的成本或者当期损益。

（1）企业基本生产车间所使用的固定资产,其计提的折旧应计入制造费用。

（2）企业基本生产车间生产具体产品所使用的固定资产,其计提的折旧应计入产品的生产成本。

（3）企业辅助生产部门所使用的固定资产,其计提的折旧应计入辅助生产成本。

（4）管理部门所使用的固定资产,其计提的折旧应计入管理费用。

（5）销售部门所使用的固定资产,其计提的折旧应计入销售费用。

（6）自行建造固定资产过程中使用的固定资产,其计提的折旧应计入在建工程成本。

（7）经营租出的固定资产,其计提的折旧应计入其他业务成本。

（8）未使用的固定资产,其计提的折旧应计入管理费用。

【做中学6-11】　浙江华鸿笔业有限公司2022年6月各项固定资产计提折旧情况如表6-1所示,要求编制当月计提折旧的会计分录。

表6-1　固定资产折旧计算表

2022年6月　　　　　　　　　　　　　　　　　　　　　　　单位:元

| 部门 | 固定资产类型 | 月折旧额 | 小计 |
| --- | --- | --- | --- |
| 基本生产车间 | 房屋及建筑物<br>生产甲产品设备<br>生产乙产品设备 | 24 000<br>15 000<br>12 000 | 51 000 |
| 销售部门 | 房屋及建筑物<br>专用设备 | 13 000<br>2 000 | 15 000 |

(续表)

| 部门 | 固定资产类型 | 月折旧额 | 小计 |
|---|---|---|---|
| 辅助生产车间——动力车间 | 房屋及建筑物<br>内燃发电机组<br>其他专用设备 | 7 000<br>8 500<br>9 000 | 24 500 |
| 管理部门 | 房屋及建筑物<br>其他专用设备<br>不需要设备<br>小轿车 | 30 000<br>7 900<br>2 300<br>2 500 | 42 700 |
| 出租 | 仓库 | 1 800 | 1 800 |
| 合计 | | | 135 000 |

借：制造费用——折旧费　　　　　　　　　　　　　　　　24 000
　　生产成本——基本生产成本（甲产品）　　　　　　　　 15 000
　　生产成本——基本生产成本（乙产品）　　　　　　　　 12 000
　　销售费用——折旧费　　　　　　　　　　　　　　　　15 000
　　生产成本——辅助生产成本（折旧费）　　　　　　　　 24 500
　　管理费用——折旧费　　　　　　　　　　　　　　　　42 700
　　其他业务成本——出租固定资产折旧费　　　　　　　　 1 800
　　贷：累计折旧　　　　　　　　　　　　　　　　　　　135 000

思考："累计折旧"的贷方发生额对固定资产账面价值有何影响？

## 任务四 | 固定资产后续支出业务核算

**情境导入**

A上市公司由于疫情原因，2021年业绩非常不好。为防止年报亏损，A公司决策层授意财务负责人将当年50%的设备日常维护费用计入固定资产改建，将日常设备维护费用进行资本化，同时将固定资产改扩建完工后的借款利息也计入固定资产成本，从而将原本亏损的损益表扭亏为盈。

6-3　固定资产后续支出核算

思考：

(1) 请同学们思考将日常维护费用和改扩建竣工结算后的借款利息计入固定资产改建成本是否正确？A上市公司的行为是否妥当？

(2) 如果你是A上市公司的财务负责人，你会如何处理？

> 知识准备

## 一、固定资产后续支出业务常识

**固定资产后续支出**是指固定资产在使用过程中发生的更新改造支出、修理费用等。企业固定资产在投入使用后，由于各个组成部分耐用程度不同或使用的条件不同，往往发生局部的损坏，为了保持固定资产的正常运转和使用，充分发挥其使用效能，就必须对其进行必要的后续支出。

固定资产后续支出可以分为两大类：资本化后续支出、费用化后续支出。固定资产的更新改造等后续支出，满足固定资产确认条件的，称为资本化后续支出，应当计入固定资产成本，如有被替换的部分，应同时将被替换部分的<u>账面价值</u>从该固定资产<u>原账面价值中扣除</u>；不满足固定资产确认条件的固定资产修理费用等，称为费用化后续支出，应当在发生时计入当期损益。

## 二、资本化后续支出的核算

### （一）将原资产价值转入在建工程

固定资产的更新改造等可资本化后续支出，应当通过"在建工程"账户核算。在原有固定资产基础上进行改扩建时，按该固定资产的账面价值，借记"在建工程"账户，通过借记"累计折旧""固定资产减值准备"账户，贷记"固定资产"账户，将原固定资产相关账户余额冲销，从而将固定资产价值转入在建工程。

### （二）发生资本化后续支出时

固定资产发生资本化后续支出时，借记"在建工程——改良工程"账户，取得可抵扣进项税额时，借记"应交税费——应交增值税（进项税额）"账户，贷记"工程物资""银行存款"等账户。

### （三）发生部件替换时

按固定资产替换部分的原值扣除其已计提折旧后的金额，借记"营业外支出——非流动处置损失"账户，按拆除部分的回收价值，借记"原材料""库存现金"等账户，贷记"在建工程"账户。

### （四）改、扩建工程完工时

改、扩建工程完工达到预定可使用状态时，借记"固定资产"账户，贷记"在建工程"账户。

改、扩建工程完工达到预定可使用状态后，按重新确定的固定资产原价、使用寿命、预计净残值和折旧方法计提折旧。

**【做中学6-12】** 浙江华鸿笔业有限公司于2019年5月2日购入喷漆流水线一套，取得增值税专用发票一张，注明原价为300 000元，增值税税额39 000元，款项转账支付。该设备采用年限平均法计提折旧，使用寿命为10年，预计净残值为0。其相关经济业务如下：

2022年3月，对该流水线进行更新改造，2022年3月购买工程物资一批，取得增值税专用发票注明价款90 000元，增值税税额11 700元，款项未支付。

2022年4月,领用上月购进的全部工程物资,并更换主要部件,被更换的部件的原价为150 000元,变现价值为10 000元,变现款已银行收取。

2022年5月,转账支票支付安装费,并取得增值税专用发票,注明安装费8 000元,增值税税额720元。

2022年6月,该台流水线达到预定可使用状态。

要求计算更换主要部件后的流水线账面价值,并编制相关会计分录。

(1) 2019年5月购入生产设备时,根据增值税专用发票客户联(见图6-9)、入库单(见图6-10)、网银电子回单(见图6-11),编制如下会计分录:

图6-9 增值税专用发票客户联

图6-10 入库单

## 付款凭证

**中国银行** 网银回单

日期：2019 年 05 月 02 日　　回单编号：8734

付款人户名：浙江华鸿笔业有限公司　　付款人开户行：中国银行温州市分行南城支行

付款人账号（卡号）：7370674288509701032

收款人户名：无锡市荣升股份有限公司　　收款人开户行：建设银行无锡市分行南山支行

收款人账号（卡号）：457953711723

金额：人民币 叁拾叁万玖仟元整　　小写：¥339,000.00

业务（产品）种类：　　凭证种类：借　　凭证号码：314568

摘要：喷漆流水线货款　　用途：货款　　币种：人民币

交易机构：　　记账柜员：李江　　交易代码：　　渠道：网银

附言：货款

支付交易序号：

报文种类：　　委托日期：2018.05.02　　业务种类：网银回单

本回单为第　次打印，注意重复　打印日期：2018.05.02　打印柜员：　验证码：

图 6-11　网银电子回单

| 借：固定资产——喷漆流水线 | 300 000 |
| 　　应交税费——应交增值税（进项税额） | 39 000 |
| 　　贷：银行存款 | 339 000 |

(2) 2019 年 6 月份起，每月计提折旧时：

月折旧额＝300 000÷10÷12＝2 500（元）

| 借：制造费用 | 2 500 |
| 　　贷：累计折旧 | 2 500 |

(3) 2022 年 3 月，将该生产设备转入改、扩建时，根据设备更新改造批文，编制如下会计分录：

累计折旧额＝2 500 元/月×(7+12+12+3)＝85 000（元）

| 借：在建工程 | 215 000 |
| 　　累计折旧 | 85 000 |
| 　　贷：固定资产——喷漆流水线 | 300 000 |

(4) 2022 年 3 月购进工程物资时，根据增值税专用发票和入库单，编制如下会计分录：

| 借：工程物资 | 90 000 |
| 　　应交税费——应交增值税（进项税额） | 11 700 |
| 　　贷：应付账款 | 10 1700 |

(5) 2022年4月领用工程物资时,根据出库单,编制如下会计分录:

借:在建工程　　　　　　　　　　　　　　　　　　　　　　　　　　90 000
　　贷:工程物资　　　　　　　　　　　　　　　　　　　　　　　　　　90 000

(6) 2022年4月替换主要部件时:

被更换的主要部件已计提折旧＝150 000÷10÷12×(7＋12＋12＋3)＝42 500(元)

被更换的主要部件账面价值＝150 000－42 500＝107 500(元)

借:营业外支出　　　　　　　　　　　　　　　　　　　　　　　　　　97 500
　　库存现金　　　　　　　　　　　　　　　　　　　　　　　　　　　10 000
　　贷:在建工程　　　　　　　　　　　　　　　　　　　　　　　　　　107 500

(7) 2022年5月支付安装费时,根据增值税专用发票和转账支票存根,编制如下会计分录:

借:在建工程　　　　　　　　　　　　　　　　　　　　　　　　　　8 000
　　应交税费——应交增值税(进项税额)　　　　　　　　　　　　　　　720
　　贷:银行存款　　　　　　　　　　　　　　　　　　　　　　　　　　8 720

(8) 2022年6月生产设备改、扩建结束,达到预定可使用状态时,根据竣工结算单编制如下会计分录:

该项固定资产进行更换后的账面价值＝215 000＋90 000－107 500＋8 000＝205 500(元)

借:固定资产　　　　　　　　　　　　　　　　　　　　　　　　　　205 500
　　贷:在建工程　　　　　　　　　　　　　　　　　　　　　　　　　　205 500

## 三、费用化后续支出的核算

企业生产车间(部门)和行政管理部门等发生的不可资本化的固定资产修理费用等后续支出,借记"管理费用"账户,贷记"银行存款"等账户;企业发生的与专设销售机构相关的固定资产修理费用等不可资本化后续支出,借记"销售费用"账户,贷记"银行存款""原材料""应付职工薪酬"等账户。

【做中学6-13】 2022年6月30日,浙江华鸿笔业有限公司对各部门的设备进行日常修理,发生修理费并取得增值税专用发票,注明修理费19 000元,增值税税额2 470元,款项未支付。其中,生产车间固定资产修理费11 000元、行政管理部门固定资产修理费5 000元、销售部门固定资产修理费3 000元。要求编制相关会计分录。

根据增值税专用发票及修理费用分摊表,编制如下会计分录:

借:管理费用　　　　　　　　　　　　　　　　　　　　　　　　　　16 000
　　销售费用　　　　　　　　　　　　　　　　　　　　　　　　　　3 000
　　应交税费——应交增值税(进项税额)　　　　　　　　　　　　　　　2 470
　　贷:应付账款——浙江康泰科技有限公司　　　　　　　　　　　　　　21 470

# 任务五 固定资产处置业务核算

### 情境导入

2019年，上海市审计局对A国有企业开展了财务收支审计。审计人员发现，A企业账面出现了一笔几万元的固定资产处置收入。经调查发现，A企业将21台推土机等机械设备直接报废，出售给个人，报废处置根据设备实际称重收取残值款，如一台账面价值40.77万元摊铺机，重量8.31吨，报废售价仅为1.5万元。A企业在资产处置问题上集体决策程序缺失，资产处置未书面报告主管单位，也没有进行集体决议，并且大部分资产出售文书没有盖章。审计组调查发现，这些被低价售出的机械经多次转手，至今仍"活跃"在施工现场。其中一位购买人反映：购买时设备机械状况良好，摊铺机设备还参与了某市政道路维修工程施工。至此，整个事件水落石出，该企业在未经批准和集体决策、手续不齐全的情况下，违规处置机械设备21台，造成国有资产严重流失，给国家造成重大损失。

**思考：**

（1）请同学们根据A国有企业的资产处置违法案例思考：企业资产处置应通过哪些程序？

（2）如果你是财务人员，在资产的处置过程中你会怎么做？

### 知识准备

## 一、固定资产处置业务常识

**固定资产处置**是指企业减少固定资产的行为，包括固定资产的出售、报废、毁损、对外投资、对外捐赠、非货币性资产交换、债务重组等。

企业在生产经营过程中，对那些不适用或不需用的固定资产对外出售转让，或因磨损、技术进步等原因对固定资产进行报废，或因遭受自然灾害而对毁损的固定资产进行处理。企业对上述事项进行会计处理时，应当按照规定程序办理有关手续，结转固定资产的账面价值，计算确认有关清理收入、清理费用及残料价值等。

## 二、固定资产处置的核算

企业处置固定资产应通过"固定资产清理"账户核算。"固定资产清理"属于资产类账户，用来核算企业因出售、报废和毁损等原因转入清理的固定资产净值以及在清理过程中发生的清理费用和清理收入。其借方登记固定资产转入清理的净值和清理过程中发生的费用，贷方登记出售固定资产取得的价款、残料价值和变价收入。其贷方余额表示清理后的净收益，借方余额表示清理后的净损失。企业处置固定资产，账务处理通常包括以下环节：

**（一）固定资产转入清理**

企业因出售、报废、毁损、对外投资、非货币性资产交换、债务重组等转出的固定资产，按该项固定资产的账面价值,借记"固定资产清理"账户,按已计提的累计折旧,借记"累计折旧"账户,按已计提的减值准备,借记"固定资产减值准备"账户,按其账面原价,贷记"固定资产"账户。

**(二) 结算清理费用等**

固定资产清理过程中,应支付的清理费用及其可抵扣的增值税进项税额,借记"固定资产清理""应交税费——应交增值税(进项税额)"账户,贷记"银行存款"等账户。

**(三) 收回出售固定资产的价款、残料价值和变价收入等**

收回出售固定资产的价款和税款,借记"银行存款"账户,按增值税专用发票上注明的价款,贷记"固定资产清理"账户,按增值税专用发票上注明的增值税销项税额,贷记"应交税费——应交增值税(销项税额)"账户。残料入库,按残料价值,借记"原材料"等账户,贷记"固定资产清理"账户。

**(四) 确认应收责任单位(或个人) 赔偿损失**

应由保险公司或过失人赔偿的损失,借记"其他应收款"等账户,贷记"固定资产清理"账户。

**(五) 结转清理净损益**

固定资产清理完毕后,对清理净损益,应区分不同情况进行账务处理:

(1)因固定资产已丧失使用功能或因自然灾害发生毁损等原因而报废、清理产生的处理净损失,借记"营业外支出——非流动资产处置损失"(正常原因)或"营业外支出——非常损失"(非正常原因)账户,贷记"固定资产清理"账户;如为净收益,借记"固定资产清理"账户,贷记"营业外收入——非流动资产处置利得"账户。

(2)因出售转让等原因产生的固定资产处置利得或损失应计入资产处置收益,确认处置净损失,借记"资产处置损益"账户,贷记"固定资产清理"账户;如为净收益,借记"固定资产清理"账户,贷记"资产处置损益"账户。

**【做中学6-14】** 2022年6月30日,浙江华鸿笔业有限公司出售一台设备,账面原值120 000元,已计提折旧60 000元,实际出售不含税价格为70 000元,增值税税率为13%,款项已存入银行。请作相关账务处理。

(1) 将出售固定资产转入清理时,根据资产处置申请单(见图6-12),编制如下会计分录:

借:固定资产清理　　　　　　　　　　　　　　　　　　　　　　60 000
　　累计折旧　　　　　　　　　　　　　　　　　　　　　　　　60 000
　　贷:固定资产　　　　　　　　　　　　　　　　　　　　　　120 000

(2) 收到出售固定资产的价款和税款时,根据增值税专用发票和银行进账单,编制如下会计分录:

借:银行存款　　　　　　　　　　　　　　　　　　　　　　　79 100
　　贷:固定资产清理　　　　　　　　　　　　　　　　　　　70 000
　　　　应交税费——应交增值税(销项税额)　　　　　　　　9 100

**固定资产处置申请单**

| 单位名称： | 浙江华鸿笔业有限公司 | | 日期：2022年06月22日 | | | |
|---|---|---|---|---|---|---|
| 固定资产名称 | 打包机 | 单位 | 台 | 型号 | SS1205 | 数量 | 1 |
| 资产编号 | 20170630 | 停用时间 | 2022年06月30 | 购建时间 | 2017年06月30 | 存放地点 | 车间 |
| 已提折旧月数 | 60 | 原值 | 120,000.00 | 累计折旧 | | 60,000.00 | |
| 有效使用年限 | 10 | 月折旧额 | 1,000.00 | 净值 | | 60,000.00 | |
| 处置原因： | 设备功能不能满足生产需要，且已有部分功能无法使用，建议进行出售，预计出售金额7万元 | | | | | |
| 财务部门意见： | 同意出售 | | | 公司领导意见： | 同意 | | |
| 编制人：张伟 | | | | 单位负责人：陈思远 | | | |

图 6-12 固定资产处置申请单

（3）结转出售固定资产实现的利得时，根据固定资产清理明细账余额，编制如下会计分录：

  借：固定资产清理                        10 000
    贷：资产处置损益                       10 000

【小贴士】

  在本例中，固定资产清理完毕时，"固定资产清理"账户贷方余额 10 000 元（60 000－70 000），属于处置净收益，应结转至"资产处置损益"账户的贷方，结转后"固定资产清理"账户无余额。

【做中学6-15】浙江华鸿笔业有限公司现有一台设备由于性能等原因决定提前报废，原价为60 000元，已计提折旧50 000元，计提减值准备5 000元，取得报废残值变价收入2 000元，增值税税额为260元。报废清理过程中发生清理费用3 500元。有关收入、支出均通过银行办理结算。请作相关账务处理。

（1）将报废固定资产转入清理时，根据资产处置申请单，编制如下会计分录：

  借：固定资产清理                        5 000
    累计折旧                         50 000
    固定资产减值准备                    5 000
    贷：固定资产                       60 000

（2）收回残料变价收入时，根据银行收款凭证，编制如下会计分录：

  借：银行存款                         2 260
    贷：固定资产清理                     2 000
      应交税费——应交增值税（销项税额）        260

（3）支付清理费用时：

借：固定资产清理　　　　　　　　　　　　　　　　　　　　　　　3 500
　　　　贷：银行存款　　　　　　　　　　　　　　　　　　　　　　　　　　3 500

（4）结转报废固定资发生的净损失：

　　借：营业外支出——非流动资产处置损失　　　　　　　　　　　　6 500
　　　　贷：固定资产清理　　　　　　　　　　　　　　　　　　　　　　　6 500

【小贴士】

　　在本例中，固定资产清理完毕时，"固定资产清理"账户借方余额6 500元（5 000－2 000＋3 500），属于处置净损失，应结转至"营业外支出——非流动资产处置损失"账户的借方，结转后"固定资产清理"账户无余额。

【做中学6-16】　浙江华鸿笔业有限公司因遭受火灾毁损压塑机一台，设备原值为150 000元，已提折旧90 000元，未计提减值准备。其残料估计价值3 000元，残料已办理入库，发生清理费用，注明装卸费为5 000元，增值税税额为300元。同时，该公司收到保险公司赔款30 000元，全部通过银行结算，请作相关账务处理。

（1）将毁损的仓库转入清理时，根据固定资产报废申请书（见图6-13），编制如下会计分录：

　　借：固定资产清理　　　　　　　　　　　　　　　　　　　　　　 60 000
　　　　累计折旧　　　　　　　　　　　　　　　　　　　　　　　　　 90 000
　　　　贷：固定资产——压塑机　　　　　　　　　　　　　　　　　　　150 000

## 固定资产报废申请书

NO：894287

申报部门：财务部　　　　　　　　　　　　　　　　　　　　申请日期：2022年06月30日

| 固定资产名称 | 压塑机 | 购置时间 | 2016年06月30日 |
|---|---|---|---|
| 数量/单位 | 1台 | 使用部门 | 包装车间 |
| 原值 | 150 000.00 | 净值 | 60 000.00 |
| 已提折旧 | 90 000.00 | 净残值 | 3 000.00 |
| 报废原因：<br>车间因机器故障起火，设备损坏，由保险公司赔偿30 000元，收回残料3 000元 ||||
| 资产管理<br>部门意见 | 同意报废<br>2022年06月30日 | 公司意见 | 同意报废<br>2022年06月30日 |
| 此表一式两份，一份留申请部门、一份留财务部门 ||||

图6-13　固定资产报废申请书

（2）残料入库时，根据材料入库单，编制如下会计分录：

　　借：原材料　　　　　　　　　　　　　　　　　　　　　　　　　　3 000
　　　　贷：固定资产清理　　　　　　　　　　　　　　　　　　　　　　　3 000

(3) 支付清理费用时,根据增值税专用发票、银行支付凭证,编制如下会计分录:

借:固定资产清理　　　　　　　　　　　　　　　　　　　　　　　5 000
　　应交税费——应交增值税(进项税额)　　　　　　　　　　　　　 300
　　　贷:银行存款　　　　　　　　　　　　　　　　　　　　　　　　　5 300

(4) 确认保险公司理赔款项时,根据赔付报告,编制如下会计分录:

借:其他应收款——保险公司　　　　　　　　　　　　　　　　　30 000
　　　贷:固定资产清理　　　　　　　　　　　　　　　　　　　　　　30 000

(5) 收到保险公司理赔款时,根据银行收款凭证,编制如下会计分录:

借:银行存款　　　　　　　　　　　　　　　　　　　　　　　　　30 000
　　　贷:其他应收款——保险公司　　　　　　　　　　　　　　　　　30 000

(6) 7月5日结转毁损固定资产损失时,根据固定资产清理损益计算表(见图6-14),编制如下会计分录:

借:营业外支出——非常损失　　　　　　　　　　　　　　　　　32 000
　　　贷:固定资产清理　　　　　　　　　　　　　　　　　　　　　　32 000

## 固定资产清理损益计算表

| 日期 | 2002.07.05 | 资产使用部门 | 包装车间 |
|---|---|---|---|
| 资产名称 | 压塑机 | 清理原因 | 遭受火灾毁损 |
| 清理收入内容 | 金额 | 清理支出内容 | 金额 |
| 残料收入: | 3 000 | 账面净值: | 60 000 |
| 保险公司赔款: | 30 000 | 清理费用: | 5 000 |
| 固定资产清理净损失(收益"－"):人民币(大写)叁万贰仟元整 | | | |
| 制表:张伟 | 复核:江山 | | 会计:张伟 |

图6-14　固定资产清理损益计算表

【小贴士】

在本例中,固定资产清理完毕时,"固定资产清理"账户借方余额32 000元(60 000－3 000＋5 000－30 000)属于自然灾害等非正常原因造成的清理净损失,应结转至"营业外支出——非常损失"账户的借方,结转后"固定资产清理"账户无余额。

## 任务六 固定资产清查与减值业务核算

**情境导入**

从1999年起的三年时间里,美国泰科兼并了数百家公司,并购价格将近300亿美元。按照美国通用会计准则(GAAP)的规定,被兼并企业在购买日后实现利润才可与购买方的利润合并。同样,被兼并企业在购买日前发生的损失,也不需要纳入购买方的合并范围。基于这一规定,泰科开始玩起了一个个"财务游戏"。被泰科兼并的公司都有一个共同特点:被兼并公司合并前的盈利状况往往出现异常的大幅下降,而在合并后盈利状况迅速好转。其实,这些被兼并公司合并完成前后盈利异常波动主要是各种"准备"科目的贡献,即合并前对大批资产进行计提减值准备,使大部分资产账面价格远低于市场正常价格,合并后逐步通过将账面成本远低于市价的资产进行出售,从而产生高额的资产出售利润。这样的弄虚作假行为被泰科的高管人员美其名曰"财务工程"。最终泰科的首席执行官被逮捕,泰科撤换了整个董事会。

思考:
(1) 通过上述泰科的案例,大家认为资产是否能任意计提减值准备?
(2) 泰康之所以能完成将近300亿美元的非法并购,有哪些深层次的原因?

**知识准备**

### 一、固定资产清查的核算

企业应当定期或者至少于每年年末对固定资产进行清查盘点,以保证固定资产核算的真实性和完整性,充分挖掘企业现有固定资产的潜力。在固定资产清查过程中,如果发现盘盈、盘亏的固定资产,应当填制固定资产盘盈、盘亏报告表,并查明原因,按照规定程序报批处理。

6-4 固定资产清查与减值的核算

**(一) 固定资产盘盈**

根据《企业会计准则第28号——会计政策、会计估计变更和差错更正》的规定,企业在盘盈固定资产时,应当作为重要的前期差错进行如下会计处理。

首先,将盘盈的固定资产,按重置成本确定其入账价值,借记"固定资产"账户,贷记"以前年度损益调整"账户,由于"以前年度损益调整"而增加的所得税费用,借记"以前年度损益调整"账户,贷记"应交税费——应交所得税"账户。其次,补提盈余公积,借记"以前年度损益调整"账户,贷记"盈余公积"账户。最后,调整可供分配的利润,借记"以前年度损益调整"账户,贷记"利润分配——未分配利润"账户。

【做中学6-17】浙江华鸿笔业有限公司于2022年12月30日对企业全部固定资产进行清查,盘盈一台五成新的机器设备,该设备同类产品市场价格为100 000元(公司适用的企业所得税税率为25%,公司按规定应计提10%的法定盈余公积金,不考虑税费及其他因素的影响)。请作相关会计处理。

(1) 盘盈设备时,根据固定资产盘点报告单(见图6-15),编制如下会计分录:

借:固定资产　　　　　　　　　　　　　　　　　　　　　　　　100 000
　　贷:以前年度损益调整　　　　　　　　　　　　　　　　　　　100 000

### 固定资产盘盈盘亏报告单

企业名称:浙江华鸿笔业有限公司　　日期:2022年12月30日　　部门:财务部

| 固定资产编号 | 固定资产名称 | 固定资产规格及型号 | 盘盈 | | | 盘亏 | | | 已提减值准备 | 原因 |
|---|---|---|---|---|---|---|---|---|---|---|
| | | | 数量 | 重置价 | 累计折旧 | 数量 | 原价 | 已提折旧 | | |
| | 烘干机 | S6100 | 1 | 200 000 | 100 000 | | | | | |
| | | | | | | | | | | |
| | | | | | | | | | | |
| | | | | | | | | | | |
| 处理意见 | 审批部门　　同意处理　　　　　　陈思远 | | | 清查小组　　同意处理　　　　　　李子轩 | | | 使用保管部门　　同意处理　　　　　　林秀 | | | |

图6-15　固定资产盘点报告单

(2) 补提所得税时,根据所得税预提清单,编制如下会计分录:

借:以前年度损益调整　　　　　　　　　　　　　　　　　　　　25 000
　　贷:应交税费——应交所得税　　　　　　　　　　　　　　　　25 000

(3) 补提盈余公积时,根据盈余公积计提表,编制如下会计分录:

借:以前年度损益调整　　　　　　　　　　　　　　　　　　　　7 500
　　贷:盈余公积——法定盈余公积　　　　　　　　　　　　　　　7 500

(4) 结转以前年度损益调整时:

借:以前年度损益调整　　　　　　　　　　　　　　　　　　　　67 500
　　贷:利润分配——未分配利润　　　　　　　　　　　　　　　　67 500

#### (二) 固定资产盘亏

企业在财产清查中盘亏的固定资产,按盘亏固定资产的账面价值借记"待处理财产损溢"账户,按已计提的累计折旧,借记"累计折旧"账户;按已计提的减值准备,借记"固定资产减值准备"账户,按固定资产原价,贷记"固定资产"账户。

按管理权限报经批准后处理时,按可收回的保险赔偿或过失人赔偿,借记"其他应收款""银行存款"等账户,按应计入营业外支出的金额,借记"营业外支出——盘亏损失"账户,贷记"待处理财产损溢"账户。

**【做中学 6-18】** 浙江华鸿笔业有限公司在对固定资产进行清查时,发现丢失一台电机。该设备原价 80 000 元,已计提折旧 60 000 元,并已计提减值准备 5 000 元。经查,该设备丢失的原因是设备管理看守不当。经董事会批准,由设备管理员赔偿 5 000 元,其他部分由单位核销。请作相关会计处理。

(1)发现电机设备盘亏时,根据固定资产盘点表(见图 6-16),编制如下会计分录:

借:待处理财产损溢——待处理非流动资产损溢　　　　　　　15 000
　　累计折旧　　　　　　　　　　　　　　　　　　　　　　60 000
　　固定资产减值准备　　　　　　　　　　　　　　　　　　5 000
　　贷:固定资产　　　　　　　　　　　　　　　　　　　　　　　80 000

## 固定资产盘点报告表
2022 年 12 月 30 日

企业名称:浙江华鸿笔业有限公司

| 编号 | 财产名称 | 单位 | 单价 | 数量 | | 盘盈 | | 盘亏 | | 盈亏原因 |
|---|---|---|---|---|---|---|---|---|---|---|
| | | | | 账存 | 实存 | 数量 | 金额 | 数量 | 金额 | |
| | 车床 S007 | 台 | 30 000.00 | 30 | 30 | | 0.00 | | 0.00 | |
| | 车床 S008 | 台 | 35 000.00 | 40 | 40 | | 0.00 | | 0.00 | |
| | 压塑机 | 台 | 150 000.00 | 5 | 5 | | 0.00 | | 0.00 | |
| | 电机 | 台 | 80 000.00 | 5 | 4 | | 0.00 | 1 | 80 000.0 | 待查 |

| 财务部门建议处理意见: | 查明原因后处理 |
|---|---|
| 单位主管部门批复处理意见: | 责成资产管理部门查明原因后根据具体情况处理 |

审核人:李子轩　　　　　　监盘人:刘舰壮　　　　　　盘点人:林秀

图 6-16　固定资产盘点表

(2)报经批准后,根据固定资产盘点报告单(见图 6-17),编制如下会计分录:

借：其他应收款　　　　　　　　　　　　　　　　　　　　　　5 000
　　营业外支出——盘亏损失　　　　　　　　　　　　　　　10 000
　　贷：待处理财产损溢——待处理非流动资产损溢　　　　　　　15 000

## 固定资产盘盈盘亏报告单

企业名称：浙江华鸿笔业有限公司　　　日期：2022年12月30日　　　部门：财务部

| 固定资产编号 | 固定资产名称 | 固定资产规格及型号 | 盘盈 | | | 盘亏 | | | | 原因 |
|---|---|---|---|---|---|---|---|---|---|---|
| | | | 数量 | 重置价 | 累计折旧 | 数量 | 原价 | 已提折旧 | 已提减值准备 | |
| | 电机 | A915 | | | | 1 | 80 000 | 60 000 | 5 000 | 保管员失职被盗 |
| | | | | | | | | | | |
| | | | | | | | | | | |
| 处理意见 | 审批部门 | | | 清查小组 | | | 使用保管部门 | | | |
| | 由保管员赔偿5 000元，同意处理　　　　　　陈思远 | | | 同意处理　　　　　　　　　李子轩 | | | 同意处理　　　　　　　　　林秀 | | | |

图6-17　固定资产盘点报告单

（3）收到设备管理员赔款时：

借：银行存款　　　　　　　　　　　　　　　　　　　　　　5 000
　　贷：其他应收款　　　　　　　　　　　　　　　　　　　　　5 000

【小贴士】
　　固定资产处置类业务通过"固定资产清理"账户核算；固定资产盘亏业务通过"待处理财产损溢"账户核算。

## 二、固定资产减值的核算

### （一）固定资产减值的确认

固定资产的初始入账价值为历史成本。固定资产使用年限较长，市场条件和经营环境的变化、科学技术的进步以及企业经营管理不善等，都可能导致固定资产创造未来经济利益的能力大大下降。因此，固定资产的真实价值有可能低于账面价值，企业在期末必须对固定资产减值损失进行确认。

固定资产在资产负债表日存在可能发生减值的迹象时，其可收回金额低于账面价值的，企业应当将该固定资产的账面价值减记至可收回金额，减记的金额确认为减值损失，计入当期损益，借记"资产减值损失——固定资产减值损失"账户，同时，计提相应的资产减值准备，贷记"固定资产减值准备"账户。

需要强调的是，根据《企业会计准则第8号——资产减值》的规定，企业固定资产减值损失一经确认，在以后会计期间不得转回。

企业应于资产负债表日对固定资产进行检查，如发现存在以下情况，应当计算固定资产的可收回金额，以确定资产是否已经发生减值：

（1）固定资产市价大幅度下跌，其跌幅大大高于因时间推移或正常使用而预计的下跌，并且预计暂时不可能恢复。

（2）企业所处经营环境，如技术、市场、经济或法律环境，或者产品营销市场发生重大变化，并对企业产生负面影响。

（3）同期市场利率等大幅度提高，进而很可能影响企业计算固定资产可收回金额的折现率，并导致固定资产可收回金额大幅度降低。

（4）固定资产陈旧过时或发生实体损坏等。

（5）固定资产预计使用方式发生重大不利变化，如发生企业计划终止或重组该资产所属的经营业务、提前处置资产等情形，从而对企业产生负面影响。

（6）其他有可能表明资产已发生减值的情况。

**（二）固定资产减值的核算**

当固定资产发生减值时，企业应当将该固定资产的账面价值减记至可收回金额，在资产负债表日按减记的金额，借记"资产减值损失——计提固定资产减值准备"账户，贷记"固定资产减值准备"账户。

【小贴士】
固定资产减值损失确认后，减值确认后的固定资产折旧费应当在未来期间作相应调整，根据减值后的账面价值和剩余使用寿命，对减值后的资产重新计算折旧。

【做中学6-19】 浙江华鸿笔业有限公司于2021年年末对一台生产设备进行了清查，之前该设备未计提减值准备。该设备于2019年年末购入，原值为700 000元，预计使用10年，净残值为0，采用年限平均法每年计提折旧70 000元，至2020年年末已累计计提折旧140 000元。技术进步等原因造成该设备贬值，2021年年末预计可收回金额为340 000元，2022年年末该设备市价继续回落，预计可收回金额220 000元。假设该设备发生减值后，折旧总年限、折旧方法、净残值等未发生变化，则该公司有关该设备清查时的核算如下：

（1）2021年年末，该生产设备账面价值如下：

账面价值＝700 000－140 000＝560 000（元）

预计可收回金额为340 000元，为了将该固定资产的账面价值减记至可收回金额，"固定资产减值准备"账户应有贷方余额220 000元（560 000－340 000）。

"固定资产减值准备"账户已有贷方余额为0，年末应计提减值准备220 000元。

根据固定资产减值准备计提审批表，编制如下会计分录：

借：资产减值损失——计提固定资产减值准备　　　　　　　　　　220 000
　　贷：固定资产减值准备　　　　　　　　　　　　　　　　　　　　220 000

(2) 2022 年年末有关该生产设备:

2022 年应计提折旧＝340 000÷8＝42 500(元)

账面价值＝340 000－42 500＝297 500(元)

预计可收回金额为 220 000 元,为了将该固定资产的账面价值减记至预计可收回金额,"固定资产减值准备"账户应有贷方余额 77 500 元(297 500－220 000)。

根据固定资产减值准备计提审批表,编制如下会计分录:

借:资产减值损失——计提固定资产减值准备　　　　　　　　　　　　77 500
　　贷:固定资产减值准备　　　　　　　　　　　　　　　　　　　　　　77 500

# 项目七　无形资产及其他资产业务

**学习目标**

1. 掌握无形资产的特征及内容。
2. 能熟练办理、核算无形资产取得、摊销、处置、减值相关业务。
3. 能熟练办理、核算其他资产相关业务。
4. 注重无形资产和其他资产的管理和控制,提高资产利用效率。

**业务导入思考**

1. 无形资产包含哪些资产?
2. 无形资产的取得方式有哪些?
3. 无形资产核算包括哪些业务?如何进行账务处理?
4. 其他资产有哪些,如何进行账务处理?

## 任务一　无形资产及其他资产认知

**情境导入**

提起任正非,相信没有几个国人会不知道。他和他带领的华为,俨然是中国民族企业的标杆和榜样。然而这样一个从 21 000 元起家的小得不能再小的公司是怎样成为一个让国人引以为傲的航母级企业呢?华为一直将技术研发作为企业发展的主要动力,近十年投入研发费用超 8 450 亿元,2018 年,华为研发出了"麒麟 980 芯片",让中国有了"芯片自主权"。2019 年,华为发布了全球最强大的 5G 基带芯片,震惊全球。迄今为止,华为成为中国唯一一家真正在国际舞台上用实打实技术突破封锁的 500 强企业之一。

思考:
(1) 请同学们谈谈对华为以技术为核心的企业发展模式有什么感想?
(2) 作为一名财务人员,如果你的公司也有研发项目,你能为公司做些什么?

**知识准备**

### 一、无形资产的概念及特征

**无形资产**是指企业拥有或者控制的没有实物形态的可辨认非货币性资产,

7-1　无形资产的认知

相对于其他资产具有三个主要特征：

1. 不具有实物形态

无形资产是不具有实物形态的非货币性资产，它不像固定资产、存货等有形资产具有实物形态。

2. 具有可辨认性

资产满足下列条件之一的，符合无形资产定义中的可辨认性标准：

（1）能够从企业中分离或者划分出来，并能单独或者与相关合同、资产或负债一起，用于出售、转让、授予许可、租赁或者交换。

（2）源自合同性权利或其他法定权利，无论这些权利是否可以从企业或其他权利和义务中转移或者分离。

商誉的存在无法与企业自身分离，不具有可辨认性，因此不在"无形资产"账户核算。

3. 属于非货币性长期资产

无形资产属于非货币性资产，且能够在多个会计期间为企业带来经济利益。无形资产的使用年限在一年以上，其价值将在各个受益期间逐渐摊销。

## 二、无形资产的内容

无形资产的核算内容，主要包括专利权、非专利技术、商标权、著作权、特许权、土地使用权等。

1. 专利权

**专利权**是指国家专利主管机关依法授予发明创造专利申请人对其发明创造在法定期限内所享有的专有权利，包括发明专利权、实用新型专利权和外观设计专利权。

2. 非专利技术

**非专利技术即专有技术**，是指具有先进性，不为外界所知，未申请专利，在生产经营活动中应采用了的，可以带来经济效益的各种技术和诀窍。

非专利技术的主要内容包括以下几个方面：

（1）工业专有技术，即在生产上已经采用，仅限于少数人知道，不享有专利权或发明权的生产、装配、修理、工艺或加工方法的技术知识。

（2）商业（贸易）专有技术，即具有保密性质的市场情报、原材料价格情报以及用户、竞争对象的情况和有关知识。

（3）管理专用技术，即生产组织的经营方式、管理方式、培训职工方法等保密知识。

非专利技术并不是专利法的保护对象，专有技术所有人依靠自我保密的方式来维持其独占权，可以用于转让和投资。

3. 商标权

**商标权**是指专门在某类指定的商品或产品上使用特定的名称或图案的权利。商标经过注册登记，就获得了法律上的保护。商标主管机关依法授予商标所有人对其注册商标受国家法律保护的专有权。商标注册人拥有依法支配其注册商标并禁止他人侵害的权利，包括商标注册人对其注册商标的其他使用权、收益权、处分权、续展权和禁止他人侵害的权利。

商标是用以区别商品和服务不同来源的商业性标志,由文字、图形、字母、数字、三维标志、颜色、声音或者上述要素的组合构成。

4. 著作权

**著作权**又称版权,是作者对其创作的文学、科学和艺术作品依法享有的某些特殊权利。著作权包括两方面的权利,即精神权利(人身权利)和经济权利(财产权利)。前者是指作品署名、作品发表、确认作者身份、保护作品的完整性、修改已经发表的作品等各种权利,包括作品署名权、发表权、修改权和保护作品完整权;后者是指以出版、表演、广播、展览、录制、唱片、摄制影片等方式使用作品以及因授权他人使用作品而获得经济利益的权利。

5. 特许权

**特许权又称经营特许权、专营权**,是指企业在某一地区经营或销售某种特定商品的权利或是一家企业接受另一家企业使用其商标、商号、技术秘密等的权利。前者一般是由政府机构授权,准许企业使用或在一定地区享有经营某种业务的特权,如水、电、邮电通信等专营权、烟草专卖权等;后者是指企业间按照签订的合同,有限期或者无期限使用另一家企业的某些权利,如连锁店分店使用总店的名称等。

6. 土地使用权

**土地使用权**是指国家准许某企业在一定期间内对国有土地享有开发、利用、经营的权利。根据《中华人民共和国土地管理法》的规定,我国实行土地的社会主义公有制,即全民所有制和劳动群众集体所有制。任何单位和个人不得侵占、买卖或者以其他形式非法转让土地。土地使用权可以依法转让。企业取得土地使用权,应将取得时发生的支出资本化,作为土地使用权的成本,记入"无形资产"账户核算。

企业取得的土地使用权,通常应当按照取得时所支付的价款及相关税费确认为无形资产。土地使用权用于自行开发建造厂房等地上建筑物时,土地使用权的账面价值不与建筑物合并计算其成本,而仍作为无形资产进行核算,土地使用权与地上建筑物分别进行摊销和提取折旧。但下列情况除外:

(1) 房地产开发企业取得的土地使用权用于建造对外出售的房屋建筑物,相关的土地使用权应当计入所建造的房屋建筑物成本。

(2) 企业外购的房屋建筑物,实际支付的价款中包括土地以及建筑物的价值,则应当对支付的价款按照合理的方法(如公允价值比例)在土地和地上建筑物之间进行分配;如果确实无法在地上建筑物与土地使用权之间进行合理分配的,应当全部作为固定资产,按固定资产确认和计量的规定进行处理。

### 三、其他资产

**其他资产**,是指除货币资金、交易性金融资产、应收及预付款项、存货、长期股权投资、持有至到期投资、可供出售金融资产、固定资产、无形资产等以外的资产,主要包括长期待摊费用和其他长期资产。

**长期待摊费用**是指企业已经发生但应由本期和以后各期负担的摊销期在一年以上的各项费用,如经营性租入固定资产较大的改良支出等。

其他长期资产一般包括国家批准储备的特种物资、银行冻结存款、冻结物资,以及临时设施和涉及诉讼中的财产等。特种储备物资是指经国家批准的在正常范围以外储备的、具有专门用途、不参加生产经营周转的物资;银行冻结存款是指被银行冻结,不能支取的存款;冻结物资是指由于某种原因,被冻结不能正常处置的资产;临时设施是指建筑业企业为保证施工和管理的进行而建造的各种简易设施;诉讼中的财产是指由于发生产权纠纷,进入司法程序后被法院认定为涉及诉讼、尚未判定所有权归属的资产。

## 任务二 无形资产业务核算

### 情境导入

2022年,国家税务总局对科技型中小企业开展研发活动中实际发生的研发费用,又加大了支持力度:自2022年1月1日起,对未形成无形资产计入当期损益部分,在按规定据实扣除的基础上,将原来的按50%加计扣除的比例,增加到按照实际发生额的100%在税前加计扣除;形成无形资产的,自2022年1月1日起,按照无形资产成本的200%在税前摊销。

**思考:**

(1) 我国对科技型中小企业研发费用加计扣除从50%调增到100%,对此你有什么感想?

(2) 这几年我国取得了哪些世界领先的科技成果?财务人员如何更好地利用国家的科研优惠政策为企业创造效益?

### 知识准备

### 一、账户设置

为了反映和监督无形资产的取得、摊销、处置等情况,企业应设置"无形资产""累计摊销""研发支出""无形资产减值准备"等账户进行核算。

"**无形资产**"账户核算企业持有的无形资产成本。该账户借方登记取得无形资产的成本,贷方登记处置无形资产时转出的无形资产账面余额,期末借方余额,反映企业无形资产的成本。该账户应按无形资产的项目设置明细账户进行核算。

"**累计摊销**"账户为资产类账户,用于核算无形资产的摊销,列在资产负债表的资产项内,作为无形资产的减项。该账户核算企业对使用寿命有限的无形资产计提的累计摊销,贷方登记企业计提的无形资产摊销,借方登记处置无形资产时转出的累计摊销,期末贷方余额,反映企业无形资产累计摊销。该账户应按无形资产项目进行明细核算。

"**研发支出**"账户核算企业进行研究与开发无形资产过程中发生的各项支出。其借方登记发生的研发支出,贷方登记转为无形资产和管理费用的金额,贷方余额反映企业正在进行中的研究开发项目中满足资本化条件的支出。企业应该根据研究开发项目,分别设置"费用化支出"与"资本化支出"两个二级科目进行明细核算。"资本化支出"核算按照会计准则的规定,发生在开发阶段且符合无形资产确认条件的支出。"费用化支出"核算开发无形资产过程中发生的不满足资本化条件的支出。

"无形资产减值准备"账户核算企业无形资产的减值准备。其贷方登记计提的无形资产减值准备金,借方登记处置无形资产应转出的减值准备,期末贷方余额,反映企业已计提但尚未转销的无形资产减值准备。该账户可按无形资产项目进行明细核算。

## 二、无形资产取得的核算

无形资产应当按照成本进行初始计量。企业取得无形资产的主要方式有外购、自行研究开发等。取得的方式不同,其会计处理也有所差别。

7-2 外购无形资产的核算

### (一) 外购无形资产的核算

外购无形资产的成本包括购买价款、相关税费以及直接归属于使该项资产达到预定用途所发生的其他支出。其中,相关税费不包括按照现行增值税制度规定,可以从销项税额中抵扣的增值税进项税额。直接归属于使该项资产达到预定用途所发生的其他支出包括使无形资产达到预定用途所发生的专业服务费用、测试无形资产是否能够正常发挥作用的测试费等,但不包括为引入新产品进行宣传产生的广告费(计入销售费用)、管理费用及其他间接费用,也不包括在无形资产已经达到预定用途以后发生的费用。

【做中学 7-1】 2022 年 6 月 30 日,浙江华鸿笔业有限公司购入一项热感应技术,取得增值税专用发票,购买价款 1 000 000 元,增值税税率 6%,增值税税额 60 000 元,为使无形资产达到预定用途所发生的专业服务费用 100 000 元,增值税 6 000 元,测试无形资产是否能够正常发挥作用的费用 50 000 元,增值税税额 3 000 元,款项已用银行存款支付。

根据增值税专用发票(见图 7-1)和网银电子回单(见图 7-2),编制如下会计分录:

图 7-1 热感应技术及服务费发票

专利技术的入账价值＝1 000 000＋100 000＋50 000＝1 150 000（元）

借：无形资产——非专利技术　　　　　　　　　　1 150 000
　　应交税费——应交增值税(进项税额)　　　　　　69 000
　　贷：银行存款　　　　　　　　　　　　　　　　　　　1 219 000

**中国银行** 网上银行电子回单

| | | | | | |
|---|---|---|---|---|---|
| 付款人 | 户名 | 浙江华鸿笔业有限公司 | 收款人 | 户名 | 浙江康泰科技有限公司 |
| | 账号 | 73706742885097010 32 | | 账号 | 352153701234 |
| | 开户银行 | 中国银行温州市分行南城支行 | | 开户银行 | 工商银行台州分行三里支行 |
| 金额 | | 人民币(大写)：壹佰贰拾壹万玖仟元整 | | ¥1,219,000.00 元 | |
| 摘要 | | 支付热感应技术货款 | 业务种类 | | |
| 用途 | | 支付货款 | | | |
| 交易流水号 | | 35174235225650 | 时间戳 | 2022-06-30 | |
| | 备注： | | | | |
| | 验证码：20119251 | | | | |
| 记账网点 | 880 | 记账柜员 | 203 | 记账日期 | 2022年06月30日 |

电子回单号码：08700938724

打印日期：2022年06月30日

图 7-2　网银电子回单

### （二）自行研究开发无形资产的核算

企业内部研究开发项目所发生的支出应区分研究阶段支出和开发阶段支出。

研究是指为获取并理解新的科学或技术知识而进行的独创性的有计划调查。开发是指在进行商业性生产或使用前，将研究成果或其他知识应用于某项计划或设计，以生产新的或具有实质性改进的材料、装置、产品等。无法区分研究阶段和开发阶段的交出，应当在发生时作为管理费用，全部计入当期损益(管理费用)。

7-3　自行研发无形资产的核算

自行研发无形资产的成本，包括开发该无形资产时耗费的材料、劳务成本、注册费、在开发该无形资产过程中使用的其他专利权和特许权的摊销、计提专用设备折旧，以及按照借款费用的处理原则可以资本化的利息支出等。

**1. 研究开发过程中发生"研发支出"的核算**

研究阶段的支出应当在发生时全部计入当期损益；开发阶段的支出满足资本化条件时计入无形资产的成本。

研究开发过程中发生的研发支出无论是否满足资本化条件，均应先在"研发支出"账户中归集，核算时，"研发支出"账户下设置两个明细账户，即资本化支出、费用化支出，两个明细账户。

企业内部开发项目发生的开发支出,同时满足下列条件的,应当资本化达到预定可使用状态后,确认为无形资产:

(1) 完成该无形资产以使其能够使用或出售在技术上具有可行性。

(2) 企业完成后的意图是使用或出售。

(3) 无形资产产生经济利益的方式,包括能够证明该无形资产生产的产品在市场或无形资产自身存在市场;无形资产将在内部使用的,应当证明其有用性。

(4) 企业有足够技术、财务资源和其他资源支持,以完成该无形资产开发。

(5) 归属于该无形资产开发阶段的支出能够可靠地计量。

企业研发无形资产过程中发生的支出,应借记"研发支出——费用化支出"或"研发支出——资本化支出"账户,贷记"原材料""银行存款""应付职工薪酬"账户。

2. 期末结转"研发支出"的核算

(1) 每个月末,应将"研发支出——费用化支出"账户借方发生额先归集,后转入"管理费用"账户。

(2) "研发支出——资本化支出"借方发生额期末是否结转,则分两种情况:若期末研发项目尚未完工,则无须结转;若研发项目完工且达到预定用途形成无形资产,将其发生的实际成本转入"无形资产"账户。

【做中学 7-2】 浙江华鸿笔业有限公司为一项新产品专利技术进行研究开发活动,2022 年发生如下经济业务:

(1) 1 月研究阶段耗用材料费、测试费等 49 970 元,以银行存款支付。

根据相关费用发票(见图 7-3、见图 7-4)及银行转账凭证(见图 7-5),编制如下会计分录:

图 7-3　研发材料、用具发票

图 7-4 研发测试、化验费发票

图 7-5 网银转账电子回单

借：研发支出——费用化支出　　　　　　　　　　　　　　　　44 500
　　应交税费——应交增值税(进项税额)　　　　　　　　　　　 5 470
　　贷：银行存款　　　　　　　　　　　　　　　　　　　　　　49 970

1月末,结转费用化支出:

借:管理费用 44 500
　　贷:研发支出——费用化支出 44 500

(2)2月在开发阶段发生材料费 250 000 元、职工薪酬 130 000 元,以及银行支出其他费用 220 000 元,合计 600 000 元。其中,符合资本化条件的支出为 400 000 元。

**根据材料出库单、薪酬分配表、银行支付凭单及相关费用发票**,编制如下会计分录:

借:研发支出——费用化支出 200 000
　　　　　　——资本化支出 400 000
　　贷:原材料 250 000
　　　　应付职工薪酬 130 000
　　　　银行存款 220 000

2月末,结转费用化支出:

借:管理费用 200 000
　　贷:研发支出——费用化支出 200 000

(3)3月初,该专利技术研发完成,已经达到预定用途。

根据相关验收报告,编制如下会计分录:

借:无形资产 400 000
　　贷:研发支出——资本化支出 400 000

7-4　无形资产摊销的核算

## 三、无形资产摊销的核算

企业应当于取得无形资产时分析判断其使用寿命。使用寿命不确定的无形资产不应摊销,使用寿命有限的无形资产应进行摊销。使用寿命有限的无形资产,其残值应当视为零,<u>对于使用寿命有限的无形资产应当自可供使用(及其达到预定用途)当月起开始摊销,处置当月不再摊销</u>。

无形资产摊销方法包括直线法、生产总量法等。企业选择的无形资产的摊销方法,应当反映与该项无形资产有关的经济利益的预期实现方式。无法可靠确定预期实现方式的,应当采用直线法摊销。

企业应当按月对无形资产进行摊销。无形资产的摊销额一般应计入当期损益。企业自用的无形资产,其摊销额记入"管理费用"账户;出租的无形资产,其摊销额记入"其他业务成本"账户;某项无形资产包含的经济利益通过所生产的产品或其他资产实现的,其摊销金额应当计入相关资产成本;某项无形资产包含的经济利益通过所生产的产品实现时,其摊销金额记入"生产成本""制造费用"等账户。

【做中学 7-3】 2021 年 10 月,浙江华鸿笔业有限公司购买了一项专利权,成本为 360 000 元,使用年限为 6 年,另将自行研发成功的一项专利技术出租给丙公司,该专利技术成本为 240 000 元,双方约定的租赁期限为 8 年。该公司 10 月份有关无形资产摊销的核算如下：

应摊销金额＝(360 000÷6÷12)＋(240 000÷8÷12)＝5 000＋2 500＝7 500(元)

根据无形资产摊销计算表，编制如下会计分录：

借：管理费用　　　　　　　　　　　　　　　　　　　　　　5 000
　　其他业务成本　　　　　　　　　　　　　　　　　　　　2 500
　　贷：累计摊销　　　　　　　　　　　　　　　　　　　　　　　7 500

7-5　无形资产减值的核算

### 四、无形资产减值的核算

如果无形资产将来为企业创造的经济利益还不足以补偿无形资产成本(摊余成本)，则说明无形资产发生了减值，具体表现为无形资产的账面价值超过了其可收回金额。

在资产负债表日，无形资产存在可能发生减值迹象，且其可收回金额低于账面价值的，企业应当将该无形资产的账面价值减记至可收回金额，减记的金额确认为减值损失，并计提相应的资产减值准备。企业按照应减记的金额，借记"资产减值损失——无形资产减值损失"账户，贷记"无形资产减值准备"账户。

需要强调的是，根据《企业会计准则第8号——资产减值》的规定，企业无形资产减值损失一经确认，在以后会计期间不得转回。

**【做中学7-4】** 2021年12月31日，浙江华鸿笔业有限公司一项专利技术的账面原值为120 000元，已摊销24 000元，剩余摊销年限为4年，经减值测试，该专利技术的可收回金额为78 000元。请作相关账务处理。

专利技术的账面价值＝120 000－24 000＝96 000(元)

应计提减值准备金额＝96 000－78 000＝18 000(元)

根据减值测试报告，编制如下会计分录：

借：资产减值损失——无形资产减值损失　　　　　　　　　18 000
　　贷：无形资产减值准备　　　　　　　　　　　　　　　　　　18 000

### 五、无形资产处置的核算

#### (一) 出售无形资产

<u>企业出售无形资产，应当将取得的价款扣除该无形资产账面价值以及出售相关税费后的差额作为资产处置损益进行会计处理。</u>

企业出售无形资产，应当按照实际收到或应收的金额，借记"银行存款""其他应收款"等账户，按照已计提的累计摊销，借记"累计摊销"账户，按照实际支付相关费用的可抵扣进项税额，借记"应交税费——应交增值税（进项税额）"账户，按照实际支付的相关费用，贷记"银行存款"等账户，按无形资产账面余额，贷记"无形资产"账户，按照开具的增值税专用发票上注明的增值税销项税额，贷记"应交税费——应交增值税（销项税额）"账户，按照其差额，贷记或借记"资产处置损益"账户，已计提减值准备的，还应同时结转减值准备，借记"无形资产减值准备"账户。

【做中学7-5】 浙江华鸿笔业有限公司将其购买的一项专利权转让给乙公司,开具增值税专用发票,注明价款300 000元,增值税税率6%,增值税税额18 000元,全部款项318 000元已存入银行。该专利权的成本为320 000元,已摊销180 000元。

根据增值税专用发票,银行收款凭证,应编制如下会计分录:

借:银行存款　　　　　　　　　　　　　　　　　　　　　318 000
　　累计摊销　　　　　　　　　　　　　　　　　　　　　180 000
　　贷:无形资产　　　　　　　　　　　　　　　　　　　320 000
　　　　应交税费——应交增值税(销项税额)　　　　　　 18 000
　　　　资产处置损益　　　　　　　　　　　　　　　　　160 000

在本例中,企业该项专利权的账面价值为140 000元(320 000－180 000),取得的出售价款为300 000元,企业出售该项专利权实现净损益为160 000元。

### (二) 报废无形资产

如果无形资产预期不能为企业带来未来经济利益,例如,某项无形资产已被其他新技术所替代或超过法律保护期,该资产不再符合无形资产的定义,企业应将其报废并予以转销,其账面价值转入当期损益。

企业报废并转销无形资产时,应按已计提的累计摊销,借记"累计摊销"账户,贷记"无形资产"账户,如果已计提减值准备的,还应同时结转减值准备,借记"无形资产减值准备"账户,按期差额,借记"营业外支出——非流动资产处置损失"账户。

【做中学7-6】 浙江华鸿笔业有限公司经批准将一无市场价值的外购无形资产予以注销该专利权的成本为120 000元,已摊销90 000元,未计提减值准备。

根据无形资产注销批文,应编制如下会计分录:

借:累计摊销　　　　　　　　　　　　　　　　　　　　　90 000
　　营业外支出　　　　　　　　　　　　　　　　　　　　30 000
　　贷:无形资产　　　　　　　　　　　　　　　　　　　120 000

## 任务三　其他资产业务核算

### 情境导入

加多宝和王老吉的品牌之争广为人知,让中国的企业和消费者都看到了品牌之争深刻的动因和力量。该事件核心主线为1997年广药集团与香港鸿道集团签订了商标许可使用合同,后授予其子公司在国内销售红罐王老吉,使用期限至2010年5月2日,2001年8月和2002年8月广药原副董事长李益民分别收受香港鸿道董事长陈鸿道100万港元,并同月签署补充协议,约定将王老吉商标租期延长至2013年,2003年李益民再次收到贿赂100万港元,将合同延至2020年。自2008年起广药集团与鸿道集团交涉,认为与王老吉当时1 080.15亿元的品牌价值相比,一年538万元的品牌使用费完全偏离市场价格,属于国有资产流失,双方调解无果,2012年5月11日,中国经济贸易仲裁委员会仲裁,广药集团和香港鸿道集团签订的王老吉商标使用合同无效,鸿道集团停止使用王老吉商标。

**思考:**

(1) 请同学们思考品牌之争深刻的动因和力量是什么?

(2) 在此事件中,如果你是广药集团的财务负责人,你是否会根据你的职业判断对该合同提出质疑?作为一名财务人员,我们应该如何去维护企业和国家的资产?

## 知识准备

### 一、长期待摊费用的概念

**长期待摊费用**是指企业已经发生但应由本期和以后各期负担的分摊期限在一年以上的各项费用,如以租赁方式租入的资产发生的改良支出等。长期待摊费用属于长期资产,是企业已经支出的各项费用,但能使企业在以后会计期间受益。

### 二、长期待摊费用的账户设置

为了反映长期待摊费用的发生、摊销情况,企业应设置"长期待摊费用"账户。

企业发生的长期待摊费用,借记"长期待摊费用"账户,贷记"银行存款""原材料"账户。摊销长期待摊费用,借记"管理费用""销售费用"等账户,贷记"长期待摊费用"账户,期末借方余额,反映企业尚未摊销完毕的长期待摊费用的摊余价值,本账户应按费用项目进行明细核算。

### 三、经营租赁固定资产改良支出的核算

企业从其他单位租入的固定资产,所有权属于出租人,承租企业依合同享有使用权。如果企业对租入的固定资产进行改良,由于租入固定资产的所有权不属于企业,因此,发生的改良支出只能作为待摊销的费用处理。待摊期限应当在租赁期限与租赁资产尚可使用年限两者孰短的期限内平均摊销。其他长期待摊费用应当在受益期内平均摊销。

企业经营租赁方式租入的固定资产发生的改良支出计入长期待摊费用。当租入固定资产改良过程中发生长期待摊费用时,借记"长期待摊费用"账户,贷记"原材料""应交税费——应交增值税""生产成本""应付职工薪酬"等账户。企业经营租入固定资产改良完工时,在剩余租赁期间内按直线法分摊长期待摊费用,此时按租入固定资产的使用部门不同,分别借记"管理费用""销售费用"等账户,贷记"长期待摊费用"账户。

【做中学7-7】 2022年7月1日,浙江华鸿笔业有限公司对以经营租赁方式租入的办公楼进行装修,发生以下支出:领用生产用材料402 000元;辅助生产车间为该装修工程提供的劳务支出为128 000元;有关人员工资等职工薪酬205 000元。2022年9月30日,该办公楼装修完工,达到预定可使用状态并交付使用,并按租赁期10年开始进行摊销。请作相关账务处理。

公司应编制如下会计分录:

(1) 装修领用原材料时,根据材料出库单,编制如下会计分录:

借:长期待摊费用　　　　　　　　　　　　　　　　　　　402 000
　　贷:原材料　　　　　　　　　　　　　　　　　　　　　　　402 000

(2) 辅助生产车间为装修工程提供劳务时,根据成本分配表,编制如下会计分录:

借:长期待摊费用　　　　　　　　　　　　　　　　　　　128 000
　　贷:生产成本——辅助生产成本　　　　　　　　　　　　　　128 000

(3) 计提装修工程人员工资时,根据工资费用分配表,编制如下会计分录:

借:长期待摊费用　　　　　　　　　　　　　　　　　　　205 000
　　贷:应付职工薪酬　　　　　　　　　　　　　　　　　　　　205 000

(4) 2022年9月,该办公楼装修完工时,记入"长期待摊费用"账户,借方总额为735 000元(402 000+128 000+205 000)。按10年摊销,每月摊销额为6 125元(73.5÷10÷12)。从2022年10月起至租赁期结束,每月摊销时,根据长期待摊费用摊销表(见图7-6),编制如下会计分录:

借:管理费用　　　　　　　　　　　　　　　　　　　　　6 125
　　贷:长期待摊费用　　　　　　　　　　　　　　　　　　　　6 125

## 长期待摊费用摊销表

编制单位:浙江华鸿笔业有限公司　　　　2022年10月31日　　　　　　　　　　单位:元

| 项目 | 原值 | 购入日期 | 摊销期间（月份） | 月摊销额 | 已摊销月份 | 累计摊销额 | 摊销余额 | 分摊费用 |
|---|---|---|---|---|---|---|---|---|
| 租入办公楼装 | 735 000.00 | 2022-09-30 | 120 | 6 125.00 | 0 | 0.00 | 735 000.00 | 6 125.00 |
|  |  |  |  |  |  |  |  |  |
|  |  |  |  |  |  |  |  |  |
|  |  |  |  |  |  |  |  |  |
|  |  |  |  |  |  |  |  |  |
| 合计 |  |  |  |  |  |  |  |  |

审核:李子轩　　　　　　　　　　　　　　　　　　　　　　　　　　　　制单:张伟

图7-6　长期待摊费用摊销表

# 项目八　融　资　业　务

**学习目标**

1. 了解融资业务的划分依据及类别。
2. 能准确地计算与填制、审核借款利息费用计算表。
3. 能核算短期借款的取得、计息、归还本息等业务。
4. 能核算长期借款的取得、计息、归还本息等业务。

**业务导入思考**

1. 短期借款核算包含哪些业务？如何进行账务处理？
2. 长期借款如何进行账务处理？
3. 应付债券包括哪些内容？如何进行账务处理？
4. 吸收投资包括哪些内容？如何进行账务处理？

## 任务一　融资业务认知

**情境导入**

浙江华鸿笔业有限公司准备投资一个大型项目，该项目需投资800万元，而公司目前仅有500万元货币资金。

思考：

（1）公司可以从哪些渠道去筹得剩余的投资资金？

（2）如果公司以宣称将给予高额利息或其他回报的方式直接向公众借款，这种行为是否合法？

（3）举例说出比较典型的非法吸收存款行为，增强法律意识。

**知识准备**

### 一、融资的概念及方式

**融资**是指为取得资产而集资所采取的货币手段。融资通常是指货币资金的持有者和需求者之间直接或间接地进行资金融通的活动。融资方式即企业融资的渠道，它可以分为债务性融资和权益性融资。前者包括银行贷款、发行债券和应付票据、应付账款等；后者主要是指股票融资。

**债务性融资**构成负债，主要包括短期借款、长期借款、应付债券等，企业要按期偿还约定的本息，债权人一般不参与企业的经营决策，对资金的运用也没有决策权。**权益性融资**主要包括实收资本（或股本）及资本公积，它构成企业的自有资金，投资者有权参与企业的经营决策，有权获得企业的红利，但无权撤回资金。融资既是企业生产经营活动的前提，又是企业再生产顺利进行的保证。同时，融资也为投资提供了基础和前提。没有融资，所有的经济活动都无法正常进行。所以，融资对经济活动有重要的意义。

## 二、账户设置

企业核算融资业务时，主要包括债务性融资和权益性融资。债务性融资会计账户主要包括"短期借款""长期借款""应付债券"等；权益性融资会计账户主要包括"实收资本"（股本）和"资本公积"。

"短期借款"账户核算企业向银行或其他金融机构等借入的期限在1年以下（含1年）的各种借款。"长期借款"账户核算企业向银行或其他金融机构借入的期限在1年以上（不含1年）的各种借款。"应付债券"账户核算企业为筹集（长期）资金而发行债券的本金和利息。"实收资本"账户核算企业接受投资者投入的实收资本（股份有限公司为"股本"）。"资本公积"账户核算企业收到投资者出资额超出其在注册资本或股本中所占份额的部分及直接计入所有者权益的利得和损失。

# 任务二 短期借款业务核算

**情境导入**

学生小钱是一名大二女生，通过网贷借钱用以自己和男友的日常花销。小钱借来的本金不到5万元，一年不到，欠下的贷款本息合计达50多万元。因还不起钱，网贷公司暴力催债。不得已，小钱的家人在报警的同时，只得变卖唯一住房还款。目前网贷平台多数产品的年化借款利率在15%以上，所谓的"低利息"并不可信。0.99%的月利率是营销把戏，学生容易"上当受骗"。

思考：

(1) 网贷利息为什么能在短时间内激增几倍？

(2) 网贷的危害有哪些？

**知识准备**

## 一、短期借款业务常识

**短期借款**是指企业向银行或其他金融机构等借入的期限在1年以下（含1年）的各种借款。

短期借款主要用于弥补企业临时性经营周转或季节性等原因出现的资金不足。短期借款期限较短,归还短期借款时,不仅要归还借款本金,还应支付相应的利息。企业发生的短期借款业务一般都需要经过批准借款、签订借款合同或协议、取得借款、计算利息、偿还借款等一系列程序。

## 二、账户设置

为了核算和监督企业短期借款的取得、偿还和结存情况,企业应当设置"短期借款"账户。"短期借款"属于负债类账户,贷方登记借入的短期借款本金数额,借方登记偿还的短期借款本金数额,期末余额在贷方,表示尚未偿还的短期借款。本账户可按债权人、借款种类和币种设置明细账,进行明细分类核算。

8-1 短期借款的核算

## 三、短期借款日常业务核算

### (一) 短期借款取得时的会计核算

企业取得一项短期借款时,借记"银行存款"账户,贷记"短期借款"账户。

**【做中学 8-1】** 浙江华鸿笔业有限公司为一般纳税人,2022年1月1日从银行取得短期借款 500 000 元。借款合同规定,借款利率为6%,期限为6个月,到期日为 2022 年 7 月 1 日。假定该公司每月月末计提利息,每季度末支付利息。

1月1日取得借款,根据借款合同(见图 8-1)、银行特种转账凭证(见图 8-2)编制如下会计分录:

借:银行存款　　　　　　　　　　　　　　　　　　500 000
　　贷:短期借款　　　　　　　　　　　　　　　　　　　　500 000

### (二) 短期借款利息的会计核算

企业对于取得短期借款的利息通常应当按照合同规定于会计期末根据借款本金和合同利率计算确定。在实际工作中,如果短期借款利息是按期支付的,或者利息是在借款到期时连同本金一起归还,并且其数额较大的,企业应采用月末预提方式进行短期借款利息的核算。短期借款利息属于筹资费用,应当于发生时直接计入当期财务费用。在资产负债表日,企业应当按照计算确定的短期借款利息,借记"财务费用"账户,贷记"应付利息"账户;实际支付利息时若支付的是已预提的利息,借记"应付利息"账户,贷记"银行存款"账户。

若企业短期借款利息是按月支付的,或者利息是在借款到期时连同本金一起归还但数额不大的,可以不采用预提的方法,而在实际支付或收到银行的计息通知时,直接计入当期损益,借记"财务费用"账户,贷记"银行存款"账户。

**【做中学 8-2】** 承[做中学 8-1],(1)2022 年 1 月 31 日,计提借款利息,根据贷款利息计提表(见图 8-3),编制如下会计分录:

应付利息 = 500 000 × 6% ÷ 12 = 2 500(元)

借:财务费用　　　　　　　　　　　　　　　　　　2 500
　　贷:应付利息　　　　　　　　　　　　　　　　　　　　2 500

## 借款合同

合同编号：50802706

经 __中国工商银行有限公司__（以下简称贷款方）与 __浙江华鸿笔业有限公司__（以下简称借款方）充分协商，签订本合同，共同遵守。

第一、由贷款方提供贷款人民币大写 __伍拾万元整__（ __¥500,000.00__ ）给借方，贷款期限自 2022 年 01 月 01 日至 2022 年 07 月 01 日。

第二、贷款方应按期、按额向借款方提供贷款，否则，按违约数额和延期天数，付给借款方违约金。违约金数额的计算，与逾期贷款罚息相同，即为 __0.5%__。

第三、贷款月利率为银行同期年月利率 __0.5%__，每月 __30__ 号结息，如遇调整，按调整的新利率和计息办法执行。

第四、借款方应按协议使用贷款，不得转移用途。否则，贷款方有权停止发放新贷款，直至收回已发放的贷款。

第五、借款方保证按借款契约所订期限归还贷款本息。如需延期，借款方最迟在贷款到期前 _____ 天，提出延期申请，经贷款方同意，办理延期手续。但延期最长不得超过原订期限的一半。贷款方未同意延期或未办理延期手续的逾期贷款，加收罚息。

第六、贷款到期后 __1__ 个月，如借款方不归还贷款，贷款方有权依照法律程序处理借款方作为贷款抵押的的物资和财产，抵还借款本息。

第七、本协议书一式 __2__ 份，借贷双方各执正本 __1__ 份。自双方签字起即生效。

……

第十一、合同争议的解决方式

本合同在履行过程中发生的争议，由借贷双方协商解决；协商不成的依法向人民法院提起诉讼。

贷款方：中国工商银行　　　　　　　　借款方：浙江华鸿笔业有限公司
法定代表人：　　　　　　　　　　　　法定代表人：陈思远
签订日期：2021 年 12 月 30 日　　　　签订日期：2021 年 12 月 30 日

图 8-1　借款合同

## 中国工商银行　特种转账借方凭证

2022 年 01 月 01 日　　凭证编号：2096

| 付款人 | 全称 | 中国工商银行 | 收款人 | 全称 | 浙江华鸿笔业有限公司 |
|---|---|---|---|---|---|
|  | 账号 |  |  | 账号 | 7900678288509000032 |
|  | 开户行 |  |  | 开户行 | 中国工商银行 |

| 金额 | 人民币（大写） | 伍拾万元整 | （小写）¥500,000.00 |
|---|---|---|---|

用途或事由：
短期借款
代理机构：779926

（银行盖章）

会计主管：江志诚　　复核：张琴　　记账：宋荷　　制单：宋荷

图 8-2　银行特种转账凭证

## 银行借款利息计算表

2022 年 01 月 31 日

| 借款名称 | 借款金额 | 计息月份 | 借款利率 | 借款利息 |
|---|---|---|---|---|
| 工商银行短期借款 | 500 000.00 | 2022.01 | 0.5% | 2 500.00 |
|  |  |  |  |  |
|  |  |  |  |  |
|  |  |  |  |  |
| 合　　　计 |  |  |  | 2 500.00 |

会计主管：李凯　　　　　　　　制单：张伟　　　　　　　　复核：李子轩

图 8-3　贷款利提计提表

(2) 2月末计提2月份利息的处理与1月份相同。

(3) 2022年3月31日，公司支付第一季度利息时，根据银行利息转账专用传票（见图8-4），编制如下会计分录：

借：应付利息　　　　　　　　　　　　　　　　　　　　　　5 000
　　财务费用　　　　　　　　　　　　　　　　　　　　　　2 500
　　贷：银行存款　　　　　　　　　　　　　　　　　　　　7 500

### 中国工商银行　　　（贷款）利息转账专用传票

2022 年 03 月 31 日　　　字第 000465 号

| 收入利息单位 | 名称 | 中国工商银行 | | 支付利息单位 | 名称 | 浙江华鸿笔业有限公司 | | | | | | | | | | |
|---|---|---|---|---|---|---|---|---|---|---|---|---|---|---|---|---|
| | 账号 | 10200040 | | | 账号 | 7900678288850900032 | | | | | | | | | | |
| 利息金额 | 人民币(大写) | 柒仟伍佰元整 | | | | 亿 | 千 | 百 | 十 | 万 | 千 | 百 | 十 | 元 | 角 | 分 |
| | | | | | | | | | | ¥ | 7 | 5 | 0 | 0 | 0 | 0 |
| 计息存/贷户账号 | 7900678288850900032 | | | 上列利息金额已如数从你单位结算账户支付。 | | | | | | | | | | | | |
| 计算利息 | 2022 年 01 月 01 日起 | | | | | | | | | | | | | | | |
| 起讫时间 | 2022 年 03 月 31 日止 | | | 2022.03.31 转讫 | | | | | | | | | | | | |
| 计息基数：¥500,000.00 | | 利率(年)：6% | | | | | | | | | | | | | | |
| 备注 | 短期借款 | | | 开户银行盖章 | | | | | | | | | | | | |

单位主管：江志诚　　会计：宋荷　　复核：张琴　　制单：李绅

图 8-4　银行利息转账专用传票

(4) 第二季度的会计处理同上。

**(三) 短期借款到期偿还的会计核算**

企业应于短期借款到期日偿还短期借款的本金以及尚未支付的利息，借记"短期借款""应付利息""财务费用"账户，贷记"银行存款"账户。

**【做中学 8-3】** 承[做中学 8-1]，2022年7月1日，公司到期偿还短期借款的本金和尚未支付的利息，根据银行付款回单，编制会计分录如下：

该项短期借款从2022年1月1日借入,每月计提一次利息,每季度支付一次利息。截至2022年7月1日,2022年6月30日之前的利息已全部支付,只需要归还本金。

借:短期借款　　　　　　　　　　　　　　　　　　　　　　　500 000
　　贷:银行存款　　　　　　　　　　　　　　　　　　　　　　　500 000

若借款期限是5个月,则到期日为6月1日,5月末之前的会计处理与之前相同。6月1日偿还借款本金,同时支付4月、5月已计提但尚未支付的利息,根据银行利息转账专用传票(见图8-4)、银行付款回单,编制会计分录如下:

借:短期借款　　　　　　　　　　　　　　　　　　　　　　　500 000
　　应付利息　　　　　　　　　　　　　　　　　　　　　　　　5 000
　　贷:银行存款　　　　　　　　　　　　　　　　　　　　　　　505 000

## 任务三　长期借款业务核算

### 情境导入

浙江华鸿笔业有限公司于2022年1月1日向银行借入一笔长期借款。企业向银行提交银行贷款申请时,银行会对借款人进行信誉查询,对其合法性、安全性、盈利性等情况进行调查,做出信用等级评估,看其是否符合贷款要求。

**思考:**
(1)除了贷款申请需要诚信记录,还有哪些社会事项需要诚信记录?
(2)阐明诚信对企业融资的重要作用。

### 知识准备

#### 一、长期借款业务常识

**长期借款**是指企业从银行或其他金融机构借入的期限在1年以上(不含1年)的借款。长期借款一般用于固定资产的购建、改扩建工程、大修理工程、对外投资以及保持长期经营能力等方面,是企业非流动负债的重要组成部分。

长期借款按照付息方式与本金的偿还方式,可分为分期付息到期还本长期借款、到期一次还本付息长期借款、分期偿还本息长期借款。按所借币种,长期借款可分为人民币长期借款和外币长期借款。

#### 二、账户设置

为了核算企业借入的长期借款的本金、利息以及外币借款的折合差额,企业应设置"长期借款"账户。该账户贷方登记借入的本金、转销的利息差额,借方登记偿还的本金及取得借款时实收金额和借款本金的差额,期末贷方余额反

8-2　长期借款的核算

映企业尚未偿还的长期借款的摊余成本。该账户按贷款单位和贷款种类,分别设"本金""利息调整"两个明细账户,分别核算长期借款的本金和因实际利率与合同利率不同产生的利息调整额。

### 三、长期借款日常业务核算

#### (一) 长期借款取得时的会计核算

企业借入长期借款时,按实际收到的金额,借记"银行存款"账户,按照取得长期借款的本金,贷记"长期借款——本金"账户,两者如果有差额,借记或贷记"长期借款——利息调整"账户。

#### (二) 长期借款利息的会计核算

企业应在资产负债表日,按照长期借款的摊余成本和实际利率计算确定长期借款的利息费用,按合同利率计算确定应付未付的利息。实际利率与合同利率差异较小的,也可以采用合同利率计算确定利息费用。长期借款按合同利率计算确定的应付未付利息,如果属于分期付息的,记入"应付利息"账户,如果属于到期一次还本付息的,记入"长期借款——应计利息"账户。

长期借款计算确定的利息费用,应当按以下原则计入有关成本、费用:属于筹建期间的,借记"管理费用"账户;属于生产经营期间的,借记"财务费用"账户;如果长期借款用于购建固定资产的,在固定资产尚未达到预定可使用状态前发生的应当资本化利息支出,借记"在建工程"账户,固定资产达到预定可使用状态后发生的利息支出,以及按规定不予资本化的支出,借记"财务费用"账户;属于研发期间并能够资本化的,借记"研发支出"账户,同时,按照借款本金和合同利率计算确定的应支付的利息,贷记"应付利息"或"长期借款——应计利息"账户,按照两者的差额,贷记"长期借款——利息调整"账户。

企业在付息日实际支付利息时,按照本期应支付的利息金额,借记"应付利息"账户(分期付息),或"长期借款——应计利息"账户(一次付息),贷记"银行存款"账户。

#### (三) 长期借款归还时的会计核算

企业到期偿还长期借款时,应当按照偿还的长期借款本金金额,借记"长期借款——本金"账户,贷记"银行存款"账户。

【做中学 8-4】 2020 年 11 月 30 日,浙江华鸿笔业有限公司从银行借入资金 2 000 000 元用于生产经营,该借款期限为 2 年,年利率为 6%,到期一次还本付息。

(1) 2020 年 11 月 30 日,取得借款时,根据借款合同、银行特种转账凭证,编制如下会计分录:

借:银行存款　　　　　　　　　　　　　　　　　　　　　2 000 000
　　贷:长期借款——本金　　　　　　　　　　　　　　　　　　　2 000 000

(2) 2020 年 12 月 31 日计提利息,根据利息计算表,编制如下会计分录:

借:财务费用　　　　　　　　　　　　　　　　　　　　　　10 000
　　贷:长期借款——应计利息　　　　　　　　　　　　　　　　　10 000

(3) 2021年1月至2022年10月末,计提利息,会计分录同(2)。

(4) 2022年11月30日,还本付息,根据银行付款回单(见图8-5),编制如下会计分录:

借:长期借款——本金　　　　　　　　　　　　　　　　　　　　　　2 000 000
　　　　　　——应计利息　　　　　　　　　　　　　　　　　　　　　230 000
　　财务费用　　　　　　　　　　　　　　　　　　　　　　　　　　　10 000
　　贷:银行存款　　　　　　　　　　　　　　　　　　　　　　　　　2 240 000

## 计付贷款本金及利息(付款通知)

开户行:中国工商银行温州市分行南城支行

账号:7900678288500900032　　　2022 年 11 月 30 日　　　NO.112

| 借款人单位名称 | 浙江华鸿笔业有限公司 | | | |
|---|---|---|---|---|
| 借款金额 | 大写:贰佰万元整 | 小写:¥2 000 000.00 | 计息总积数 | 2 000 000.00 |
| 借款期限 | 2020.11.30 | 至 | 2022.11.30 | |
| 行号 | 利率 | 利息金额 | 本息合计 | |
| | 6% | 240 000.00 | ¥2 240 000.00 | |

图 8-5　银行计付贷款本金及利息(付款通知)

【做中学 8-5】　2022 年 1 月 1 日,浙江华鸿笔业有限公司向中国银行温州市瓯海支行借入期限为 2 年的长期专门借款 2 000 000 元。该借款专门用于生产线的工程项目,款项已存入银行,借款利率为 5%,每年付息一次,期满后一次还清本金。生产线于 2022 年年底完工并投入使用。假如实际利率与合同利率差异很小。要求:请完成相关业务的会计处理。

【小贴士】
　　借款利息作为筹资成本,在债务决策时应提前做好预判,精确计算债务的资金成本,明确企业的偿债风险及应对方式,提升风险意识。

浙江华鸿笔业有限公司业务处理如下:

(1) 2022 年 1 月 1 日填写借款借据并与银行签订借款合同。

出纳人员应根据公司决议文件填写一式四联借款借据,并在借据第二联借款凭证上加盖预留印鉴章后,提交到银行,双方签订借款合同,浙江华鸿笔业有限公司取得借款 2 000 000 元。

(2) 2022 年 1 月 1 日取得借款时会计人员审核借款借据的收账通知联,确认借款增加。根据借款借据的收账通知联(见图 8-6),编制如下会计分录:

借:银行存款　　　　　　　　　　　　　　　　　　　　　　　　　　2 000 000
　　贷:长期借款——本金　　　　　　　　　　　　　　　　　　　　　2 000 000

(3) 2022 年年末,计提借款利息,用于购建固定资产,在资产未达到预定可使用状态前发生的利息应当资本化,根据利息计算表,编制如下会计分录:

## 中国银行温州市瓯海支行
### 借款借据（第一联回单）

单位编号：207722　　　2022 年 01 月 01 日

| 借款单位名称 | 浙江华鸿笔业有限公司 | 地址： | | 放款账号：2142141432761777995 |
|---|---|---|---|---|
| | | | | 存款账号：7370674288509701032 |

| 借款金额 | 人民币（大写） | 贰佰万元整 | 金额 亿 千 百 十 万 千 百 十 元 角 分 |
|---|---|---|---|
| | | | ¥ 2 0 0 0 0 0 0 0 0 |

| 借款原因、用途： 工程项目 | 利率 0.42% | 约定还款日期 | | |
|---|---|---|---|---|
| | 月利率 | 期次 | 计划还款日期 | 计划还款金额 |
| | | | 2023 年 1 月 31 日 | ¥2,100,000.00 |
| | | | 年 月 日 | |

上列放款已核准发放并已转入单位存款账户。

经理　　　财会　　　复核　　　记账

图 8-6　借款借据的收账通知联

借：在建工程　　　　　　　　　　　　　　　100 000
　　贷：应付利息　　　　　　　　　　　　　　　　100 000

（4）2022 年年末支付利息，根据银行付款回单，编制如下会计分录：

借：应付利息　　　　　　　　　　　　　　　100 000
　　贷：银行存款　　　　　　　　　　　　　　　　100 000

（5）2023 年年末计提借款利息，资产达到预定可使用状态后发生的利息应当费用化，根据利息计算表，编制如下会计分录：

借：财务费用　　　　　　　　　　　　　　　100 000
　　贷：应付利息　　　　　　　　　　　　　　　　100 000

（6）2023 年年末归还本金及最后一年利息，根据银行计付贷款本金及利息、银行付款回单，编制如下会计分录：

借：应付利息　　　　　　　　　　　　　　　100 000
　　长期借款——本金　　　　　　　　　　　2 000 000
　　贷：银行存款　　　　　　　　　　　　　　　　2 100 000

## 任务四　吸收投资业务核算

### 情境导入

2009 年以来，在金融危机和贸易保护主义的双重夹击下，中国汽车出口市场一片黯然，但海外投资却日渐增加。奇瑞是国内少数在创业生产周期进入国际创业阶段的企业之一，在短短几年内，奇瑞完成了它的国际化创业过程，从出口开始，然后海外建厂，此后开始走国际化路线。奇瑞开始出口的主要市场是中东地区。中国车企海外扩张举动表明：自主品牌已经从对外贸易进入资本输出的阶段。在众多中国车企中，奇瑞的海外扩张举动无疑是最成功的，而奇瑞之所以能够成功的关键是在对外直接投资中坚持技术创新。奇瑞通过对外直接投资在全球范围内充分整合资源，通过开展深度化、广泛化的国际合作，大幅度降低了整车制造和开发成本，缩短了开发周期，激发了企业的创新活力。

**思考：**

（1）从奇瑞海外市场扩张的案例中，我们可以看出投资是不是只有货币形式的投资？你还知道有哪些形式的投资？

（2）我国企业从改革开放初期的引进外资到现在的海外投资，我国的经济和科技实力发生了怎样的变化？

**知识准备**

## 一、吸收投资业务常识

### （一）吸收投资概述

**吸收投资**就是企业吸引投资者提供给企业的资本，它由实收资本（或股本）和资本公积两部分构成。

所有者向企业投入的资本，在一般情况下无须偿还，可供企业长期周转使用。实收资本（或股本）的构成比例，通常是确定所有者在企业所有者权益中所占份额和参与企业财务经营决策的基础，也是企业进行利润分配或股利分配的依据，同时还是企业清算时确定所有者对净资产要求权的依据。

资本公积是企业收到投资者的超出其在企业注册资本（或股本）中所占份额的投资，以及直接计入所有者权益的利得和损失等。资本公积是所有者权益的组成部分，资本溢价（或股本溢价），是企业收到投资者的超出其在企业注册资本（或股本）中所占份额的投资。其形成原因有溢价发行股票、投资者超额缴入资本等。直接计入所有者权益的利得和损失，是指不应计入当期损益，会导致所有者权益发生增减变动，与所有者投入资本或向所有者分配利润无关的利得或者损失。我国公司法规定，资本公积主要用来转增资本（或股本）。

### （二）账户设置

为了反映和监督投资者投入资本的增减变动情况，企业应设置"实收资本"账户核算，该账户属于所有者权益类账户，贷方登记投入资本的增加数额，借方登记投入资本的减少数额，期末贷方余额反映企业实收资本总额。该账户可按投资者设置明细账户，进行明细分类核算。

股份有限公司实收资本通过"股本"账户核算。该账户属于所有者权益类账户，用来核算股份有限公司在核定的股本总额及核定的股份总额范围内实际发行股票的数额。该账户贷方登记实际发行的股票票面总额，借方登记公司按法定程序经批准减少的股本数额，贷方余额反映公司期末股本总额。在"股本"账户下,按股票类别及股东名称设置明细账。

企业应设置"资本公积"账户来核算企业资本公积的增减变动情况。该账户属于所有者权益类账户,贷方登记资本公积的增加数额,借方登记资本公积的减少数额,期末贷方余额表示资本公积的结余数额。该账户下应设置"资本(股本)溢价"和"其他资本公积"等明细账户,进行明细核算。

## 二、实收资本(股本)业务核算

实收资本是指投资者作为资本投入企业中的各种资产的价值。实收资本是企业注册登记的法定资本总额的来源,实收资本的构成比例或股东的股权比例,是确定所有者在所有者份额中的基础,也是企业进行利润或股利分配的依据。

### (一) 接受货币资金投资

企业收到投资者以现金资产投入的资本时,应以实际收到或存入企业开户银行的金额作为实收资本入账,借记"库存现金""银行存款"账户,贷记"实收资本"账户。实际收到或者存入企业开户银行的金额超过其在该企业注册资本中所占份额的部分,贷记"资本公积——资本溢价"账户。

**【做中学 8-6】** 浙江华鸿笔业有限公司收到王建云股东投入货币资金 600 000 元。按协议确认实收资本 500 000 元款项已收妥入账,根据银行进账单,编制会计分录如下:

借:银行存款 600 000
　　贷:实收资本——王建云 500 000
　　　　资本公积——资本溢价 100 000

如果浙江华鸿笔业有限公司是上市公司,发行股票 500 000 股,面值 1 元每股,实际按 1.2 元每股售出,则根据股票发行记录和银行收款回单,编制会计分录如下:

借:银行存款 600 000
　　贷:股本 500 000
　　　　资本公积——股本溢价 100 000

### (二) 接受非现金资产投资

企业收到投资者以非现金投入的资本时,应按投资合同或协议约定价值确定非现金资产入账价值(但投资合同或协议约定价值不公允的除外)和在注册资本中应享有的份额。

企业在收到投入资本并办理完有关产权转移手续后,按投资合同或协议约定价值,借记"固定资产""无形资产""库存商品"等账户,可以抵扣增值税的,同时借记"应交税费——应交增值税(进项税额)"账户;按在注册资本中应享有的份额,贷记"实收资本"或"股本"账户;按其差额,贷记"资本公积——资本溢价"账户。

**【做中学 8-7】** 浙江三化纸业有限公司创立时由好未来、云尚宝两个公司投资组建。好未来投入原材料一批,确认的不含税价值为 100 000 元,增值税专用发票列明的税款为 13 000 元。云尚宝投资专利权和使用过的固定资产,经资产评估部门评估,其专利权的评估价为 800 000 元,固定资产的评估价为 4 520 000 元(其中包含投资人支付的增值税 520 000

元,取得了云尚宝投资方提供的增值税专用发票)。企业在收到投资者投入的资产时,账务处理如下:

(1) 收到投资人好未来公司的投资时,根据增值税专用发票和材料入库单,编制如下会计分录:

借:原材料                                              100 000
    应交税费——应交增值税(进项税额)                    13 000
    贷:实收资本——好未来公司                                      113 000

(2) 收到投资人云尚宝公司投入的固定资产和无形资产时,根据增值税专用发票和材料入库单,编制如下会计分录:

借:固定资产                                          4 000 000
    应交税费——应交增值税(进项税额)                   520 000
    无形资产                                            800 000
    贷:实收资本——云尚宝公司                                     5 320 000

**(三) 实收资本增减变动**

一般情况下,企业的实收资本(股本)应相对固定不变,但在某些特定情况下,实收资本也可能发生增减变化。

1. 实收资本(或股本)增加的核算

一般企业增加资本主要有三种途径:一是接受投资者追加投资,二是资本公积转为实收资本或股本,三是盈余公积转为实收资本或股本。

8-3 资本增减变动的核算

投资者增资时,借记"银行存款"等账户,贷记"实收资本"账户;投资者增资额超过其在被投资单位注册资本中应享有份额的部分,贷记"资本公积——资本溢价"账户。

资本公积转增资本的核算见本节"资本公积的核算"。

企业经批准用盈余公积转增资本时,应按照实际用于转增的盈余公积金额,借记"盈余公积"账户,贷记"实收资本"或"股本"账户。

【做中学 8-8】 浙江华鸿笔业股份有限公司收到丙公司自行研发投入的专利权一项,投资双方在协议中约定该专利权的价值为 1 200 000 元。丙公司在浙江华鸿笔业股份有限公司注册资本中占有的份额为 800 000 元,已办理产权转移手续。假定不考虑相关税费,公司根据专利权产权转让手续、投资协议、资产评估报告,编制会计分录如下:

借:无形资产——专利权                                1 200 000
    贷:实收资本——丙公司                                         800 000
        资本公积——资本溢价                                       400 000

2. 实收资本(或股本)减少的核算

企业由于资本过剩或发生重大亏损,实收资本或股本会减少。

企业按照法定程序报经批准减少注册资本时,应按照减少金额,借记"实收资本"或"股本"账户,贷记"库存现金""银行存款"等账户。

股份有限公司采用收购本公司股票方式减资的,在收购股票时,收购价格与股票面值可能不同,应按股票面值和注销股数计算的股票面值总额借记"股本"账户,按所注销库存股的账面余额贷记"库存股"账户,按其差额借记"资本公积——股本溢价"账户,股本溢价不足冲减的,再冲减盈余公积直至未分配利润,借记"盈余公积""利润分配——未分配利润"账户。购回股票支付的价款低于面值总额的,应按股票面值总额借记"股本"账户,按所注销库存股的账面余额贷记"库存股"账户,按其差额贷记"资本公积——股本溢价"账户。

【做中学8-9】 截至2021年12月31日,浙江华鸿笔业股份有限公司共发行普通股股票60 000 000股,股票面值为1元,资本公积(股本溢价)6 000 000元,盈余公积为4 000 000元。经股东大会批准,公司于2022年2月10日以现金回购本公司股票2 000 000股并注销。假定公司回购股票的价格为每股5元,不考虑相关税费,公司根据股东会议纪要、证券业务交割单、银行付款回单,编制会计分录如下:

(1) 以现金回购股票:

借:库存股　　　　　　　　　　　　　　　　　　　　　　　　10 000 000
　　贷:银行存款　　　　　　　　　　　　　　　　　　　　　　　　10 000 000

(2) 注销库存股

借:股本　　　　　　　　　　　　　　　　　　　　　　　　　2 000 000
　　资本公积——股本溢价　　　　　　　　　　　　　　　　　　6 000 000
　　盈余公积　　　　　　　　　　　　　　　　　　　　　　　　2 000 000
　　贷:库存股　　　　　　　　　　　　　　　　　　　　　　　　10 000 000

【做中学8-10】 承[做中学8-9],假定2022年2月10日,公司经股东大会决议,以现金回购本公司票2 000 000股,支付回购款1 800 000元。公司根据银行付款回单,编制会计分录如下:

(1) 以现金回购股票

借:库存股　　　　　　　　　　　　　　　　　　　　　　　　1 800 000
　　贷:银行存款　　　　　　　　　　　　　　　　　　　　　　　　1 800 000

(2) 注销库存股

借:股本　　　　　　　　　　　　　　　　　　　　　　　　　2 000 000
　　贷:库存股　　　　　　　　　　　　　　　　　　　　　　　　1 800 000
　　　　资本公积——股本溢价　　　　　　　　　　　　　　　　　200 000

## 三、资本公积业务核算

### (一) 资本公积概述

**资本公积**是企业收到投资者出资额超过其在注册资本(或股本)中所占份额的部分以及**直接计入所有者权益的利得和损失**。资本公积包括资本(股本)溢价及其他资本公积。资本(股本)溢价是指企业收到投资者投入的超出其在企业注册资本(股本)中所占份额的投资。形成资本(股本)溢价的原因有溢价发行股票、投资者超额缴入资本等。

其他资本公积包括：①以权益结算的股份支付。②企业与股东之间的资本性（权益性）交易，如股东对企业的捐赠、债务豁免、代为偿债等。③权益法下，被投资单位发生的除净损益和其他综合收益、利润分配以外的其他权益变动份额，如被投资单位其他股东的资本性投入等。

资本公积由全体股东享有，资本公积在转增资本时，按各个股东在实收资本中所占的投资比例计算的金额，分别转增各个股东的投资金额。资本公积与盈余公积不同，盈余公积是从净利润中取得的，而资本公积的形成与企业的净利润无关。在我国，资本公积主要用来转增资本（股本），其他资本公积不能转增资本，处置资产时按照与处置资产相一致的原则结转其他资本公积。

### （二）资本溢价的核算

有限责任公司收到投资者的投资，按实际收到的现金或非现金资产的价值，借记"银行存款""固定资产"等账户；按其在注册资本中所占份额，贷记"实收资本"账户，按其差额，贷记"资本公积——资本溢价"账户。

**【做中学 8-11】** 浙江华鸿笔业股份有限公司由 A、B、C 三位股东各投 1 000 000 元设立。设立时的实收本为 3 000 000 元。经过几年的经营，企业留存收益为 1 200 000 元，这时又有张强要加入企业，并表示愿出资 1 500 000 元，享有与 A、B、C 三位股东同等的权利，三位股东表示同意。在会计核算时，财务人员将股东张强投入资金中的 1 000 000 元记入"实收资本"账户，其余的 500 000 元记入"资本公积"账户。公司根据银行收款回单，编制会计分录如下：

借：银行存款　　　　　　　　　　　　　　　　　　　　　1 500 000
　　贷：实收资本——张强　　　　　　　　　　　　　　　　　1 000 000
　　　　资本公积——资本溢价　　　　　　　　　　　　　　　　500 000

### （三）股本溢价的核算

股份有限公司溢价发行股票，在收到款项时，按实际收到的金额借记"库存现金""银行存款"等账户，按股票面值与核定的股份总额的乘积计算的金额贷记"股本"账户，按扣除各种费用后的溢价额贷记"资本公积——股本溢价"账户。

**【做中学 8-12】** 浙江华鸿笔业股份有限公司委托甲证券公司代理发行普通股 1 000 000 股，每股面值 1 元，实际按每股 1.2 元的价格发行。公司与受托单位约定按发行收入的 3% 收取手续费，从发行收入中扣除，假设收到的股款已存入银行。则根据银行收款回单，编制会计分录如下：

公司收到受托发行单位交来的款项 = 1 000 000 × 1.2 × (1 - 3%) = 1 164 000（元）

应记入"资本公积"账户的金额 = 溢价收入 - 发行手续费 = 200 000 - 36 000 = 164 000（元）

借：银行存款　　　　　　　　　　　　　　　　　　　　　1 164 000
　　贷：股本　　　　　　　　　　　　　　　　　　　　　　1 000 000
　　　　资本公积——股本溢价　　　　　　　　　　　　　　　164 000

## (四)其他资本公积的核算

其他资本公积是指除资本溢价(或股本溢价)项目以外形成的资本公积,即主要是指企业非日常经营活动所形成的直接计入所有者权益的利得和损失。

以长期股权投资形成的其他资本公积为例。企业对外长期股权投资采用权益法核算时,在持股比例不变的情况下,被投资单位除净损益、其他综合收益和利润分配以外所有者权益的其他变动,必然也会引起投资企业经济利益流入或流出企业,对此,投资企业应按持股比例计算其应享有被投资企业所有者权益的份额。如果是利得,借记"长期股权投资——其他权益变动"账户,贷记"资本公积——其他资本公积"账户;如果是损失,则作相反的会计分录。当日后处置采用权益法核算的长期股权投资时,应转销与该笔投资相关的其他资本公积,借记或贷记"资本公积——其他资本公积"账户,贷记或借记"投资收益"账户。

【做中学 8-13】 浙江华鸿笔业有限责任公司持有联营企业甲公司30%的股份,采用权益法核算该项长期股权投资。甲公司2022年增加资本公积500 000元。公司应编制如下会计分录:

借:长期股权投资——甲公司(其他权益变动)     150 000
  贷:资本公积——其他资本公积     150 000

## (五)资本公积转增资本的核算

经股东大会或类似机构决议,用资本公积转增资本,应冲减资本公积,借记"资本公积——资本溢价(或股本溢价)"账户,贷记"实收资本"或"股本"账户。

【做中学 8-14】 2022年10月,公司将资本公积1 000 000元转增资本。在原来的注册资本中,甲、乙、丙三位投资者的投资比例分别为50%、20%、30%。该公司按法定程序办理完增资手续,编制会计分录如下:

借:资本公积     1 000 000
  贷:实收资本——甲企业     500 000
        ——乙企业     200 000
        ——丙企业     300 000

# 项目九　财务成果核算业务

**学习目标**

1. 理解收入、费用和利润的概念和特征。
2. 能判断具体业务是某一时段的履约义务和某一时点的履约义务。
3. 能正确利用收入五步法对收入业务进行确认和计量。
4. 能正确核算合同取得成本和合同履约成本。
5. 能正确处理营业成本、期间费用的核算业务。
6. 能正确处理营业外收支、所得税费用的核算业务。
7. 能正确处理利润形成的核算业务。
8. 能正确处理利润分配的核算业务。

**业务导入思考**

1. 收入业务分哪些类型?
2. 不同类型的收入业务在账务处理上有什么不同?
3. 企业的成本费用都有哪些? 分别通过哪些账户进行核算?

## 任务一　收入业务核算

**情境导入**

2017年至2019年,北京蓝山科技股份有限公司(以简称"蓝山科技")通过虚构购销业务、研发业务等方式,累计虚增收入8亿余元,虚增研发支出2亿余元,虚增利润8 000余万元,导致公开发行文件存在虚假记载,华龙证券股份有限公司、中兴财光华会计师事务所、北京市天元律师事务所、开元资产评估有限公司为蓝山科技提供相关证券服务,未按业务规则审慎核查,出具的报告存在虚假记载。本案是一起蓝山科技欺诈发行及相关中介机构未勤勉尽责的新三板公司欺诈发行的典型案件。本案警示,新三板公司应敬畏市场规则,切勿"带病闯关",相关中介机构应勤勉履职,共同维护新三板市场健康发展。

思考:

(1) 请同学们思考,在日常账务处理中收入业务确认需具备哪些要素?

(2) 当公司要求你违规确认收入时,你该如何应对?

## 知识准备

### 一、收入业务常识

**(一) 收入的概念**

**收入**是指企业在日常活动中形成的,会导致所有者权益增加的,与所有者投入资本无关的经济利益的总流入。日常活动,是指企业为完成其经营目标所从事的经常性活动以及与之相关的活动。如工业企业制造并销售产品、商品流通企业销售商品、咨询公司提供咨询服务、软件公司为客户开发软件、安装公司提供安装服务、建筑企业提供建造服务等,均属于企业的日常活动。

**(二) 收入确认的原则**

企业确认收入的方式应当反映其向客户转让商品的模式,收入的金额应当反映企业因转让这些商品而预期有权收取的对价金额。企业应当在履行了合同中的履约义务,即在客户取得相关商品控制权时确认收入。

本项目所称客户,是指与企业订立合同以向企业购买其日常活动产出的商品并支付对价的一方。取得商品控制权同时包括下列三要素:

(1) 客户必须拥有现时的权利,即能够主导该商品的使用并从中获得几乎全部的经济利益。

(2) 客户有能力主导该商品的使用,是指客户有权使用该商品,或者能够允许或阻止其他方使用该商品。

(3) 客户能够从中获得几乎全部的经济利益。客户可以通过使用、消耗、出售、处置、交换、抵押或持有等多种方式直接或间接地获取商品的经济利益。

**(三) 收入确认的前提条件**

企业与客户之间的合同同时满足下列五项条件的,企业应当在履行了合同中的履约义务,即在客户取得相关商品控制权时确认收入:

(1) 合同各方已批准该合同并承诺将履行各自义务。

(2) 合同明确了合同各方与所转让商品相关的权利和义务。

(3) 合同有明确的与所转让商品相关的支付条款。

(4) 合同具有商业实质,即履行该合同将改变企业未来现金流量的风险、时间分布或金额。

(5) 企业因向客户转让商品而有权取得的对价很可能收回。

9-1 收入准则——"五步法"模型

**(四) 收入的确认和计量五步法**

根据《企业会计准则第 14 号——收入》(2018),收入的确认和计量分为五步,如表 9-1 所示。

表 9-1 收入的确认和计量五步法

| 步骤 | 内容 | 本质 |
|---|---|---|
| 第一步 | 识别与客户订立的合同 | 收入确认 |
| 第二步 | 识别合同中的单项履约义务 | |

(续表)

| 步骤 | 内容 | 本质 |
|---|---|---|
| 第三步 | 确定交易价格 | 收入计量 |
| 第四步 | 将交易价格分摊至各单项履约义务 | |
| 第五步 | 履行各单项履约义务时确认收入 | 收入确认 |

其中,第一、第二、第五步主要与收入的确认有关,第三、第四步主要与收入的计量有关。

## 二、收入业务核算

### (一) 账户设置

为了核算企业与客户之间的合同产生的收入及相关的成本费用,一般需要设置"主营业务收入""其他业务收入""主营业务成本""其他业务成本""合同取得成本""合同履约成本""合同资产""合同负债"等账户。此处主要列举以下账户。

"**主营业务收入**"账户核算企业确认的销售商品、提供服务等主营业务的收入。该账户贷方登记企业主营业务活动实现的收入,借方登记期末转入"本年利润"账户的主营业务收入,结转后该账户无余额。该账户可按主营业务的种类进行明细核算。

"**其他业务收入**"账户核算企业确认的除主营业务活动以外的其他经营活动实现的收入,包括出租固定资产、出租无形资产、出租包装物和商品、销售材料、用材料进行非货币性交换(非货币性资产交换具有商业实质且公允价值能够可靠计量)或债务重组等实现的收入。该账户贷方登记企业其他业务活动实现的收入,借方登记期末转入"本年利润"账户的其他业务收入,结转后该账户无余额。该账户可按其他业务的种类进行明细核算。

"**合同取得成本**"账户核算企业取得合同发生的、预计能够收回的增量成本。该账户借方登记发生的合同取得成本,贷方登记摊销的合同取得成本,期末借方余额反映企业尚未结转的合同取得成本。该账户可按合同进行明细核算。

"**合同履约成本**"账户核算企业为履行当前或预期取得的合同所发生的、不属于其他企业会计准则规范范围且按照收入准则应当确认为一项资产的成本。该账户借方登记发生的合同履约成本,贷方登记摊销的合同履约成本,期末借方余额反映企业尚未结转的合同履约成本。该账户可按合同分别设置"服务成本""工程施工"等账户进行明细核算。

"**合同资产**"账户核算企业已向客户转让商品而有权收取对价的权利,且该权利取决于时间流逝之外的其他因素(如履行合同中的其他履约义务),该权利既承揽信用风险,还承揽履约风险。该账户借方登记因已转让商品而有权收取的对价金额,贷方登记取得无条件收款权的金额,期末借方余额反映企业已向客户转让商品而有权收取的对价金额。该账户按合同进行明细核算。应收账款是企业无条件(取决于时间)收取合同对价的权利,该权利应当作为应收款项单独列示,此权利只有信用风险。因此,当企业拥有无条件收款权时应计入应收账款;收款权取决于时间以外的其他因素时,计入合同资产。

"**合同负债**"账户核算企业已收或应收客户对价而应向客户转让商品的义务。该账户贷方登记企业在向客户转让商品之前,已经收到或已经取得无条件收取合同对价权利的金额,借方登记企业向客户转让商品时冲销的金额,期末贷方余额反映企业在向客户转让商品之前,已经收到的合同对价或已经取得的无条件收取合同对价权利的金额。该账户按合同进行明细核算。

此外,企业发生减值的,还应当设置"合同履约成本减值准备""合同取得成本减值准备""合同资产减值准备"等账户进行核算。

### (二) 某一时点履行履约义务收入的确认

1. 某一时点履行履约义务的收入确认原则

对于在某一时点履行的履约义务,企业应当在客户取得相关商品控制权时确认收入。在判断客户是否已取得商品控制权时,企业应当考虑下列迹象:

(1) 企业就该商品享有现时收款权利,即客户就该商品负有现时付款义务。

(2) 企业已将该商品的法定所有权转移给客户,即客户已拥有该商品的法定所有权。

(3) 企业已将该商品实物转移给客户,即客户已占有该商品实物。

(4) 企业已将该商品所有权上的主要风险和报酬转移给客户,即客户已取得该商品所有权上的主要风险和报酬。

(5) 客户已接受该商品。

(6) 其他表明客户已取得商品控制权的迹象。

2. 一般销售商品业务的账务处理

**【做中学9-1】** 浙江华鸿笔业有限公司向温州一心办公用品批发部销售铅笔一批,开具的增值税专用发票上注明售价为10 000元,增值税税额为1 300元。浙江华鸿笔业有限公司收到温州一心办公用品批发部开出的不带息银行承兑汇票一张,票面金额为11 300元,期限为6个月。浙江华鸿笔业有限公司以银行存款支付代垫运费,增值税专用发票上注明运输费1 000元,增值税税额为90元,所垫运费款尚未收到,该批铅笔成本为6 000元;温州一心办公用品批发部收到铅笔并验收入库。请对上述业务进行账务处理。

本例中,浙江华鸿笔业有限公司已经收到温州一心办公用品批发部开出的不带息银行承兑汇票,温州一心办公用品批发部收到铅笔并验收入库,因此,销售铅笔为单项履约义务且属于在某一时点履行的履约义务。

(1) 确认收入时,据审核无误的增值税专用发票记账联(见图9-1)、销售出库单(见图9-2)及银行承兑汇票(见图9-3),编制如下会计分录:

借:应收票据——温州一心办公用品批发部　　　　　　　　　　11 300
　　贷:主营业务收入　　　　　　　　　　　　　　　　　　　　　　10 000
　　　　应交税费——应交增值税(销项税额)　　　　　　　　　　　1 300

(2) 代垫运费时,根据银行支付凭证,编制如下会计分录:

借:应收账款——温州一心办公用品批发部　　　　　　　　　　1 900
　　贷:银行存款　　　　　　　　　　　　　　　　　　　　　　　　1 900

(3) 结转成本时,根据出库单,编制如下会计分录:

借:主营业务成本　　　　　　　　　　　　　　　　　　　　　　6 000
　　贷:库存商品　　　　　　　　　　　　　　　　　　　　　　　　6 000

9-2 委托代销商品业务核算

图 9-1　增值税专用发票记账联

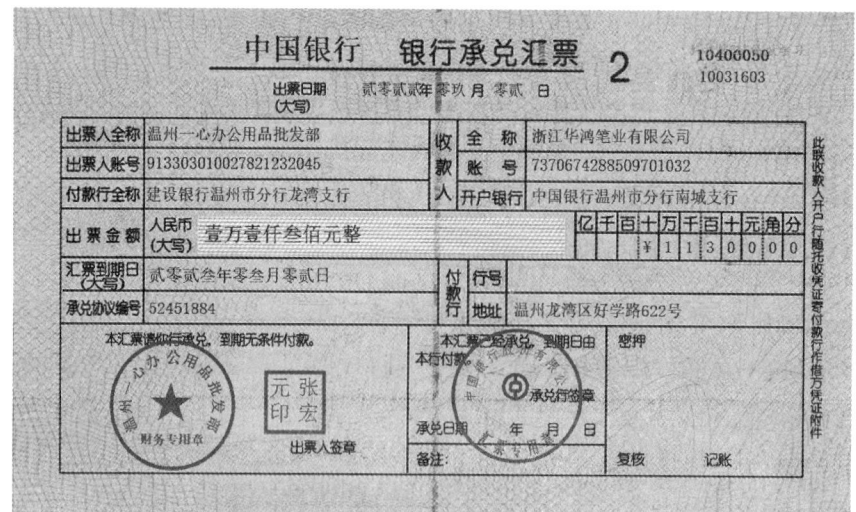

图 9-2　销售出库单

图 9-3　银行承兑汇票

### 3. 已经发出商品但不能确认收入业务的账务处理

企业按合同发出商品,合同约定客户只有在商品售出取得价款后才支付货款。企业向客户转让商品的对价未达到"很可能收回"收入确认条件。在发出商品时,企业不应确认收入,将发出商品的成本记入"发出商品"账户,借记"发出商品"账户,贷记"库存商品"账户。如果已发出的商品被客户退回,应编制相反的会计分录。"发出商品"账户核算企业商品已发出但客户没有取得商品的控制权的商品成本。当收到货款或取得收取货款权利时,确认收入,借记"银行存款""应收账款"账户,贷记"主营业务收入"账户,贷记"应交税费——应交增值税(销项税额)"账户,同时结转已销商品成本,借记"主营业务成本"账户,贷记"发出商品"账户。

【做中学9-2】 浙江华鸿笔业有限公司与一宁文化用品代理有限公司均为增值税一般纳税人。2022年9月1日,浙江华鸿笔业有限公司与一宁文化用品代理有限公司签订委托代销合同,浙江华鸿笔业有限公司委托一宁文化用品代理有限公司销售水笔20 000件,水笔已经发出,每件水笔成本为3元。合同约定,一宁文化用品代理有限公司应按每件5元对外销售,浙江华鸿笔业有限公司按不含增值税的销售价格的20%向一宁文化用品代理有限公司支付手续费。除非这些钢笔在一宁文化用品代理有限公司存放期间内由于一宁文化用品代理有限公司的责任发生毁损或丢失,否则在钢笔对外销售之前,一宁文化用品代理有限公司没有义务向浙江华鸿笔业有限公司支付货款。一宁文化用品代理有限公司不承担包销责任,没有售出的钢笔须退回给浙江华鸿笔业有限公司,同时,浙江华鸿笔业有限公司也有权要求收回钢笔或将其销售给其他的客户。至2022年9月30日,一宁文化用品代理有限公司实际对外销售5 000件,开出的增值税专用发票上注明的销售价款为25 000元,增值税税额为3 250元,并向浙江华鸿笔业有限公司开出手续费的增值税专用发票,税率为6%。请为浙江华鸿笔业有限公司作相关账务处理。

(1) 2022年9月1日,浙江华鸿笔业有限公司按合同约定发出水笔时,根据出库单,编制如下会计分录:

借:发出商品　　　　　　　　　　　　　　　　　　　　　　　　　60 000
　　贷:库存商品　　　　　　　　　　　　　　　　　　　　　　　　　　60 000

【小贴士】
委托代销出库时,在实际业务操作过程中先按协议约定价开具出库单,但商品尚未真正出售,因此在账务处理上,以库存商品账上成本价先记入"发出商品"账户。

(2) 2022年9月30日,浙江华鸿笔业有限公司收到一宁文化用品代理有限公司开具的代销清单时,根据代销清单及增值税专用发票记账联,编制如下会计分录:

借:应收账款——一宁文化用品代理有限公司　　　　　　　　　　　28 250
　　贷:主营业务收入　　　　　　　　　　　　　　　　　　　　　　　　25 000
　　　　应交税费——应交增值税(销项税额)　　　　　　　　　　　　　3 250

(3) 根据销售出库单结转成本,编制如下会计分录:

借：主营业务成本 15 000
　　贷：发出商品 15 000

(4) 根据代销手续费增值税专用发票客户联,编制如下会计分录：

借：销售费用 5 000
　　应交税费——应交增值税(进项税额) 300
　　贷：应收账款——一宁文化用品代理有限公司 5 300

(5) 收到支付的货款时,根据银行进账单,编制如下会计分录：

借：银行存款 22 950
　　贷：应收账款——一宁文化用品代理有限公司 22 950

除上述业务类型,还有商业折扣、现金折扣、销售折让和销售退回等业务,相关账务处理在项目三任务二中有详细描述。

4. 其他业务收入的账务处理

**其他业务收入**是指企业为完成其经营目标所从事的与经常性活动相关,属于企业日常活动中次要交易实现的收入。一般占企业总收入的比重较小。不同行业的其他业务收入所包括的内容不同。比如,工业企业的其他业务收入主要包括对外销售材料、对外出租包装物、对外出租商品或固定资产、对外转让无形资产使用权、提供非工业性劳务等实现的收入。

9-3 其他业务收入

企业实现的原材料销售收入、让渡资产使用权收入,包括包装物租金收入、固定资产租金收入、无形资产使用费收入等,均通过"其他业务收入"账户核算。

【做中学 9-3】 浙江华鸿笔业有限公司销售一批包装物,开具增值税专用发票上注明售价为 8 000 元,增值税税额为 1 040 元,款项未收,该批材料成本为 6 000 元。请作相关账务处理。

(1) 根据增值税专用发票和销售出库单,编制如下会计分录：

借：应收账款 9 040
　　贷：其他业务收入 8 000
　　　　应交税费——应交增值税(销项税额) 1 040

(2) 根据包装物出库单,编制如下会计分录：

借：其他业务成本 6 000
　　贷：周转材料——包装物 6 000

【做中学 9-4】 浙江华鸿笔业有限公司出租一幢厂房,月租金不含税 24 000 元,租金按月收取,已存银行,增值税税率为 9%,该厂房每月折旧 18 000 元,请作相关账务处理。

(1) 根据增值税专用发票和银行收款凭证,编制如下会计分录：

借：其他应收款 261 60
　　贷：其他业务收入 240 00
　　　　应交税费——应交增值税(销项税额) 2 160

(2)根据固定资产折旧清单,编制如下会计分录:

借:其他业务成本　　　　　　　　　　　　　　　　　　　　　6 000
　　贷:累计折旧　　　　　　　　　　　　　　　　　　　　　　　　6 000

### (三)某一时段履行履约义务收入的确认

**1. 某一时段履行履约义务收入的确认条件**

对于在某一时段内履行的履约义务,企业应当在该时间段内按照履约进度确认收入,**履约进度不能合理确定的,应当按照已发生的并且预计能够得到补偿的成本金额确认收入。**

9-4　在某一时段内履行履约义务的判定

**2. 在某一时段内履行的履约义务的收入确认方法**

企业应当采用恰当的方法确定履约进度,以使其如实反映企业向客户转让商品的履约情况。企业应当考虑商品的性质,采用产出法或投入法确定恰当的履约进度,并且在确定履约进度时,应当扣除那些控制权尚未转移给客户的商品和服务。

其具体计算公式如下:

9-5　在某一时段内履行履约义务的账务处理

当期收入=总收入×完工进度-已确认过的收入
当期成本=总成本×完工进度-已确认过的成本

(1)产出法。产出法主要是根据已转移给客户的商品对于客户的价值确定履约进度,主要包括按照实际测量的完工进度、评估已实现的结果、时间进度、已完工或交付的产品等确定履约进度的方法。

(2)投入法。投入法主要是根据企业履行履约义务的投入确定履约进度,主要包括以投入的材料数量、花费的人工工时或机器工时、发生的成本和时间进度等投入指标确定履约进度。

**【做中学9-5】** 浙江华鸿装饰有限公司为增值税一般纳税人,系浙江华鸿笔业有限公司旗下子公司,其装修服务适用增值税税率9%。2022年3月1日,浙江华鸿装饰有限公司与A公司签订一项为期3个月的装修合同,合同约定装修价款为100万元,增值税税额为9万元,装修费用每月末按完工进度支付。双方协议按投入劳务成本确定履约进度。

截至2022年3月31日,浙江华鸿装饰有限公司为完成该合同累计发生劳务成本30万元(假定均为装修人员薪酬),估计还将发生劳务成本20万元。

2022年4月,浙江华鸿装饰有限公司为完成该合同发生劳务成本10万元(假定均为装修人员薪酬),为完成该合同估计还将发生劳务成本10万元。

2022年5月31日,装修完工。A公司验收合格,按完工进度支付价款,同时支付对应的增值税款。2022年5月,浙江华鸿装饰有限公司为完成该合同发生劳务成本10万元(假定均为装修人员薪酬)。请为浙江华鸿装饰有限公司作相关账务处理。

(1)2022年3月编制如下会计分录。

① 2022年3月31日,实际发生劳务成本30万元时,根据相关劳务成本原始凭证,编制如下会计分录:

借：合同履约成本　　　　　　　　　　　　　　　　　　　　　　　　300 000
　　贷：应付职工薪酬　　　　　　　　　　　　　　　　　　　　　　　　300 000

② 根据发生的劳务成本确认完工进度：
2022 年 3 月 31 日确认完工进度＝30÷(30＋20)＝60％
2022 年 3 月 31 日确认的劳务收入＝100×60％－0＝60(万元)
③ 根据增值税销项发票及完工进度核算表，确认收入，编制如下会计分录：

借：银行存款　　　　　　　　　　　　　　　　　　　　　　　　　　654 000
　　贷：主营业务收入　　　　　　　　　　　　　　　　　　　　　　　　600 000
　　　　应交税费——应交增值税(销项税额)　　　　　　　　　　　　　　54 000

④ 根据完工进度核算表，确认主营业务成本，编制如下会计分录：

借：主营业务成本　　　　　　　　　　　　　　　　　　　　　　　　300 000
　　贷：合同履约成本　　　　　　　　　　　　　　　　　　　　　　　　300 000

(2) 2022 年 4 月编制如下会计分录。

① 2022 年 4 月，根据薪酬分配表，编制如下会计分录：

借：合同履约成本　　　　　　　　　　　　　　　　　　　　　　　　100 000
　　贷：应付职工薪酬　　　　　　　　　　　　　　　　　　　　　　　　100 000

② 2022 年 4 月 30 日确认劳务完工进度＝(30＋10)÷(30＋20)＝80％
2022 年 4 月 30 日确认的劳务收入＝100×80％－60＝20(万元)
根据增值税销项发票及完工进度核算表，确认收入，编制如下会计分录：

借：银行存款　　　　　　　　　　　　　　　　　　　　　　　　　　218 000
　　贷：主营业务收入　　　　　　　　　　　　　　　　　　　　　　　　200 000
　　　　应交税费——应交增值税(销项税额)　　　　　　　　　　　　　　18 000

根据完工进度核算表，确认主营业务成本，编制如下会计分录：

借：主营业务成本　　　　　　　　　　　　　　　　　　　　　　　　100 000
　　贷：合同履约成本　　　　　　　　　　　　　　　　　　　　　　　　100 000

(3) 2022 年 5 月编制如下会计分录。

① 2022 年 5 月，根据薪酬分配表，编制如下会计分录：

借：合同履约成本　　　　　　　　　　　　　　　　　　　　　　　　100 000
　　贷：应付职工薪酬　　　　　　　　　　　　　　　　　　　　　　　　100 000

② 2022 年 5 月 31 日确认劳务完工进度＝(30＋10＋10)÷(30＋20)＝100％
2022 年 5 月 31 日确认的劳务收入＝100×100％－60－20＝20(万元)
根据增值税销项发票、完工进度核算表、银行进账单，确认收入，编制如下会计分录：

借：银行存款　　　　　　　　　　　　　　　　　　　　　　　　　　218 000
　　贷：主营业务收入　　　　　　　　　　　　　　　　　　　　　　　　200 000
　　　　应交税费——应交增值税(销项税额)　　　　　　　　　　　　　　18 000

借：主营业务成本　　　　　　　　　　　　　　　　　　　　　100 000
　　贷：合同履约成本　　　　　　　　　　　　　　　　　　　　　100 000

### 三、合同取得成本的核算

企业在与客户之间建立合同关系过程中发生的成本主要有合同取得成本和合同履约成本。

**(一) 合同取得成本**

企业为了取得合同发生的增量成本预期能够收回的,应作为合同取得成本确认为一项资产。增量成本是指企业不取得合同就不会发生的成本,也就是企业发生的与合同直接相关,但又不是所签订合同的对象或内容(如建造商品或提供服务)。

企业取得合同发生的增量成本已经确认为资产的,应当采用与该资产相关的商品收入确认相同的基础进行摊销,计入当期损益。为简化实务操作,该资产摊销期限不超过1年的,可以在发生时计入当期损益。

**【做中学9-6】** 浙江华鸿笔业有限公司为了与客户达成战略合作,其通过竞标赢得一个新客户。为取得该客户的合同,浙江华鸿装饰有限公司发生下列支出:

(1) 聘请外部律师进行尽职调查的支出为30 000元。

(2) 因投标发生的差旅费为20 000元。

(3) 销售人员佣金为8 000元,浙江华鸿笔业有限公司预期这些支出未来能够收回。

(4) 浙江华鸿笔业有限公司根据其年度销售目标、整体盈利情况及个人业绩等,向销售部门经理支付年度奖金20 000元。

**【小贴士】**

(1) 浙江华鸿笔业有限公司聘请外部律师进行尽职调查发生的支出、为投标发生的差旅费,无论是否取得合同都会发生,不属于增量成本,因此,应当于发生时直接计入当期损益。

(2) 浙江华鸿笔业有限公司向销售人员支付的佣金属于为取得合同发生的增量成本,应当将其作为合同取得成本确认为一项资产。

(3) 浙江华鸿笔业有限公司向销售部门经理支付的年度奖金也不是为取得合同发生的增量成本,这是因为该奖金发放与否以及发放金额还取决于其他因素(包括公司的盈利情况和个人业绩),其并不能直接归属于可识别的合同。

**【做中学9-7】** 华鸿咨询有限公司是浙江华鸿笔业有限公司旗下的一家咨询公司,通过竞标赢得一个服务期为1年的客户A,该客户年末支付含税咨询费254 400元。为取得与A客户的合同,华鸿咨询有限公司聘请外部律师进行尽职调查支付相关费用10 000元,为投标而发生的差旅费用5 000元,支付销售人员佣金50 000元,华鸿咨询有限公司预期这些支出未来均能收回,此外,华鸿咨询有限公司根据其年度销售目标、整体盈利情况及个人业绩等,向销售部门经理支付年度奖金20 000元。请作相关账务处理。

**【小贴士】**
支付给销售人员的佣金属于取得合同的增量成本,应作为合同取得成本认定;其他费用不属于增量成本,应当计入当期损益。

(1) 支付相关费用时,根据差旅费报销单、咨询费发票、银行付款凭证、佣金支付凭证、年度奖金支付凭证,编制如下会计分录:

借:合同取得成本　　　　　　　　　　　　　　　　　　　　50 000
　　管理费用　　　　　　　　　　　　　　　　　　　　　　15 000
　　销售费用　　　　　　　　　　　　　　　　　　　　　　20 000
　　贷:银行存款　　　　　　　　　　　　　　　　　　　　　　　85 000

(2) 每月确认服务收入,摊销销售佣金时:

每月收入摊销额 = 254 400 ÷ (1+6%) ÷ 12 = 20 000(元)

借:应收账款　　　　　　　　　　　　　　　　　　　　　　21 200
　　贷:主营业务收入　　　　　　　　　　　　　　　　　　　　20 000
　　　　应交税费——应交增值税(销项税额)　　　　　　　　　　 1 200

(3) 摊销合同取得成本时:

每月摊销合同取得成本 = 50 000 ÷ 12 = 4 666.67(元)

借:销售费用　　　　　　　　　　　　　　　　　　　　　4 666.67
　　贷:合同取得成本　　　　　　　　　　　　　　　　　　　 4 666.67

### (二) 合同履约成本

合同履约成本是指企业为履行当前或预期取得的合同所发生的,属于《企业会计准则第14号——收入》(2018)规范范围并且按照该准则应当确认为一项资产的成本。

企业为履行合同可能会发生各种成本,企业在确认收入的同时应当对这些成本进行分析,属于《企业会计准则第14号——收入》(2018)准则规范范围且同时满足下列条件的,应当作为合同履约成本确认为一项资产:

(1) 该成本与一份当前或预期取得的合同直接相关,包括直接材料、直接人工、制造费用或类似费用。

(2) 该成本增加了企业未来用于履行(或持续履行)履约义务的资源。

(3) 该成本预期能够收回。

**【做中学9-8】** 浙江华鸿笔业有限公司旗下经营一家酒店,该酒店是华鸿笔业的自有资产。2022年12月浙江华鸿笔业有限公司计提与酒店经营直接相关的酒店、客房以及客房内的设备家具等折旧24 750元、一项专利使用权摊销费用8 333.33万元。经计算,当月确认房费、餐饮等服务不含税收入96 000元,全部存入银行。

(1) 根据折旧计提表(见图9-4)、土地使用权摊销计算表,编制如下会计分录:

借:合同履约成本　　　　　　　　　　　　　　　　　　33 083.33
　　贷:累计折旧　　　　　　　　　　　　　　　　　　　　24 750.00
　　　　累计摊销　　　　　　　　　　　　　　　　　　　　 8 333.33

**固定资产折旧明细表**
2022年12月31日

| 类别 | 部门 | 资产名称 | 原值 | 使用年限 | 残值率 | 净残值 | 年折旧率 | 年折旧额 | 月折旧额 |
|---|---|---|---|---|---|---|---|---|---|
| 家具 | 自营酒店 | 床 | 250 000.00 | 5 | 5% | 12 500 | 19% | 47 500.00 | 3 958.33 |
| 家具 | 自营酒店 | 柜子 | 120 000.00 | 5 | 5% | 6 000 | 19% | 22 800.00 | 1 900.00 |
| 家具 | 自营酒店 | 办公桌 | 105 000.00 | 5 | 5% | 5 250 | 19% | 19 950.00 | 1 662.50 |
| 电器 | 自营酒店 | 空调 | 60 000.00 | 5 | 5% | 3 000 | 19% | 11 400.00 | 950.00 |
| 电器 | 自营酒店 | 灯具 | 70 000.00 | 5 | 5% | 3 500 | 19% | 13 300.00 | 1 108.33 |
| 电器 | 自营酒店 | 冰箱 | 85 000.00 | 5 | 5% | 4 250 | 19% | 16 150.00 | 1 345.83 |
| 房屋 | 自营酒店 | 房屋 | 3 500 000.00 | 20 | 5% | 175 000 | 4.74% | 165 900.00 | 13 825.00 |
| 专利权 | 自营酒店 | 专利权 | 1 000 000.00 | 10 | | 0 | 10% | 100 000.00 | 8 333.33 |
| 合计 | — | — | 5 190 000.00 | — | — | 209 500.00 | — | 397 000.00 | 33 083.33 |

审核：李子轩　　　　　　　　　　　　　　　　　　　　　　　　　　　　　制表：张伟

图 9-4　折旧明细表

（2）12月确认酒店服务收入，根据银行收款凭证、增值税专用发票，编制如下会计分录：

借：银行存款　　　　　　　　　　　　　　　　　　　101 760
　　贷：主营业务收入　　　　　　　　　　　　　　　　96 000
　　　　应交税费——应交增值税（销项税额）　　　　　5 760

（3）根据合同履约成本明细账余额，编制如下会计分录：

借：主营业务成本　　　　　　　　　　　　　　　　　33 083.33
　　贷：合同履约成本　　　　　　　　　　　　　　　　33 083.33

# 任务二　费用业务核算

## 情境导入

獐子岛集团股份有限公司成立于1958年，曾先后被誉为"黄海深处的一面红旗""海上大寨""黄海明珠""海底银行""海上蓝筹"，是以水产增养殖为主，集海珍品育苗、增养殖、加工、贸易、海上运输于一体的综合性海洋食品企业。

2018年2月27日，30余人组成的证监会调查组进入獐子岛集团进行调查。2019年7月，证监会对獐子岛开出行政处罚及市场禁入事先告知书，因涉嫌少报扇贝采捕海域、少计成本，虚增2016年利润；随后将以前年度已经采捕但未结转成本的虚假库存一次性核销，虚减2017年利润，连续两年财务报告严重失实。证监会拟对獐子岛进行60万元的顶格处罚，一众董监以3万元至30万元罚款不等，对于董事长吴厚刚开出终身证券市场禁入的处罚。本案表明，上市公司财务造假的背后是法人治理缺位、内控管理混乱。本案是一起上市公司

"寅吃卯粮"、调节利润的恶性舞弊案件。

**思考：**

（1）请同学们思考：獐子岛案件中，主要通过什么方法进行利润人为操纵？财务造假会造成哪些不良影响？

（2）你认为财务人员应如何坚守自己的职业底线？

## 知识准备

### 一、费用业务常识

**（一）费用的概念及内容**

**费用**是指企业在日常活动中发生的、会导致所有者权益减少的、与向所有者分配利润无关的经济利益的总流出。

费用包括企业日常活动所产生的经济利益的总流出，主要是企业为取得营业收入进行产品销售等营业活动所发生的企业资金的流出，具体包括<u>营业成本、税金及附加和期间费用</u>。这些费用的发生与企业日常经营活动关系密切，是与企业一定会计期间经营成果有直接关系的经济利益流出，最终会导致企业所有者权益减少。

**营业成本**是企业为生产产品、提供劳务等发生的可归属于产品成本、劳务成本等的费用。应当在确认产品销售收入、劳务收入等时，将已销售产品、已提供劳务的成本等计入当期损益。营业成本包括主营业务成本和其他业务成本。

**税金及附加**是企业经营活动应负担的相关税费，包括消费税、城市维护建设税、教育费附加和资源税等。

**期间费用**是指企业日常活动发生的不能计入特定核算对象的成本，而应计入发生当期损益的费用。期间费用发生时直接计入当期损益。期间费用包括销售费用、管理费用和财务费用。

**（二）费用的特点**

费用具有以下特点：

（1）费用是企业在日常活动中发生的经济利益的流出，而不是从偶发的交易或事项中发生的经济利益的流出。工业企业采购原材料、商业企业从事商品采购活动、金融企业从事存款业务等发生的经济利益的流出，属于费用。有些交易或事项虽然也能使企业发生经济利益的流出，但因为不属于企业的日常经营活动，所以其经济利益的流出不属于费用，而是损失，如企业处置固定资产、无形资产的净损失，企业因违约支付的罚款支出，企业对外捐赠等。

（2）费用会导致企业所有者权益的减少。不会导致所有者权益减少的经济利益流出不符合费用的定义，不应确认为费用。例如，企业以银行存款偿还一项负债，只是一项资产和负债的等额减少，对所有者权益没有影响，因此不构成企业的费用。

（3）费用导致的经济利益总流出与向所有者分配利润无关。费用的发生应当会导致经济利益的流出，从而导致资产的减少或者负债的增加（最终也会导致资产的减少）。其表现形式包括现金或者现金等价物的流出，存货、固定资产、无形资产等的流出或者消耗等。企业向所有者分配利润也会导致经济利益的流出，而该经济利益的流出属于投资者投资的回报分配，是所有者权益的直接抵减项目，不应确认为费用，应当将其排除在费用的定义之外。

## 二、营业成本的核算

### (一) 主营业务成本

**主营业务成本**是指企业销售商品、提供劳务等经常性活动所发生的成本。企业一般在确认销售商品、提供劳务等主营业务收入时，或在月末，将已销售商品、已提供劳务的成本结转入主营业务成本。

企业应通过"主营业务成本"账户，核算主营业务成本的确认和结转情况。企业结转主营业务成本时，借记"主营业务成本"账户，贷记"库存商品""合同履约成本"等账户。期末，企业应将"主营业务成本"账户余额结转入"本年利润"账户，借记"本年利润"账户，贷记"主营业务成本"账户，结转后本账户无余额。

**1. 一般销售业务**

【做中学 9-9】 浙江华鸿笔业有限公司于 2022 年 9 月 15 日销售给上海东芯销售有限公司铅笔 100 箱、水笔 200 箱、圆珠笔 50 箱，三种产品的总成本分别为 30 000 元、60 000 元、40 000 元。

(1) 公司结转产品销售成本时，根据产品出库单(见图9-5)，编制如下会计分录：

```
借：主营业务成本——铅笔                            30 000
            ——水笔                              60 000
            ——圆珠笔                            40 000
    贷：库存商品——铅笔                            30 000
              ——水笔                            60 000
              ——圆珠笔                          40 000
```

## 出 库 单

出货单位：浙江华鸿笔业有限公司　　日期：2022 年 09 月 15 日　　单号：2022091502
提货单位(部门)：上海东芯销售有限公司　销售单号：　　发货仓库：成品库　出库日期：2022 年 09 月 15 日

| 编码 | 名称 | 规格 | 单位 | 数量 | | 单价 | 金额 |
|---|---|---|---|---|---|---|---|
| | | | | 应发 | 实发 | | |
| | 铅笔 | 2B | 箱 | 100 | 100 | 300.00 | 30 000.00 |
| | 水笔 | 0.5 mm | 箱 | 200 | 200 | 300.00 | 60 000.00 |
| | 圆珠笔 | 0.5 mm | 箱 | 50 | 50 | 800.00 | 40 000.00 |
| 合计 | 人民币(大写)：壹拾叁万元整 | | | | | | ￥130 000.00 |

部门经理：刘舰壮　　会计：张伟　　仓库：林秀　　经办人：林秀

图 9-5　产品出库单

(2) 期末,结转至本年利润时,根据主营业务成本明细账余额,编制如下会计分录:

借:本年利润　　　　　　　　　　　　　　　　　　　　　　　　　130 000
　　贷:主营业务成本　　　　　　　　　　　　　　　　　　　　　　　130 000

**【做中学 9-10】** 承[做中学 9-9],若上述产品中的圆珠笔因质量问题全部退回,则根据退货入库单(见图 9-6),编制如下会计分录:

借:主营业务成本——圆珠笔　　　　　　　　　　　　　　　　　　40 000
　　贷:库存商品——圆珠笔　　　　　　　　　　　　　　　　　　　　40 000

## 产成品入库单

仓库:成品库

交库单位:上海东芯销售有限公司　　　2022 年 09 月 30 日　　　　编号:629

| 产品编号 | 产品名称 | 规格 | 计量单位 | 数量 | | 单位成本 | 总成本 | 备注 |
| --- | --- | --- | --- | --- | --- | --- | --- | --- |
| | | | | 送检 | 实效 | | | |
| | 圆珠笔 | 0.7 mm | 箱 | 50 | 50 | 800.00 | 40 000.00 | 退货入库 |
| | | | | | | | | |
| | | | | | | | | |

仓库主管:刘舰壮　　　保管员:林秀　　　记账:张伟　　　制单:林秀

图 9-6　退货入库单

2. 提供劳务业务

**【做中学 9-11】** 红星洗衣公司为宾馆提供洗涤服务,每年 30 000 元,款项于年末支付,1 月份发生洗涤工人劳务支出 1 500 元,则红星洗衣公司发生并结转劳务成本时应编制如下会计分录:

(1) 发生劳务成本时,根据薪酬计算表,编制如下会计分录:

借:合同履约成本　　　　　　　　　　　　　　　　　　　　　　　1 500
　　贷:应付职工薪酬　　　　　　　　　　　　　　　　　　　　　　　1 500

(2) 月末根据合同履约成本各明细账余额,结转合同履约成本,编制如下会计分录:

借:主营业务成本　　　　　　　　　　　　　　　　　　　　　　　1 500
　　贷:合同履约成本　　　　　　　　　　　　　　　　　　　　　　　1 500

(3) 月末根据主营业务成本明细账各账户余额,结转至本年利润账户,编制如下会计分录:

借:本年利润　　　　　　　　　　　　　　　　　　　　　　　　　1 500
　　贷:主营业务成本　　　　　　　　　　　　　　　　　　　　　　　1 500

## (二)其他业务成本

**其他业务成本**是指企业确认的除主营业务活动以外的其他经营活动所发生的支出,包括销售材料的成本、出租固定资产的折旧额,出租无形资产的摊销额,出租包装物的成本或摊销额等。采用成本模式计量投资性房地产的,其投资性房地产的折旧额和摊销额,也构成其他业务成本。

企业发生的其他业务成本,借记"其他业务成本"账户,贷记"原材料""周转材料""累计折旧""累计摊销""应付职工薪酬""银行存款"等账户。期末,企业应将"其他业务成本"账户余额结转入"本年利润"账户,借记"本年利润"账户,贷记"其他业务成本"账户,结转后本账户无余额。

【做中学9-12】 浙江华鸿笔业有限公司9月对外销售不用原材料和包装物一批,开具增值税专用发票上注明材料价款为100 000元,增值税税额为13 000元,包装物价款为50 000元,增值税税额为6 500元。该批材料成本为80 000元,包装物成本为35 000元,款项未收。请作相关账务处理。

(1) 确认销售收入时,根据增值税专用发票和销售出库单,编制如下会计分录:

借:应收账款　　　　　　　　　　　　　　　　　　　　　　　　169 500
　　贷:其他业务收入——原材料　　　　　　　　　　　　　　　　100 000
　　　　　　　　　　——包装物　　　　　　　　　　　　　　　　 50 000
　　　　应交税费——应交增值税(销项税额)　　　　　　　　　　　19 500

(2) 根据材料出库单结转成本时,编制如下会计分录:

借:其他业务成本　　　　　　　　　　　　　　　　　　　　　　　115 000
　　贷:原材料　　　　　　　　　　　　　　　　　　　　　　　　 80 000
　　　　周转材料　　　　　　　　　　　　　　　　　　　　　　　 35 000

(3) 月末,结转至本年利润时,编制如下会计分录:

借:本年利润　　　　　　　　　　　　　　　　　　　　　　　　　115 000
　　贷:其他业务成本　　　　　　　　　　　　　　　　　　　　　 115 000

【做中学9-13】 浙江华鸿笔业有限公司出租厂房一栋,每月不含税租金2万元,租金年末一次性支付,厂房每月折旧额为1.5万元,请对厂房出租业务进行相关账务处理。

(1) 每月确认收到租金收入时,根据开具的增值税专用发票,编制如下会计分录:

借:其他应收款　　　　　　　　　　　　　　　　　　　　　　　　 21 200
　　贷:其他业务收入　　　　　　　　　　　　　　　　　　　　　 20 000
　　　　应交税费——应交增值税(销项税额)　　　　　　　　　　　 1 200

(2) 结转成本时,根据折旧分摊表,编制如下会计分录:

借:其他业务成本　　　　　　　　　　　　　　　　　　　　　　　 15 000
　　贷:累计折旧　　　　　　　　　　　　　　　　　　　　　　　 15 000

(3) 月末,根据其他业务成本明细账余额,结转至本年利润,编制如下会计分录:

借：本年利润　　　　　　　　　　　　　　　　　　　　　　　　　　15 000
　　贷：其他业务成本　　　　　　　　　　　　　　　　　　　　　　　　15 000

### 三、税金及附加的核算

**税金及附加**反映企业经营的主要业务应负担的消费税、城市维护建设税、教育费附加、资源税、土地增值税、房产税、车船税、城镇土地使用税、车船税、印花税等相关税费。企业应当设置"税金及附加"账户，核算相关税费。

企业按规定计算确定的与经营活动相关的税费，借记"税金及附加"账户，贷记"应交税费"账户。期末，企业应将"税金及附加"账户余额转入"本年利润"账户，结转后本账户应无余额，也不存在与税务机关结算或清算问题。企业交纳的印花税不通过应交税费账户核算，于购买印花税票时，直接借记"税金及附加"账户，贷记"银行存款"账户。

> 【小贴士】
> 实务中，企业因销售业务产生的印花税一般一个月累计次月一次性交纳，因此也通过应交税费核算。增值税不在税金及附加中核算。

**【做中学 9-14】** 浙江华鸿笔业有限公司本月应纳消费税税额为 10 500 元，本月应交增值税税额为 490 000 元，城市维护建设税税率为 7%，教育费附加为 3%，请作消费税、城市维护建设税及教育费附加的账务处理。

(1) 计提本月各项应交税费时：

本月应交城市维护建设税＝(10 500＋490 000)×7%＝35 035(元)

本月应交教育费附加＝(10 500＋490 000)×3%＝15 015(元)

本月应交地方教育费附加＝(10 500＋490 000)×2%＝10 010(元)

根据税金及附加计算表(见图9-7)，编制如下会计分录：

借：税金及附加　　　　　　　　　　　　　　　　　　　　　　　　　60 060
　　贷：应交税费——应交城市维护建设税　　　　　　　　　　　　　　35 035
　　　　　　　　——应交教育费附加　　　　　　　　　　　　　　　　15 015
　　　　　　　　——应交地方教育费附加　　　　　　　　　　　　　　10 010

## 税金及附加计算表

2022年09月30日　　　　　　　　　　　　　　　　　　　　　　　　单位：元

| 项目 | 计提基数 | | | 计提比例 | 计提金额 |
|---|---|---|---|---|---|
| | 增值税 | 消费税 | 合计 | | |
| 城市维护建设税 | 490 000.00 | 10 500.00 | 500 500.00 | 7% | 35 035.00 |
| 教育费附加 | 490 000.00 | 10 500.00 | 500 500.00 | 3% | 15 015.00 |
| 地方教育费附加 | 490 000.00 | 10 500.00 | 500 500.00 | 2% | 10 010.00 |

审核：李子轩　　　　　　　　　　　　　　　　　　　　　　　　制表：张伟

图 9-7　税金及附加计算表

(2)次月缴纳税金时,根据税收缴款书(见图9-8),编制如下会计分录:

借:应交税费——应交城市维护建设税　　　　　　　　　　　　35 035
　　　　　　——应交教育费附加　　　　　　　　　　　　　　15 015
　　　　　　——应交地方教育费附加　　　　　　　　　　　　10 010
　　贷:银行存款　　　　　　　　　　　　　　　　　　　　　　　　60 060

图9-8　税收缴款书

(3)期末结转税金及附加时,根据税金及附加总账余额,编制如下会计分录:

借:本年利润　　　　　　　　　　　　　　　　　　　　　　　　60 060
　　贷:税金及附加　　　　　　　　　　　　　　　　　　　　　　60 060

【做中学9-15】　浙江华鸿笔业有限公司的一幢厂原值为3 000 000元,已知房产税税率为1.2%,当地规定的房产税扣除比例为30%。请计算本年应交纳的房产税,并作相关账务处理。

(1)计提房产税时,根据房产税纳税申报表(见图9-9),编制如下会计分录:

应交房产税金额 = 3 000 000 × (1 − 30%) × 1.2% = 25 200(元)

借:税金及附加　　　　　　　　　　　　　　　　　　　　　　　25 200
　　贷:应交税费——应交房产税　　　　　　　　　　　　　　　　25 200

(2)交纳房产税时,根据缴税凭证,编制如下会计分录:

借:应交税费——应交房产税　　　　　　　　　　　　　　　　　25 200
　　贷:银行存款　　　　　　　　　　　　　　　　　　　　　　　　25 200

## 房产税纳税申报表（汇总版）

税款所属期：2022-01-01 至 2022-12-31　　填表日期：2022 年 09 月 30 日　　金额单位：元　　面积单位：平方米

纳税人识别号：9133030309170493　　税务机关：温州龙湾区国家税务局

| 纳税人名称 | 浙江华鸿笔业有限公司 | 登记注册类型 | 一般纳税人 | 税款来源 | 房产税 | 纳税人分类 | 一般纳税人 |
|---|---|---|---|---|---|---|---|
| 所属行业 | 制造业 | 税务管理码 | 67835 | 开户银行 | 中国银行温州市分行南城支 | 账号 | 73706742885097010321 |
| 身份证件类型 | 身份证 | 身份证件号码 | 332526197908021129 | 联系人 | 张伟 | 联系方式 | 13587098003 |

| 征收品目 | 房产原值 | 其中：出租房产原值 | 本期申报租金收入 | 计税比例 | 税率 | 所属期起 | 所属期止 | 本期应纳金额 | 本期已缴金额 | 本期减免税额 | 本期应补（退）金额 |
|---|---|---|---|---|---|---|---|---|---|---|---|
| 房产税 | 3 000 000.00 | | | 70% | 1.2% | 2022-01-01 | 2022-12-31 | 36 000.00 | 0.00 | 0.00 | 25 200.00 |
| | | | | | | | | | | | |
| | | | | | | | | | | | |
| | | | | | | | | | | | |
| | | | | | | | | | | | |
| | | | | | | | | | | | |
| | | | | | | | | | | | |
| | | | | | | | | | | | |
| | | | | | | | | | | | |

小计（应补（退）金额）：¥25 200.00

税费所属期：2022-01-01 至 2022-12-31　　合计（应补金额）：¥25 200.00

图 9-9 房产税纳税申报表

(3) 期末结转税金及附加时,编制如下会计分录:

借:本年利润 25 200
　　贷:税金及附加 25 200

【做中学 9-16】 浙江华鸿笔业有限公司按规定应交纳车船税 32 000 元,应交城镇土地使用税 48 000 元,次月缴纳。请作相关账务处理。

(1) 计提税金时,根据税金计提表,编制如下会计分录:

借:税金及附加 80 000
　　贷:应交税费——应交车船税 32 000
　　　　　　　　——应交城镇土地使用税 48 000

(2) 次月交纳时,根据缴税凭证(见图 9-10),编制如下会计分录:

借:应交税费——应交车船税 32 000
　　　　　　——应交城镇土地使用税 48 000
　　贷:银行存款 80 000

图 9-10 完税证明

(3) 期末结转税金及附加时,根据税金及附加明细账余额,编制如下会计分录:

借:本年利润 80 000
　　贷:税金及附加 80 000

【小贴士】
　　实务中,企业一般在月末根据税金及附加账户借方余额一次性结转到本年利润账户。

### 四、期间费用的核算

**期间费用**是企业日常活动发生的不能计入特定核算对象的成本,而应计入发生当期损益的费用。

9-6 期间费用的核算

期间费用是企业日常活动中所发生的经济利益的流出。之所以不计入一定的成本核算对象,主要是因为期间费用是企业为组织和管理整个经营活动所发生的费用,与可以确定特定成本核算对象的材料采购、产成品生产等没有直接关系。因此,期间费用不计入有关核算对象的成本,而是直接计入当期损益。

期间费用包含以下两种情况:一是企业发生的支出不产生经济利益,或者即使产生经济利益但不符合或者不再符合资产确认条件的,应当在发生时确认为费用,计入当期损益。二是企业发生的交易或者事项导致其承担了一项负债,而又不确认为一项资产的,应当在发生时确认为费用计入当期损益。

#### (一) 销售费用

**1. 销售费用的概念**

**销售费用**是企业销售商品、提供劳务的过程中发生的各种费用,包括保险费、包装费、展览费和广告费、商品维修费、预计产品质量保证损失、运输费、装卸费等以及为销售本企业商品而专设的销售机构(含销售网点、售后服务网点等)的职工薪酬、业务费、折旧费等经营费用。企业发生的与专设销售机构相关的固定资产修理费用等后续支出属于销售费用。销售费用是与企业销售商品活动有关的费用,但不包括销售商品本身的成本和劳务成本,销售商品本身的成本属于"主营业务成本",提供劳务所发生的成本属于"劳务成本"。

**2. 账户设置**

企业应通过"销售费用"账户,核算销售费用的发生和结转情况。该账户按销售费用的费用项目进行明细核算。

企业在销售商品过程中发生的包装费、保险费、展览费、广告费、运输费、装卸费等费用,借记"销售费用"账户,贷记"库存现金"或"银行存款"等账户;企业发生的为销售商品而专设的销售机构的职工薪酬、业务费等经营费用,借记"销售费用"等账户,贷记"应付职工薪酬""银行存款""累计折旧"等账户。期末,企业应将"销售费用"账户余额转入"本年利润"账户,借记"本年利润"账户,贷记"销售费用"账户。

**【做中学9-17】** 浙江华鸿笔业有限公司本月发生的销售费用包括以下几项:

(1) 宣传新产品发生广告费,取得增值税发票上注明价款80 000元,增值税税额为4 800元,以网银转账支付。

(2) 取得运输费发票上注明的运费为8 000元,增值税税额为720元,以银行存款付清。

(3) 取得装卸费增值税普通发票,注明价税合计4 000元,以银行存款付清。

(4) 支付保险费,取得增值税专用发票上注明保险费 15 000 元,增值税税额为 900 元,以转账支票付清。

(5) 本月分配给专设销售机构的职工工资为 26 000 元,提取的职工福利费为 3 640 元,应由专设销售机构负担的折旧费 1 500 元。

根据上述资料,进行相关账务处理如下:

(1) 支付广告费时,根据广告费发票、网银电子回单,编制如下会计分录:

借:销售费用——广告费　　　　　　　　　　　　　　　　80 000
　　应交税费——应交增值税(销项税额)　　　　　　　　　 4 800
　　贷:银行存款　　　　　　　　　　　　　　　　　　　　　　　84 800

(2) 支付运输费时,根据运输费发票、银行付款凭证,编制如下会计分录:

借:销售费用——运输费　　　　　　　　　　　　　　　　 8 000
　　应交税费——应交增值税(销项税额)　　　　　　　　　 　720
　　贷:银行存款　　　　　　　　　　　　　　　　　　　　　　　 8 720

(3) 支付装卸费时,根据装卸费普通发票、银行付款凭证,编制如下会计分录:

借:销售费用——装卸费　　　　　　　　　　　　　　　　 4 000
　　贷:银行存款　　　　　　　　　　　　　　　　　　　　　　　 4 000

(4) 支付保险费时,根据保险费发票、转账支票存根,编制如下会计分录:

借:销售费用——保险费　　　　　　　　　　　　　　　　15 000
　　应交税费——应交增值税(销项税额)　　　　　　　　　 　900
　　贷:银行存款　　　　　　　　　　　　　　　　　　　　　　　15 900

(5) 根据工资分配表、福利费分配表、折旧计算表编制如下会计分录:

借:销售费用——工资　　　　　　　　　　　　　　　　　26 000
　　　　　　——福利费　　　　　　　　　　　　　　　　 3 640
　　　　　　——折旧费　　　　　　　　　　　　　　　　 1 500
　　贷:应付职工薪酬——工资　　　　　　　　　　　　　　　　26 000
　　　　　　　　　　——福利费　　　　　　　　　　　　　　　 3 640
　　　　累计折旧　　　　　　　　　　　　　　　　　　　　　　 1 500

(6) 期末结转销售费用时,编制如下会计分录:

借:本年利润　　　　　　　　　　　　　　　　　　　　138 140
　　贷:销售费用　　　　　　　　　　　　　　　　　　　　　　138 140

### (二) 管理费用

1. 管理费用的概念

**管理费用**是企业为组织管理企业生产经营发生的各种费用,包括企业董事会和行政管理部门在企业的经营管理中发生的,或者应由企业统一负担的公司经费(包括行政管理部门职工工资、修理费、物料消耗、低值易耗品摊销、办公费和差旅费等)、工会经费、待业保障费、劳务保险费、董事会会费(包括董事会成员津贴、会议费和差旅费等)、聘请中介机构费、咨询费(含顾问费)、诉讼费、业务招待费、技术转让费、矿产资源补偿费、研究费用、排污费以及企业生产车间和行政管理部门发生的固定资产修理费用等。

2. 账户设置

企业应通过"管理费用"账户核算管理费用的发生和结转情况。该账户借方登记企业发生的各项管理费用,贷方登记期末转入"本年利润"账户的管理费用,结转后该账户无余额。该账户按管理费用的费用项目进行明细核算。商品流通企业管理费用不多的,可不设本账户,相关核算内容可并入"销售费用"账户核算。

企业在筹建期间发生的开办费,包括人员工资、办公费、培训费、差旅费、印刷费、注册登记费等,借记"管理费用"账户,贷记"银行存款"账户;企业行政管理部门人员的职工薪酬,借记"管理费用"账户,贷记"应付职工薪酬"账户;企业行政管理部门发生的办公费、水电费、差旅费等以及企业发生的业务招待费、咨询费、研究费用等其他费用,借记"管理费用"账户,贷记"银行存款""研发支出"等账户;企业计提管理部门的固定资产折旧、无形资产摊销,借记"管理费用"账户,贷记"累计折旧""累计摊销"账户。期末,企业应将"管理费用"账户余额转入"本年利润"账户,借记"本年利润"账户,贷记"管理费用"账户。

【做中学 9-18】 浙江华鸿笔业有限公司销售人员报销住宿费及招待费,增值税专用发票上注明住宿费 6 500 元,增值税税额 390 元。业务招待费 7 000 元,增值税税额 420 元。以上款项均以银行存款付清。另本月计提管理部门使用的固定资产折旧费 8 000 元;分配管理人员工资 12 000 元,提取职工福利费 1 680 元;摊销无形资产 2 000 元。请作月末结转管理费用。

根据上述资料,相关账务处理如下:

(1) 支付住宿费时,根据报销凭证和银行付款单,编制如下会计分录:

借:管理费用——住宿费　　　　　　　　　　　　　　　　6 500
　　应交税费——应交增值税(进项税额)　　　　　　　　　390
　　贷:银行存款　　　　　　　　　　　　　　　　　　　　　　6 890

(2) 支付业务招待费时,根据报销凭证和银行付款单,编制如下会计分录:

借:管理费用——招待费　　　　　　　　　　　　　　　　7 000
　　应交税费——应交增值税(进项税额)　　　　　　　　　420
　　贷:银行存款　　　　　　　　　　　　　　　　　　　　　　7 420

(3) 计提固定资产折旧,根据折旧计提表,编制如下会计分录:

借:管理费用——折旧费　　　　　　　　　　　　　　　　8 000
　　贷:累计折旧　　　　　　　　　　　　　　　　　　　　　　8 000

(4) 分配管理人员工资、福利费,根据工资及福利费分配表,编制如下会计分录:

借:管理费用——工资　　　　　　　　　　　　　　　　　12 000
　　　　　　——福利费　　　　　　　　　　　　　　　　 1 680
　　贷:应付职工薪酬——工资　　　　　　　　　　　　　　12 000
　　　　　　　　　　——福利费　　　　　　　　　　　　　 1 680

(5) 根据无形资产摊销计提表,编制如下会计分录:

借:管理费用——累计摊销　　　　　　　　　　　　　　　　　　2 000
　　贷:累计摊销　　　　　　　　　　　　　　　　　　　　　　　　　2 000

(6) 月末根据管理费用明细账户余额,编制如下会计分录:

借:本年利润　　　　　　　　　　　　　　　　　　　　　　　　　37 180
　　贷:管理费用　　　　　　　　　　　　　　　　　　　　　　　　　37 180

### (三) 财务费用

**1. 财务费用的概念**

**财务费用**是企业为筹集生产经营所需资金等而发生的筹资费用,包括利息支出(减利息收入)、汇兑损益以及相关手续费、企业发生或收到的现金折扣等。企业应通过"财务费用"账户,核算财务费用的发生和结转情况。

**2. 账户设置**

企业发生的各项财务费用,借记"财务费用"账户,贷记"银行存款""应收账款"等账户,企业发生的应冲减财务费用的利息收入、汇兑差额、现金折扣,借记"银行存款""应付账款"等账户,贷记"财务费用"账户。期末,企业应将"财务费用"账户余额转入"本年利润"账户,借记"本年利润"账户,贷记"财务费用"账户,结转后该账户无余额。

【做中学9-19】 浙江华鸿笔业有限公司7月1日向银行借入生产经营用的短期借款500 000元,期限6个月,年利率为6%,该借款本金到期后一次性归还,利息分月计提,按季支付。该公司于9月20日向银行支付3个月利息。根据上述资料,请作7月1日借款、利息计提、支付等相关账务处理。

(1) 根据利息计算表,计提7月借款利息,编制如下会计分录:

借:财务费用——利息支出　　　　　　　　　　　　　　　　　　2 500
　　贷:应付利息　　　　　　　　　　　　　　　　　　　　　　　　　2 500

月末根据财务费用明细账余额,结转财务费用,编制如下会计分录:

借:本年利润　　　　　　　　　　　　　　　　　　　　　　　　　2 500
　　贷:财务费用　　　　　　　　　　　　　　　　　　　　　　　　　2 500

每月末将财务费用账户所有余额结转至本年利润,以下每月同。

(2) 计提8月借款利息,编制如下会计分录:

借:财务费用——利息支出　　　　　　　　　　　　　　　　　　2 500
　　贷:应付利息　　　　　　　　　　　　　　　　　　　　　　　　　2 500

(3) 支付7~9月份利息,根据贷款利息凭证,编制如下会计分录:

借:应付利息　　　　　　　　　　　　　　　　　　　　　　　　　5 000
　　财务费用　　　　　　　　　　　　　　　　　　　　　　　　　　2 500
　　贷:银行存款　　　　　　　　　　　　　　　　　　　　　　　　　7 500

## 任务三 利润及利润分配业务核算

### 情境导入

江苏通灵电器股份有限公司是专业从事光伏连接系统的一家上市公司,于2018年12月11日启动利润分配方案,财务负责人认为净利润分配是股东和董事会的事,财务只要按分配方案执行就可以了,因此对分配过程未过问。该公司于2019年1月5日向全体股东直接派送现金红利,未向中国证券登记结算有限公司北京分公司提交权益分派申请,也未办理权益分派相关手续,并且江苏通灵电器未发布权益分派实施公告,这一行为违反了《全国中小企业股份转让系统挂牌公司信息披露细则(试行)》。2019年5月30日,江苏通灵电器收到了全国中小企业股份转让系统自律监管措施决定书。

**思考:**
(1) 通过案例,同学们认为企业在制定利润分配方案时是否需考虑合法性?
(2) 财务负责人应如何更好地监督和规范公司的各项资金业务?

### 知识准备

#### 一、利润的概念与构成

**(一) 利润的概念**

**利润**是指企业在一定会计期间的经营成果,是衡量企业经营业绩的重要指标。利润包括收入减去费用后的净额、直接计入当期利润的利得和损失等。未计入当期利润的利得和损失扣除所得税影响后的净额计入其他综合收益项目。

**(二) 利润的构成**

**企业利润的来源**包括生产经营活动获得的、投资活动获得的、与日常获得无直接关系的交易或事项中取得的。

与利润相关的概念及计算公式如下:

1. 营业利润

营业利润＝营业收入－营业成本－税金及附加－销售费用－管理费用－财务费用－研发费用＋其他收益＋投资收益－投资损失＋净敞口套期收益－净敞口套期损失＋公允价值变动收益－公允价值变动损失－资产减值损失－信用减值损失＋资产处置收益－资产处置损失

其中:

**营业收入**是指企业经营业务所确认的成本总额,包括主营业务收入和其他业务收入。

**营业成本**是指企业经营业务所发生的实际成本总额,包括主营业务成本和其他业务成本。

**研发费用**是指企业进行研究与开发过程所发生的费用化支出,以及计入管理费用的自行开发无形资产的摊销。

**其他收益**主要是指与企业日常活动相关,除冲减相关成本费用以外的政府补助。

**投资收益**(或损失)是指企业以各种方式对外投资所取得的收益(或损失)。

**公允价值变动收益**(或损失)是指企业交易性金融资产等公允价值变动形成的应计入当期损益的利得(或损失)。

**信用减值损失**是指企业计提各项金融工具信用减值准备所确认的信用损失。

**资产减值损失**是指企业计提有关资产减值准备所形成的损失。

**资产处置收益**(或损失)反映企业出售划分为持有待售的非流动资产(金融工具、长期股权投资和投资性房地产除外)或处置组(子公司和业务除外)时确认的处置利得或损失,以及处置未划分为持有待售的固定资产、在建工程、生产性生物资产及无形资产而产生的处置利得或损失,还包括非货币性资产交换中换出非流动资产产生的利得或损失。

2. 利润总额

$$利润总额 = 营业利润 + 营业外收入 - 营业外支出$$

3. 净利润

$$净利润 = 利润总额 - 所得税费用$$

其中,所得税费用是指企业确认的应从当期利润总额中扣除的所得税费用。

## 二、营业外收支的核算

### (一)营业外收入

1. 营业外收入的概念及内容

**营业外收入**是指企业发生的与其日常活动无直接关系的各项利得。营业外收入并不是企业经营资金耗费所产生的,实际上是经济利益的净流入,不需要与有关的费用进行配比。

9-7 营业外收入和营业外支出的核算

营业外收入主要包括非流动资产毁损报废收益、盘盈利得、政府补助、捐赠利得、非货币性资产交换利得、债务重组利得、确实无法支付而按规定程序经批准后转作营业外收入的应付款项等。

2. 营业外收入的账务处理

企业应设置"营业外收入"账户,核算计入当期损益的利得,其贷方登记营业外收入的取得,借方登记结转入"本年利润"账户的利得,期末没有余额。本账户按照利得的项目进行明细核算。

(1)企业确认处置非流动资产毁损报废收益时,借记"固定资产清理""银行存款""待处理财产损溢"等账户,贷记"营业外收入"账户。

【做中学9-20】 2022年9月20日,浙江华鸿笔业有限公司将固定资产报废清理的净收益1 500元转作营业外收入,相关会计处理如下:

根据资产报废审批表,编制如下会计分录:

借:固定资产清理　　　　　　　　　　　　　　　　　　　　　1 500
　　贷:营业外收入——非流动资产处置净收益　　　　　　　　　　1 500

(2) 企业确认盘盈利得、捐赠利得计入营业外收入时,借记"库存现金""待处理财产损溢"等账户,贷记"营业外收入"账户。

**【做中学 9-21】** 浙江华鸿笔业有限公司在现金清查中盘盈现金 45 元,按管理权限报经批准后转入营业外收入。

① 发现盘盈时,根据现金盘点表,编制如下会计分录:

借:库存现金　　　　　　　　　　　　　　　　　　　　　　　　45
　　贷:待处理财产损溢——待处理流动资产损溢　　　　　　　　　　　　45

② 经批准转入营业外收入时,根据盘盈审批表,编制如下会计分录:

借:待处理财产损溢——待处理流动资产损溢　　　　　　　　　　　　45
　　贷:营业外收入　　　　　　　　　　　　　　　　　　　　　　　　45

(3) 期末,企业应将"营业外收入"账户余额转入"本年利润"账户,借记"营业外收入"账户,贷记"本年利润"账户。结转后,"营业外收入"账户应无余额。

(二) 营业外支出

1. 营业外支出的概念及内容

**营业外支出**是指企业发生的与其日常活动无直接关系的各项损失,主要包括非流动资产毁损报废损失、捐赠支出、盘亏损失、非常损失、罚款支出等。其中,非流动资产毁损报废损失,是指因自然灾害等发生毁损、已丧失使用功能而报废非流动资产所产生的清理损失。

2. 营业外支出的账务处理

企业应设置"营业外支出"账户,核算营业外支出的发生及结转情况。该账户借方登记确认的营业外支出,贷方登记期末将"营业外支出"账户余额转入"本年利润"账户的营业外支出,结转后"营业外支出"账户无余额。"营业外支出"账户可按营业外支出项目进行明细核算。

(1) 企业确认处置非流动资产毁损报废损失时,借记"营业外支出"账户,贷记"固定资产清理""无形资产"等账户。

**【做中学 9-22】** 2017 年 9 月 1 日,浙江华鸿笔业有限公司购入一项价值 30 000 元的热压机,采用直线法摊销,摊销期限为 10 年。2022 年 9 月,由于被其他技术所替代,公司决定将其进行报废处理,报废时已提折旧 15 000 元,未计提减值准备,取得含税残料微信转款收入 650 元。

① 根据资产处置申请(见图 9-21),编制如下会计分录:

借:固定资产清理　　　　　　　　　　　　　　　　　　　　　15 000
　　累计折旧　　　　　　　　　　　　　　　　　　　　　　　15 000
　　贷:固定资产　　　　　　　　　　　　　　　　　　　　　　30 000

② 根据残料收入增值税专用发票及微信收款记录,编制如下会计分录:

借:其他货币资金——微信　　　　　　　　　　　　　　　　　　565
　　贷:固定资产清理　　　　　　　　　　　　　　　　　　　　　500
　　　　应交税费——应交增值税(销项税额)　　　　　　　　　　　65

## 资产处置申请

NO：175805

申报部门：热压车间　　　　　　　　　　　　申请日期：2022 年 09 月 25 日

| 固定资产名称 | 热压机 | 购置时间 | 2017 年 09 月 01 日 |
|---|---|---|---|
| 数量/单位 | 台 | 使用部门 | 热压车间 |
| 原值 | 30 000.00 | 净值 | 15 000.00 |
| 已提折旧 | 15 000.00 | 净残值 | 500.00 |
| 报废原因：<br>热压产品出现裂缝严重，无法使用 | | | |
| 资产管理<br>部门意见 | 同意报废<br>2022 年 09 月 27 日 | 公司意见 | 同意报废<br>2022 年 09 月 27 日 |

此表一式两份，一份留申报部门、一份留财务部门

图 9-11　资产处置申请

③ 根据固定资产清理账户余额，编制如下会计分录：

借：营业外支出　　　　　　　　　　　　　　　　14 500
　　贷：固定资产清理　　　　　　　　　　　　　　　　14 500

（2）确认盘亏、罚款支出计入营业外支出时，借记"营业外支出"账户，贷记"待处理财产损溢""库存现金"等账户。

（3）期末，企业应将"营业外支出"账户余额转入"本年利润"账户，借记"本年利润"账户，贷记"营业外支出"账户，结转后，"营业外支出"账户应无余额。

9-8　所得税费用的核算

## 三、所得税费用的核算

**企业的所得税费用**包括当期所得税和递延所得税两个部分。其中，当期所得税是指当期应交所得税。**递延所得税**包括递延所得税资产和递延所得税负债。递延所得税资产是指以未来期间很可能取得用来抵扣可抵扣暂时性差异的应纳税所得额为限确认的一项资产。递延所得税负债是指根据应纳税暂时性差异计算的未来期间应付所得税的金额。

### (一) 应交所得税

1. 应交所得税的概念及内容

**应交所得税**是指企业按照企业所得税法规定计算确定的针对当期发生的交易和事项，应交纳给税务部门的所得税金额，即当期应交所得税。应纳税所得额是在企业税前会计利润（即利润总额）的基础上调整确定的，其计算公式如下：

$$应纳税所得额 = 税前会计利润 + 纳税调整增加额 - 纳税调整减少额$$

**纳税调整增加额**主要包括企业所得税法规定允许扣除项目中，企业已计入当期费用但超过税法规定扣除标准的金额（如超过企业所得税法规定标准的职工福利费、工会经费、职

工教育经费、业务招待费、公益性捐赠支出、广告费和业务宣传费等),以及企业已计入当期损失但企业所得税法规定不允许扣除项目的金额(如税收滞纳金、罚金、罚款等)。

**纳税调整减少额**主要包括按企业所得税法规定允许弥补的亏损和准予免税的项目,如前5年内未弥补亏损和国债利息收入等。

企业当期应交所得税的计算公式如下:

$$应交所得税 = 应得税所得额 \times 所得税税率$$

**【做中学9-23】** 浙江华鸿笔业有限公司2021年度利润总额(税前会计利润)为3 535 000元,所得税税率为25%,全年实发工资、薪金为4 210 000元,职工福利费590 000元,工会经费80 000元,职工教育经费375 000元。经查,浙江华鸿笔业有限公司当年营业外支出中有10 000元为税收滞纳罚金。另该公司本年实现的国债利息收入250 000元,假定公司全年无其他纳税调整因素。

根据企业所得税法规定:

(1) 企业发生的合理的工资、薪金支出准予据实扣除。

(2) 企业发生的职工福利费支出,不超过工资、薪金总额14%的部分准予扣除。

(3) 企业拨缴的工会经费,不超过工资薪金总额2%的部分准予扣除。

(4) 除国务院财政、税务主管部门另有规定外,企业发生的职工教育经费支出,不超过工资、薪金总额8%的部分准予扣除,超过部分准予结转以后纳税年度扣除。

(5) 国债利息收入免征企业所得税。

按企业所得税法规定,浙江华鸿笔业有限公司在计算当期应纳税所得额时,可以扣除工资、薪金支出4 210 000元,扣除职工福利费支出589 400元(4 210 000×14%),工会经费扣除84 200元(4 210 000×2%),扣除职工教育经费支出33 6800元(4 210 000×8%)。此外,其国债利息收入250 000元,免征企业所得税。

公司有以下三类纳税调整因素:

一是已计入当期费用但超过企业所得税法规定标准的费用支出。

二是已计入当期营业外支出但按企业所得税法规定不允许扣除的税收滞纳金,这两种因素均应调整增加应纳税所得额。

三是国债利息收入免征企业所得税,纳税调减。

公司当期所得税的计算如下:

纳税调整增加额 =(590 000 - 589 400)+(375 000 - 33 6800)+ 10 000 - 250 000 = -201 200(元)

应纳税所得额税前会计利润 + 纳税调整增加额 = 3 535 000 - 201 200 = 3 333 800(元)

当期应交所得税额 = 3 333 800 × 25% = 833 450(元)

2. 所得税费用的账务处理

企业根据企业会计准则的规定,计算确定的当期所得税和递延所得税之和,即应从当期利润总额中扣除的所得税费用。

$$所得税费用 = 当期所得税 + 递延所得税$$

其中,递延所得税＝(递延所得税负债的期末余额－递延所得税负债的期初余额)－(递延所得税资产的期末余额－递延所得税资产的期初余额)

企业应设置"所得税费用"账户,核算企业所得税费用的确认及其结转情况。期末,企业应将"所得税费用"账户的余额转入"本年利润"账户,借记"本年利润"账户,贷记"所得税费用"账户,结转后,"所得税费用"账户应无余额。

【做中学9-24】 2022年,浙江华鸿笔业有限公司应交所得税税额为833 450元,递延所得税负债年初数为25 300元,年末数为45 000元;递延所得税资产年初数为45 000元,年末数为24 000元。

浙江华鸿笔业有限公司所得税费用的计算如下:

递延所得税＝(45 000－25 300)－(24 000－45 000)＝40 700(元)

所得税费用＝833 450＋40 700＝874 150(元)

根据各相关账务期末余额,计提所得税费用,编制如下会计分录:

借:所得税费用　　　　　　　　　　　　　874 150
　　贷:应交税费——应交所得税　　　　　　　　833 450
　　　　递延所得税负债　　　　　　　　　　　　19 700
　　　　递延所得税资产　　　　　　　　　　　　21 000

9-9 利润的核算

## 四、本年利润的核算

### (一) 结转本年利润的方法

会计期末,结转本年利润的方法有表结法和账结法两种。

1. 表结法

表结法下,各损益类账户每月末只需结计出本月发生额和月末累计余额,不结转至"本年利润"账户,只有在年末时才将全年累计余额结转入"本年利润"账户。但每月末要将损益类账户的本月发生额合计数填入利润表的本月数栏,同时将本月末累计余额填入利润表的本年累计数栏,通过利润表计算反映各期的利润(或亏损)。表结法下,年中损益类账户无须结转入"本年利润"账户,从而减少了转账环节和工作量,同时并不影响利润表的编制及有关损益指标的利用。

2. 账结法

账结法下,每月末均需编制转账凭证,将在账上结计出的各损益类账户的余额结转入"本年利润"账户。结转后,"本年利润"账户的本月余额反映当月实现的利润或发生的亏损,"本年利润"账户的本年余额反映本年累计实现的利润或发生的亏损。账结法在各月均可通过"本年利润"账户提供当月及本年累计的利润(或亏损)额,但增加了转账环节和工作量。

### (二) 结转本年利润的账务处理

企业应设置"本年利润"账户,核算企业本年度实现的净利润(或发生的净亏损)。会计期末,企业应将"主营业务收入""其他业务收入""其他收益""营业外收入"等账户的余额分别转入"本年利润"账户的贷方,将"主营业务成本""其他业务成本""税金及附加""销售费用""管理费用""财务费用""信用减值损失""资产减值损失""营业外支出""所得税费用"等账户的余额分别转入"本年利润"账户的借方。企业还应将"投资收益""公允价值变动损益""资产处置损益"账户的净收益转入"本年利润"账户的贷方,将"投资收益""公允价值变动损益""资产处置损益"账户的净损失转入"本年利润"账户的借方。结转后,"本年利润"账户如为贷方余额,表示当年实现的净利润,如为借方余额,表示当年发生的净亏损。

年度终了,企业还应将"本年利润"账户的本年累计余额转入"利润分配——未分配利润"账户,如"本年利润"为贷方余额,借记"本年利润"账户,贷记"利润分配——未分配利润"账户;如为借方余额,作相反的会计分录,借记"利润分配——未分配利润"账户,贷记"本年利润"账户。结转后,"本年利润"账户应无余额。

【做中学9-25】 浙江华美机械有限公司2022年12月有关损益类账户的年末余额如表9-2所示。所得税税率为25%,请根据科目余额表作年末结转相关账务处理。

表9-2 损益类账户年末余额表  单位:元

| 账户名称 | 借或贷 | 结账前余额 | 账户名称 | 借或贷 | 结账前余额 |
| --- | --- | --- | --- | --- | --- |
| 主营业务收入 | 贷 | 7 450 000 | 税金及附加 | 借 | 75 200 |
| 其他业务收入 | 贷 | 510 000 | 销售费用 | 借 | 436 000 |
| 投资收益 | 贷 | 332 000 | 管理费用 | 借 | 660 000 |
| 营业外收入 | 贷 | 20 000 | 财务费用 | 借 | 41 000 |
| 主营业务成本 | 借 | 4 300 000 | 营业外支出 | 借 | 21 000 |
| 其他业务成本 | 借 | 460 000 | | | |

浙江华美机械有限公司月末结转本月利润,应编制如下会计分录:

(1) 将各损益类账户年末余额结转至"本年利润"账户。

① 根据相关账户期末余额,结转各项收入、利得,编制如下会计分录:

```
借:主营业务收入                              7 450 000
    其他业务收入                                510 000
    投资收益                                    332 000
    营业外收入                                   20 000
    贷:本年利润                              8 312 000
```

② 根据相关账户期末余额,结转各项费用、损失,编制如下会计分录:

```
借:本年利润                                  5 993 200
    贷:主营业务成本                          4 300 000
        其他业务成本                            460 000
        税金及附加                               75 200
        销售费用                                436 000
        管理费用                                660 000
        财务费用                                 41 000
        营业外支出                               21 000
```

(2) 经过上述结转,"本年利润"账户的贷方发生额合计 8 312 000 元,减去借方发生额合计 5 993 200 元,即税前会计利润 2 318 800 元。

(3) 假设浙江华美机械有限公司 2021 年度不存在所得税纳税调整以及递延所得税因素。

(4) 应交所得税＝2 318 800×25%＝579 700(元)。

① 确认所得税费用:

借:所得税费用　　　　　　　　　　　　　　　　　　　　　　　579 700
　　贷:应交税费——应交所得税　　　　　　　　　　　　　　　　　　　579 700

② 将所得税费用转入"本年利润"账户:

借:本年利润　　　　　　　　　　　　　　　　　　　　　　　　579 700
　　贷:所得税费用　　　　　　　　　　　　　　　　　　　　　　　　579 700

(5) 将"本年利润"账户年末余额 1 739 100 元(2 318 800－579 700)转入"利润分配——未分配利润"账户:

借:本年利润　　　　　　　　　　　　　　　　　　　　　　　1 739 100
　　贷:利润分配——未分配利润　　　　　　　　　　　　　　　　　　1 739 100

9-10 盈余公积、未分配利润的核算

## 五、留存收益的核算

### (一) 留存收益的概念及内容

**留存收益**是指企业从历年实现的利润中提取或形成的留存于企业的内部的积累,包括盈余公积和未分配利润两类。

(1) **盈余公积**是指企业按照有关规定从净利润中提取的积累资金。公司制企业的盈余公积包括法定盈余公积和任意盈余公积。法定盈余公积是指企业按照规定的比例从净利润中提取的盈余公积。任意盈余公积是指企业按照股东会或股东大会决议提取的盈余公积。企业提取的盈余公积经批准可用于弥补亏损、转增资本或发放现金股利或利润等。

(2) **未分配利润**是指企业实现的净利润经过弥补亏损、提取盈余公积和向投资者分配利润后留存在企业历年结存的利润。相对于所有者权益的其他部分来说,企业对未分配利润的使用有较大的自主权。

### (二) 利润分配

#### 1. 利润分配的概念

**利润分配**是指企业根据国家有关规定和企业章程、投资者协议等,对企业当年可供分配的利润所进行的分配。

$$\text{可供分配的利润} = \text{当年实现的净利润(或净亏损)} + \text{年初未分配利润(或减年初未弥补亏损)} + \text{其他转入}$$

利润分配的顺序:①提取法定盈余公积;②提取任意盈余公积;③向投资者分配利润。

#### 2. 利润分配的账务处理

企业应设置"利润分配"账户,核算企业利润的分配(或亏损的弥补)和历年分配(或弥补）后的未分配利润（或未弥补亏损）。该账户应分别通过"提取法定盈余公积""提取任意盈余公积""应付现金股利或利润""盈余公积补亏""未分配利润"等账户进行明细核算。企业未分配利润通过"利润分配——未分配利润"明细科目进行核算，年度终了，企业应将全年实现的净利润或发生的净亏损，自"本年利润"账户转入"利润分配——未分配利润"账户，并将"利润分配"账户所属其他明细账户的余额转入"未分配利润"明细账户，结转后，"利润分配——未分配利润"账户如为贷方余额，表示累积未分配的利润金额；如为借方余额，则表示累积未弥补亏损金额。

**【做中学 9-26】** 江苏金世纪股份有限公司年初未分配利润为 0，本年实现净利润 3 000 000 元，本年提取法定盈余公积 300 000 元，宣告发放现金股利 1 200 000 元，假定不考虑其他因素。

（1）根据本年利润账户期末余额，结转实现净利润，编制如下会计分录：

借：本年利润                                        3 000 000
　　贷：利润分配——未分配利润                       3 000 000

（2）根据股东大会决议，提取法定盈余公积、宣告发放现金股利，编制如下会计分录：

借：利润分配——提取法定盈余公积                      300 000
　　　　　　——应付现金股利                        1 200 000
　　贷：盈余公积                                    300 000
　　　　应付股利                                  1 200 000

（3）根据"利润分配"账户所属其他明细账户的余额，结转至"未分配利润"账户，编制如下会计分录：

借：利润分配——未分配利润                          1 500 000
　　贷：利润分配——提取法定盈余公积                  300 000
　　　　　　　　——应付现金股利                   1 200 000

本例中，"利润分配——未分配利润"账户的余额在贷方，因此贷方余额 1 500 000 元（3 000 000－300 000－1 200 000）即江苏金世纪股份有限公司本年年末的累积未分配利润。

**【小贴士】**

如果企业当年发生亏损，则应借记"利润分配——未分配利润"账户，贷记"本年利润"账户。

### （三）盈余公积

按照《公司法》有关规定，公司制企业应按照净利润（减弥补以前年度亏损，下同）的 10% 提取法定盈余公积。非公司制企业法定盈余公积的提取比例可超过净利润的 10%。法定盈余公积累计额已达注册资本的 50% 时可以不再提取。

**【小贴士】**

如果以前年度未分配利润有盈余(即年初未分配利润余额为正数),在计算提取法定盈余公积的基数时,不应包括企业年初未分配利润;如果以前年度有亏损(即年初未分配利润余额为负数),应先弥补以前年度亏损再提取盈余公积。

公司制企业可根据股东会或股东大会的决议提取任意盈余公积。非公司制企业经类似权力机构批准,也可提取任意盈余公积。法定盈余公积和任意盈余公积的区别在于其各自计提的依据不同,前者以国家的法律法规为依据,后者由企业的权力机构自行决定。

为了反映和监督盈余公积的形成和使用情况,企业应设置"盈余公积"账户。该账户贷方登记按规定提取的盈余公积数额,借方登记用盈余公积弥补亏损和转增资本的实际数额,贷方余额反映企业的盈余公积。"盈余公积"账户应按照盈余公积形成的来源分设"法定盈余公积"和"任意盈余公积"两个明细账户。

1. 提取盈余公积

企业按规定提取盈余公积时,应通过"利润分配"和"盈余公积"等账户核算。

**【做中学 9-27】** 无锡荣升股份有限公司本年实现净利润为 600 000 元,年初未分配利润为 0。经股东大会批准,无锡荣升股份有限公司按当年净利润的 10% 提取法定盈余公积。

假定不考虑其他因素,根据股东大会决议,无锡荣升股份有限公司编制如下会计分录:

借:利润分配——提取法定盈余公积　　　　　　　　　　　　　　　　600 000
　　贷:盈余公积——法定盈余公积　　　　　　　　　　　　　　　　　　　　600 000

本年提取法定盈余公积金额 = 5 000 000 × 10% = 500 000(元)

2. 盈余公积补亏

**【做中学 9-28】** 经股东大会批准,温州佳静文化用品有限公司用以前年度提取的盈余公积弥补当年亏损,当年弥补亏损的金额为 700 000 元。

假定不考虑其他因素,温州佳静文化用品有限公司根据股东大会决议,应编制如下会计分录:

借:盈余公积　　　　　　　　　　　　　　　　　　　　　　　　　　700 000
　　贷:利润分配——盈余公积补亏　　　　　　　　　　　　　　　　　　　　700 000

3. 盈余公积转增资本

**【做中学 9-29】** 因扩大经营规模需要,经股东大会批准,无锡荣升股份有限公司将盈余公积 500 000 元转增股本。

假定不考虑其他因素,无锡荣升股份有限公司根据股东大会决议,应编制如下会计分录:

借:盈余公积　　　　　　　　　　　　　　　　　　　　　　　　　　500 000
　　贷:股本　　　　　　　　　　　　　　　　　　　　　　　　　　　　　500 000

4. 用盈余公积发放现金股利或利润

**【做中学 9-30】** 浙江华阳股份有限公司 2022 年 12 月 31 日股本为 50 000 000 元(每股

面值1元),可供投资者分配的利润为6 000 000元,盈余公积为20 000 000元。2023年1月20日,股东大会批准了2022年度利润分配方案,按每10股2元发放现金股利。浙江华阳股份有限公司共需要分派10 000 000元现金股利,其中动用可供投资者分配的利润6 000 000元、盈余公积4 000 000元。

假定不考虑其他因素,浙江华阳股份有限公司应编制如下会计分录:

(1)决定发放现金股利时,根据股东大会决议,编制如下会计分录:

借:利润分配——应付现金股利　　　　　　　　　　　　　　　　　6 000 000
　　盈余公积　　　　　　　　　　　　　　　　　　　　　　　　　4 000 000
　　贷:应付股利　　　　　　　　　　　　　　　　　　　　　　　　　10 000 000

(2)支付股利时,根据银行支付凭单,编制如下会计分录:

借:应付股利　　　　　　　　　　　　　　　　　　　　　　　　　10 000 000
　　贷:银行存款　　　　　　　　　　　　　　　　　　　　　　　　　10 000 000

本例中,浙江华阳股份有限公司经股东大会批准,以未分配利润和盈余公积发放现金股利,其中,属于以未分配利润发放现金股利的部分6 000 000元应记入"利润分配——应付现金股利或利润"账户,属于以盈余公积发放现金股利的部分4 000 000元应记入"盈余公积"账户。

# 项目十　财务报告编制业务

## 学习目标

1. 理解财务报告的含义及内容。
2. 明确各种会计报表的构成,掌握会计报表各项目的填报方法。
3. 明确相关会计报表之间的勾稽关系。
4. 能够编制资产负债表、利润表、所有者权益变动表。
5. 能够理解现金流量表,能够编制会计报表附注。

## 业务导入思考

1. 静态报表和动态报表反映的会计信息有何不同?
2. 各种报表填制的依据是什么?

## 任务一　财务报告认知

### 情境导入

2018年10月16日,一篇名为《康美药业盘中跌停,疑似财务问题自爆:现金可疑,人参更可疑》的财务分析文章悄然上线。这篇文章的作者是两个年轻的财务数据分析员,一个叫付彦龙,另一个叫林熙明。2021年年初,记者赶往深圳,见到了这两位财务数据分析员,经了解发现,2015年至2017年,康美药业账上分别有158亿元、273亿元和341亿元的货币资金,但这家公司却仍然在大量贷款。而且,利息支出比利息收入要多很多。对此,研究财务的付彦龙和林熙明很不理解。

2018年10月16日,质疑康美财务造假的研究报告,在网上公开发表。当天,康美药业的股票跌停,此后三天连续跌停。10月16日当天晚上,证监会紧急成立康美药业核查小组,第二天,核查小组迅速进入康美药业,调取相关的财务凭证,就此展开对康美药业的财务调查。2020年5月14日,中国证监会对康美药业下达了《行政处罚决定书》。2016年到2018年,康美药业通过伪造和变造增值税发票、伪造银行回款凭证、伪造定期存单,累计虚增收入达到291.28亿元,虚增利润近40亿元。

**思考:**

(1) 你对康美药业的案例有何感想?

(2) 财务报表在企业整个发展中有何重要性？

(3) 普通财务人员应具备哪些职业精神？

**知识准备**

**财务报告**是企业对外提供的反映企业某一特定日期财务状况和某一会计期间经营成果、现金流量等会计信息的书面文件。财务报告包括财务报表和其他应当在财务报告中披露的相关信息和资料。

财务报告编制的主要目的是为投资者、债权人、政府以及相关机构、单位管理人员、社会公众等财务会计报告的使用者进行决策提供会计信息。

## 一、财务报表的构成

财务报表是对企业财务状况、经营成果和现金流量的结构性表述。一套完整的财务报表至少应当包括资产负债表、利润表、现金流量表、所有者权益变动表以及附注。资产负债表、利润表、现金流量表分别从不同角度反映企业的财务状况、经营成果和现金流量。**资产负债表**反映企业在某一特定日期全部资产和全部负债及所有者权益状况；**利润表**反映企业一定时期的经营成果；**现金流量表**反映企业在一定期间内现金和现金等价物流入和流出情况；所有者权益变动表反映构成所有者权益的各组成部分当期的增减变动情况；附注是对未能在财务报表中列示或列示项目不详细情况进行的进一步说明。

## 二、财务报表的分类

### （一）按报告期分

**财务报表**按报告期不同分为中期财务报表和年度财务报表。年度财务报表是企业在年度终了时对外提供的财务报表。中期财务报表是以短于一个完整会计年度的报告期间为基础编制的财务报表，包括月报、季报和半年报等。中期财务报表的格式和内容应当与年度财务报表相一致，但附注披露可适当简略。

### （二）按编制主体分

按财务报表的编制主体不同，可以分为个别财务报表和合并财务报表。个别财务报表是由企业在自身会计核算基础上对账簿记录进行加工而编制的财务报表。合并财务报表是以母公司和子公司组成的企业集团为会计主体，根据母公司和所属子公司的财务报表，由母公司编制的综合反映企业集团财务状况、经营成果和现金流量的财务报表。

## 三、财务报表的编制要求

### （一）数据真实、可靠

财务报表各项目的数据必须建立在真实、可靠的基础之上，使报表能如实地反映企业财务状况、经营成果和现金流量情况，因此，财务报表必须根据审核无误的账簿及相关资料编制，不得以任何方式弄虚作假。为保证财务报表数据真实，企业必须做到按期结账、在编制报表之前进行财产清查及相关的对账工作等。

## （二）编报内容全面、完整

财务报表应当全面地披露企业的财务状况、经营成果和现金流量情况，完整地反映企业财务活动的过程和结果，以满足各有关方面对会计信息资料的需要。为保证会计报表的全面、完整，企业在编制财务报表时，应当按照国家会计法规制度规定的格式和内容填报。特别对重要的某些事项，应当按要求在报表附注中进行说明，不得漏编漏报。

## （三）及时报送

企业的财务报表应当依据法律、行政法规和国家统一会计制度有关规定的期限向报表使用人提供，不得拖延。

## （四）文字说明便于理解

财务报表应当清晰明了，便于理解和利用。如果提供的财务报表晦涩难懂，不可理解，使用者就不能据以作出正确的判断，所提供的财务报表的作用就大大减少。企业对外提供的财务报表应当依次编订页数，加具封面，装订成册，加盖公章。封面上应注明企业名称、企业统一代码、组织形式、地址、报表所属年度或者月份、报出日期等，并由企业负责人和主管会计工作的负责人、会计机构负责人签章。

# 任务二 资产负债表的编制

## 情境导入

浙江华鸿笔业有限公司"应收账款"账户期末借方余额为 50 000 元，"预收账款"账户期末借方余额为 20 000 元，财务实习生李强在编制资产负债表时，直接将"应收账款"总账账户期末借方余额 50 000 元，抄录到资产负债表中作为应收账款的期末数，会计张伟在核对资产负债表数据时，认为李强的做法会引起报表使用者对真正"预收账款"和"应收账款"的金额的错误判断。

思考：
（1）张伟为什么这么说？资产负债表中正确的应收账款期末数应如何填制？
（2）你认为财务人员应如何提升自己的职业素养？

## 知识准备

### 一、资产负债表的概念和作用

**资产负债表**是指反映企业在某一特定日期的财务状况的财务报表。它是按照一定的分类标准和顺序，把企业一定日期的资产、负债和所有者权益各项目予以适当排列编制而成的。资产负债表是企业最基本也是最重要的报表之一。资产负债表的作用主要体现在以下几个方面：

（1）通过资产负债表可以了解企业某一日期资产总额及其结构，表明企业拥有或控制的资源及其分布情况。

(2) 通过资产负债表可以了解企业某一日期负债总额及其结构,表明企业未来需要多少资产或劳务清偿债务以及清偿时间。

(3) 通过资产负债表可以反映所有者拥有的权益,据以判断资本保值、增值的情况以及对负债的保证程度。

(4) 通过对资产负债表的分析,可以了解企业进行财务分析的基本资料,如将流动资产与流动负债进行比较,计算出流动比率;将速动资产与流动负债进行比较,计算出速动比率等,可以表明企业的变现能力、偿债能力和资金周转能力,从而有助于报表的使用者作出相应的经济决策。

10-1 资产负债表的编制

## 二、资产负债表的格式和内容

资产负债表的格式,分表头和正表两部分。表头主要包括报表的名称、编制单位、编制日期、金额单位等。正表部分是报表的主体,构成报表的基本内容。资产负债表采用左右对称的账户式结构。

**账户式资产负债表**分资产、负债和所有者权益三类,并分别结出总额。<u>资产类按流动性分类</u>,可分为流动性资产和非流动性资产,并分项列示。流动性资产包括货币资金、交易性金融资产、应收票据、应收账款、存货等;非流动性资产,包括债权投资、其他债权投资、长期股权投资、固定资产、无形资产、长期待摊费用等。负债类按负债偿还期的长短,分为流动负债和非流动负债。流动负债包括短期借款、交易性金融负债、应付票据、应付账款、应付职工薪酬、应交税费等;非流动负债包括长期借款、应付债券、长期应付款等。所有者权益类一般按实收资本、其他权益工具、资本公积、其他综合收益、专项储备、盈余公积、未分配利润排列。资产负债表可以反映资产、负债和所有者权益之间的内在关系,<u>左方的资产说明企业资源的分布状况,右方的负债和所有者权益反映企业资金的来源途径</u>,即企业的债权人和所有者的出资额及其比例。从数量上来看,资产负债表中的资产各项目的合计等于负债和所有者权益各项目的合计,即资产负债表的左方和右方平衡。遵循会计等式"资产=负债+所有者权益"。

## 三、资产负债表的列报方法

资产负债表各项目均需填报"年初余额""期末余额"两栏。

### (一)"年初余额"栏的列报方法

"年初余额"栏的各项数字,<u>应根据上年年末资产负债表的"期末余额"栏内所列数字填列</u>。如果本年度资产负债表规定的各个项目的名称和内容与上年不一致,应对上年年末资产负债表各个项目的名称和数字按照本年度的规定进行调整,按调整后的数字填入资产负债表的"年初余额"栏内。

### (二)"期末余额"栏的填列方法

资产负债表"期末余额"栏所列数字主要包括以下几种填列方法:

1. 根据总账账户的余额填列

资产负债表中的有些项目,可直接根据有关总账账户的余额直接填列,如"交易性金融资产""短期借款""应付票据""应付职工薪酬"等项目;有些项目则需根据几个总账账户的余额计算填列,如"货币资金"项目,需要根据"库存现金""银行存款""其他货币资金"三个总账账户余额的合计数填列。

2. 根据有关明细账账户的余额计算填列

"应付账款"项目,需要根据"应付账款"和"预付账款"两个账户所属的相关明细账户的期末贷方余额计算填列;"应收账款"项目,需要根据"应收账款"和"预收账款"两个账户所属的相关明细账户的期末借方余额计算填列。

3. 根据总账账户和明细账账户的余额分析计算填列

"长期借款"项目,需根据"长期借款"总账账户余额扣除"长期借款"账户所属的明细账户中将在资产负债表日起一年内到期且企业不能自主地将清偿义务展期的长期借款后的金额计算填列。"长期待摊费用"项目需根据"长期待摊费用"总账账户余额扣除"长期待摊费用"账户所属的明细账户中在一年内(含一年)摊销的部分后的金额计算填列。

【小贴士】
应付债券属于长期借款,期末账户余额按总账贷方余额扣除明细账户中将在资产负债表日起一年内到期且企业不能自主地将清偿义务展期的长期借款后的金额计算填列。

4. 根据有关账户余额减去其备抵账户余额后的净额填列

资产负债表中的"应收账款""长期股权投资"等项目,应根据"应收账款""长期股权投资"等账户的期末余额减去"坏账准备""长期股权投资减值准备"等账户余额后的净额填列;"固定资产"项目,应根据"固定资产"账户的期末余额减去"累计折旧""固定资产减值准备"账户余额后的净额填列;"在建工程"项目,应根据"在建工程"账户的期末余额减去"在建工程减值准备"账户余额后的净额填列;"无形资产"项目,应根据"无形资产"账户的期末余额,减去"累计摊销""无形资产减值准备"账户余额后的净额填列。

【做中学 10-1】 浙江康泰科技有限公司的有关账户余额如表 10-1 所示。

表 10-1 账户余额表

编制单位:浙江康泰科技有限公司　　　2022 年 1 月 31 日　　　　　　　　　单位:万元

| 账户名称 | 借方余额 | 贷方余额 |
| --- | --- | --- |
| 固定资产 | 5 000 | |
| 无形资产 | 300 | |
| 长期股权投资 | 3 000 | |
| 累计折旧 | | 1 500 |
| 累计摊销 | | 50 |
| 无形资产减值准备 | | 20 |
| 长期投资减值准备 | | 200 |
| 固定资产减值准备 | | 700 |

根据上述资料,回答下列问题:

(1) 在填报企业1月末资产负债表时,"固定资产"项目期末余额应填列的金额为( )万元。

  A. 3 500      B. 4 300      C. 2 800      D. 5 000

解析:5 000-1 500-700=2 800(万元)

(2) 在填报企业1月末资产负债表时,"无形资产"项目期末余额应填列的金额为( )万元。

  A. 300      B. 250      C. 230      D. 280

解析:300-50=250(万元)

(3) 在填报企业1月末资产负债表时,"长期股权投资"项目期末余额应填列的金额为( )万元。

  A. 2 800      B. 3 000      C. 3 200      D. 200

解析:3 000-200=2 800(万元)

5. 综合运用上述填列方法分析填列

资产负债表中的"存货"项目,需根据"原材料""库存商品""委托加工物资""周转材料""材料采购""在途物资""发出商品""材料成本差异"等总账账户期末余额的分析汇总数,再减去"存货跌价准备"账户余额后的金额填列。

**(三) 资产负债表各项目的列报说明**

1. 资产项目的列报说明

(1) "货币资金"项目,反映企业库存现金、银行结算户存款、外埠存款、银行汇票存款、银行本票存款、信用卡存款、信用证保证金存款等的合计数。本项目应根据"库存现金""银行存款""其他货币资金"账户期末余额的合计数填列。

(2) "交易性金融资产"项目,反映企业持有的以公允价值计量且其变动计入当期损益的以交易目的所持有的债券投资、股票投资、基金投资、权证投资等金融资产以及企业持有的指定为以公允价值计量且其变动计入当期损益的金融资产账面价值。本项目应根据"交易性金融资产"账户和在初始确认时指定为以公允价值计量且其变动计入当期损益的金融资产账户的期末余额填列。

(3) "应收票据"项目,反映资产负债表日以摊余成本计量的,企业因销售商品、提供劳务等而收到的商业汇票,包括银行承兑汇票和商业承兑汇票。本项目应根据"应收票据"账户的期末余额,减去"坏账准备"账户中有关应收票据计提的坏账准备期末余额后的金额填列。

(4) "应收账款"项目,反映资产负债表日以摊余成本计量的,企业因销售商品、提供劳务等经营活动应收取的款项。本项目应根据"应收账款"和"预收账款"账户所属各明细账户的期末借方余额合计数减去"坏账准备"账户中有关应收账款计提的坏账准备期末余额后的金额填列。如"应收账款"账户所属明细账户期末有贷方余额的,应在资产负债表"预收款项"项目内填列。

(5) "应收款项融资"项目,反映企业资产负债表日以公允价值计量且其变动计入其他综合收益的应收票据和应收账款。

（6）"预付款项"项目，反映企业按照购货合同规定预付给供应单位的款项等。本项目应根据"预付账款"和"应付账款"账户所属各明细账户的期末借方余额合计数，减去"坏账准备"账户中有关预付款项计提的坏账准备期末余额后的净额填列。如"预付账款"账户所属各明细账户期末为贷方余额的，应在资产负债表"应付账款"项目内填列。

（7）"其他应收款"项目，反映企业除应收票据、应收账款、预付账款等经营活动以外的其他各种应收、暂付的款项。本项目应根据"应收股利""应收利息""其他应收款"账户的期末余额合计数，减去"坏账准备"账户中相关坏账准备期末余额后的金额填列。其中，"应收利息"仅反映相关金融工具已到期但有资产负债表日尚未收取的利息。基于实际利率法计算的金融工具的利息应包括在相应的金融工具账面余额中。

（8）"存货"项目，反映企业期末在库、在途和在加工中的各种存货的可变现净值。本项目应根据"材料采购""原材料""库存商品""周转材料""发出商品""在途物资""委托加工物资""生产成本""消耗性生物资产"等账户的期末余额合计，减去"存货跌价准备"账户期末余额后的金额填列。材料采用计划成本核算，以及库存商品采用计划成本核算或售价核算的企业，还应按加或减材料成本差异、商品进销差价后的净额填列。

（9）"合同资产"项目，反映企业按照《企业会计准则第 14 号——收入》（2018）相关规定，根据本企业履行履约义务与客户付款之间的关系在资产负债表中列示的合同资产。"合同资产"项目应根据"合同资产"账户的相关明细账户期末余额分析填列，同一合同下的合同资产和合同负债应当以净额列示，其中净额为借方余额的，应当根据其流动性在"合同资产"或"其他非流动资产"项目中填列，已计提减值准备的，还应以减去"合同资产减值准备"账户中相关的期末余额后的金额填列；其中净额为贷方余额的，应当根据其流动性在"合同负债"或"其他非流动负债"项目中填列。

（10）"持有待售资产"项目，反映资产负债表日划分为持有待售类别的非流动资产及划分为持有待售类别的处置组中的流动资产和非流动资产的期末账面价值。该项目应根据"持有待售资产"账户的期末余额，减去"持有待售资产减值准备"账户的期末余额后的金额填列。

（11）"一年内到期的非流动资产"项目，反映企业将于一年内变现的非流动资产项目金额。本项目应根据有关账户的期末余额填列。

（12）"债权投资"项目，反映资产负债表日企业以摊余成本计量的长期债权投资的期末账面价值。该项目应根据"债权投资"账户的相关明细账户期末余额，减去"债权投资减值准备"账户中相关减值准备的期末余额后的金额分析填列。自资产负债表日起一年内到期的长期债权投资的期末账面价值，在"一年内到期的非流动资产"项目反映。企业购入的以摊余成本计量的一年内到期的债权投资的期末账面价值，在"其他流动资产"项目反映。

（13）"其他债权投资"项目，反映资产负债表日企业分类为以公允价值计量且其变动计入其他综合收益的长期债权投资的期末账面价值。该项目应根据"其他债权投资"账户的相关明细账户期末余额分析填列。自资产负债表日起一年内到期的长期债权投资的期末账面价值，在"一年内到期的非流动资产"项目反映。企业购入的以公允价值计量且其变动计入其他综合收益的一年内到期的债权投资的期末账面价值,在"其他流动资产"项目反映。

（14）"长期应收款"项目,反映企业融资租赁产生的应收款项、采用递延方式具有融资性质的销售商品和提供劳务等产生的长期应收款项等。本项目应根据"长期应收款"账户的期末余额,减去相应的"未实现融资收益"账户和"坏账准备"账户所属相关明细账户期末余额后的金额填列。

（15）"长期股权投资"项目,反映企业持有的对子公司、联营企业和合营企业的长期股权投资。本项目应根据"长期股权投资"账户的期末余额,减去"长期股权投资减值准备"账户期末余额后的金额填列。

（16）"其他权益工具投资"项目,反映资产负债表日企业指定为以公允价值计量且其变动计入其他综合收益的非交易性权益工具投资的期末账面价值。该项目应根据"其他权益工具投资"科目的期末余额填列。

（17）"投资性房地产"项目,反映企业持有的投资性房地产。企业采用成本模式计量投资性房地产的,本项目应根据"投资性房地产"账户的期末余额,减去"投资性房地产累计折旧(摊销)"和"投资性房地产减值准备"账户期末余额后的金额填列,企业采用公允价值模式计量投资性房地产的,应根据"投资性房地产"账户的期末余额填列。

（18）"固定资产"项目,反映企业各种固定资产原价减去累计折旧和累计减值准备后的净额。本项目应根据"固定资产"账户的期末余额,减去"累计折旧"和"固定资产减值准备"账户期末余额后的金额,以及"固定资产清理"账户的期末余额填列。

（19）"在建工程"项目,反映资产负债表日企业尚未达到预定可使用状态的在建工程的期末账面价值和企业为在建工程准备的各种物资的期末账面价值。该项目应根据"在建工程"账户的期末余额,减去"在建工程减值准备"账户的期末余额后的金额,以及"工程物资"账户的期末余额,减去"工程物资减值准备"账户的期末余额后的金额填列。

（20）"使用权资产"项目,反映资产负债表日承租人企业持有的使用权资产的期末账面价值。该项目应根据"使用权资产"账户的期末余额,减去"使用权资产累计折旧"和"使用权资产减值准备"账户的期末余额后的金额填列。

（21）"生产性生物资产"项目,反映企业持有的生产性生物资产。本项目应根据"生产性生物资产"账户的期末余额,减去"生产性生物资产累计折旧"和"生产性生物资产减值准备"账户期末余额后的金额填列。

（22）"油气资产"项目,反映企业持有的矿区权益和油气井及相关设施的原价减去累计折耗和累计减值准备后的净额。本项目应根据"油气资产"账户的期末余额,减去"累计折耗"账户期末余额和相应减值准备后的金额填列。

（23）"无形资产"项目,反映企业持有的无形资产,包括专利权、非专利技术、商标权、著作权、土地使用权等。本项目应根据"无形资产"账户的期末余额,减去"累计摊销"和"无形资产减值准备"账户期末余额后的金额填列。

（24）"开发支出"项目,反映企业开发无形资产过程中能够资本化形成无形资产成本的支出部分。本项目应根据"研发支出"账户中所属的"资本化支出"明细账户期末余额填列。

（25）"商誉"项目,反映企业合并中形成的商誉的价值。本项目应根据"商誉"账户的期末余额,减去相应减值准备后的金额填列。

(26)"长期待摊费用"项目,反映企业已经发生但应由本期和以后各期负担的分摊期限在一年以上的各项费用。长期待摊费用中在一年内(含一年)摊销的部分,在资产负债表"年内到期的非流动资产"项目填列。本项目应根据"长期待摊费用"账户的期末余额减去将于一年内(含一年)摊销的数额后的金额填列。

(27)"递延所得税资产"项目,反映企业确认的可抵扣暂时性差异产生的递延所得税资产。本项目应根据"递延所得税资产"账户的期末余额填列。

(28)"其他非流动资产"项目,反映企业除长期股权投资、固定资产、在建工程、工程物资、无形资产等资产以外的其他非流动资产。本项目应根据有关账户的期末余额填列。

2. 负债项目的列报说明

(1)"短期借款"项目,反映企业向银行或其他金融机构等借入的期限在一年以下(含一年)的各种借款。本项目应根据"短期借款"账户的期末余额填列。

(2)"交易性金融负债"项目,反映企业承担的以公允价值计量且其变动计入当期损益的为交易目的所持有的金融负债。本项目应根据"交易性金融负债"账户的期末余额填列。

(3)"应付票据"项目,反映企业购买材料、商品和接受劳务供应等而开出承兑的商业汇票,包括银行承兑汇票和商业承兑汇票。本项目应根据"应付票据"账户的期末余额填列。

(4)"应付账款"项目,反映企业因购买材料、商品和接受劳务供应等经营活动应支付的款项。本项目应根据"应付账款"和"预付账款"账户所属各明细账户的期末贷方余额合计数填列,如"应付账款"账户所属明细账户期末有借方余额的,应在资产负债表"预付款项"项目内填列。

(5)"预收款项"项目,反映企业按照购货合同规定预收供应单位的款项。本项目应根据"预收账款"和"应收账款"账户所属各明细账户的期末贷方余额合计数填列。"预收账款"账户所属各明细账户期末有借方余额,应在资产负债表"应收账款"项目内填列。

(6)"合同负债"项目,反映企业按照《企业会计准则第14号——收入》(2018)的相关规定,根据本企业履行履约义务与客户付款之间的关系在资产负债表中列示的合同负债。"合同负债"项目应根据"合同负债"的相关明细账户期末余额分析填列。

(7)"应付职工薪酬"项目,反映企业为获得职工提供的服务或解除劳动关系而给予的各种形式的报酬或补偿。企业提供给职工配偶、子女、受赡养人、已故员工遗属及其他受益人等的福利,也属于职工薪酬。职工薪酬主要包括短期薪酬、离职后福利、辞退福利和其他长期职工福利。本项目应根据"应付职工薪酬"科目所属各明细账户的期末贷方余额分析填列。外商投资企业按规定从净利润中提取的职工奖励及福利基金,也在本项目列示。

(8)"应交税费"项目,反映企业按税法规定计算应交纳的各种税费,包括增值税、消费税、城市维护建设税、教育费附加、企业所得税、资源税、土地增值税、房产税、城镇土地使用税、车船税、矿产资源补偿费等。企业代扣代缴的个人所得税,也通过本项目列示。企业所交纳的税金不需要预计应交税的,如印花税、耕地占用税等,不在本项目列示。本项目应根据"应交税费"账户的期末贷方余额填列,如"应交税费"账户期末为借方余额,应以"一"号填列。需要说明的是,"应交税费"账户下的"应交增值税""未交增值税""待抵扣进项税额"

"待认证进项税额""增值税留抵税额"等明细账户期末借方余额应根据情况,在资产负债表中的"其他流动资产"或"其他非流动资产"项目列示;"应交税费——待转销项税额"等账户期末贷方余额应根据情况在资产负债表中的"其他流动负债"或"其他非流动负债"项目列示;"应交税费"账户下的"未交增值税""简易计税""转让金融商品应交增值税""代扣代交增值税"等账户期末贷方余额应在资产负债表中的"应交税费"项目列示。

(9)"其他应付款"项目,反映企业除应付票据、应付账款、预收账款、应付职工薪酬、应交税费等经营活动以外的其他各项应付、暂收的款项。本项目应根据"应付利息""应付股利""其他应付款"账户的期末余额合计数填列。其中,"应付利息"账户仅反映相关金融工具已到期应支付但于资产负债表日尚未支付的利息。基于实际利率法计提的金融工具的利息应包含在相应金融工具的账面余额中。

(10)"持有待售负债"项目,反映资产负债表日处置组中与划分为持有待售类别的资产直接相关的负债的期末账面价值。本项目应根据"持有待售负债"账户的期末余额填列。

(11)"一年内到期的非流动负债"项目,反映企业非流动负债中将于资产负债表日后一年内到期部分的金额,如将于一年内偿还的长期借款。本项目应根据有关账户的期末余额填列。

(12)"其他流动负债"项目,反映企业除短期借款、交易性金融负债、应付票据、应付账款、应付职工薪酬、应交税费等流动负债以外的其他流动负债。本项目应根据有关账户的期末余额填列。

(13)"长期借款"项目,反映企业向银行或其他金融机构借入的期限在一年以上(不含一年)的各项借款。本项目应根据"长期借款"账户的期末余额,扣除"长期借款"账户所属的明细账户中将在资产负债表日起一年内到期且企业不能自主地将清偿义务展期的长期借款后的金额计算填列。

(14)"应付债券"项目,反映企业为筹集长期资金而发行的债券本金和利息。本项目应根据"应付债券"账户的期末余额填列。对于企业于资产负债表日发行的金融工具,分类为金融负债的,应在本项目填列,对于优先股和永续债还应在本项目下的"优先股"和"永续债"项目下分别填列。

(15)"租赁负债"项目,反映资产负债表日承租人企业尚未支付的租赁付款额的期末账面价值。该项目应根据"租赁负债"账户的期末余额填列。自资产负债表日起一年内到期应予以清偿的租赁负债的期末账面价值,在"一年内到期的非流动负债"项目中填列。

(16)"长期应付款"项目,反映企业除长期借款和应付债券以外的其他各种长期应付款项。本项目应根据"长期应付款"账户的期末余额,减去相应的"未确认融资费用"账户期末余额,以及"专项应付款"账户的期末余额后的金额填列。

(17)"预计负债"项目,反映企业确认的对外提供担保、未决诉讼、产品质量保证、重组义务、亏损性合同等预计负债。本项目应根据"预计负债"账户的期末余额填列。企业按照《企业会计准则第22号——金融工具确认和计量》(2018)的相关规定,对贷款承诺等项目计提的损失准备,应当在本项目中填列。

(18)"递延收益"项目,反映尚待确认的收入或收益。本项目核算包括企业根据政府补助准则确认的应在以后期间计入当期损益的政府补助金额、售后租回形成融资租赁的售价与资产账面价值差额等其他递延性收入。本项目应根据"递延收益"账户的期末余额填列。本项目中摊销期限只剩一年或不足一年的,或预计在一年内(含一年)进行摊销的部分,不得归类为流动负债,仍在本项目中填列,不转入"一年内到期的非流动负债"项目。

(19)"递延所得税负债"项目,反映企业确认的应纳税暂时性差异产生的所得税负债。本项目应根据"递延所得税负债"账户的期末余额填列。

(20)"其他非流动负债"项目,反映企业除长期借款、应付债券等负债以外的其他非流动负债。本项目应根据有关账户的期末余额减去将于一年内(含一年)到期偿还数后的余额填列。非流动负债各项目中将于一年内(含一年)到期的非流动负债,应在"一年内到期的非流动负债"项目内单独反映。

3. 所有者权益项目的列报说明

(1)"**实收资本(股本)**"**项目,**反映企业各投资者实际投入的资本(或股本)总额。本项目应根据"实收资本(股本)"账户的期末余额填列。

(2)"资本公积"项目,反映企业资本公积的期末余额。本项目应根据"资本公积"账户的期末余额填列。

(3)"其他权益工具"项目,反映资产负债表日企业发行在外除普通股以外分类为权益工具的金融工具期末账面价值,并下设"优先股"和"永续债"两个项目,分别反映企业发行的分类为权益工具的优先股和永续债的账面价值。

(4)"其他综合收益"项目,反映企业其他综合收益的期末余额。本项目应根据"其他综合收益"账户的期末余额填列。

(5)"盈余公积"项目,反映企业盈余公积的期末余额。本项目应根据"盈余公积"账户的期末余额填列。

(6)"未分配利润"项目,反映企业尚未分配的利润。本项目应根据"本年利润"账户和"利润分配"账户的余额计算填列。未弥补的亏损在本项目内以"-"号填列。

【做中学10-2】 浙江华鸿笔业有限公司2021年12月31日资产负债表如表10-2所示。根据浙江华鸿笔业有限公司2022年发生的经济业务(具体业务详见现金流量表部分)所作的会计分录而编制的试算平衡表如表10-3所示。

要求:根据表10-2和表10-3,编制浙江华鸿笔业有限公司2022年的资产负债表。

**表10-2 资产负债表**

编制单位:浙江华鸿笔业有限公司　　　2021年12月31日　　　　　　　　　　单位:元

| 资产 | 行次 | 期末余额 | 年初余额 | 负债和所有者权益(或股东权益) | 行次 | 期末余额 | 年初余额 |
|---|---|---|---|---|---|---|---|
| 流动资产: | 1 | | | 流动负债: | 37 | | |
| 货币资金 | 2 | 8 550 000.00 | 7 950 000.00 | 短期借款 | 38 | 600 000.00 | 400 000.00 |
| 交易性金融资产 | 3 | 200 000.00 | 200 000.00 | 交易性金融负债 | 39 | 0.00 | 0.00 |

(续表)

| 资产 | 行次 | 期末余额 | 年初余额 | 负债和所有者权益（或股东权益） | 行次 | 期末余额 | 年初余额 |
|---|---|---|---|---|---|---|---|
| 衍生金融资产 | 4 | 0.00 | 0 | 衍生金融负债 | 40 | 0.00 | 0 |
| 应收票据 | 5 | 495 000.00 | 455 000.00 | 应付票据 | 41 | 500 000.00 | 400 000.00 |
| 应收账款 | 6 | 590 000.00 | 600 000.00 | 应付账款 | 42 | 1 300 000.00 | 1 100 000.00 |
| 应收款项融资 | 7 | 0.00 | 0 | 预收款项 | 43 | 55 000.00 | 35 000.00 |
| 预付款项 | 8 | 450 000.00 | 410 000.00 | 合同负债 | 44 | 0.00 | 0 |
| 其他应收款 | 9 | 90 000.00 | 71 000.00 | 应付职工薪酬 | 45 | 266 500.00 | 256 500.00 |
| 存货 | 10 | 11 364 860.00 | 10 784 900.00 | 应交税费 | 46 | 425 260.00 | 375 629.00 |
| 合同资产 | 11 | 0.00 | 0 | 其他应付款 | 47 | 113 000.00 | 58 881.00 |
| 持有待售资产 | 12 | 0.00 | 0 | 持有待售负债 | 48 | 0.00 | 0 |
| 一年内到期的非流动资产 | 13 | 0.00 | 0 | 一年内到期的非流动负债 | 49 | 0.00 | 0 |
| 其他流动资产 | 14 | 0.00 | 0 | 其他流动负债 | 50 | 0.00 | 0 |
| 流动资产合计 | 15 | 21 739 860.00 | 20 470 900.00 | 流动负债合计 | 51 | 3 259 760.00 | 2 626 010.00 |
| 非流动资产： | 16 | | | 非流动负债： | 52 | | |
| 债权投资 | 17 | 250 000.00 | 250 000.00 | 长期借款 | 53 | 2 100 000.00 | 1 600 000.00 |
| 其他债权投资 | 18 | 150 000.00 | 150 000.00 | 应付债券 | 54 | 0.00 | 0 |
| 长期应收款 | 19 | 0.00 | 0 | 其中：优先股 | 55 | 0.00 | 0 |
| 长期股权投资 | 20 | 200 000.00 | 180 000.00 | 永续债 | 56 | | |
| 其他权益工具投资 | 21 | 0.00 | 0 | 租赁负债 | 57 | 0.00 | 0 |
| 其他非流动金融资产 | 22 | 0.00 | 0 | 长期应付款 | 58 | 0.00 | 0 |
| 投资性房地产 | 23 | 0.00 | 0 | 预计负债 | 59 | 0.00 | 0 |
| 固定资产 | 24 | 4 270 000.00 | 4 220 000.00 | 递延收益 | 60 | 0.00 | 0 |
| 在建工程 | 25 | 6 466 000.00 | 6 486 000.00 | 递延所得税负债 | 61 | 0.00 | 0 |
| 生产性生物资产 | 26 | 0.00 | 0 | 其他非流动负债 | 62 | 0.00 | 0 |
| 油气资产 | 27 | 0.00 | 0 | 非流动负债合计 | 63 | 2 100 000.00 | 1 600 000.00 |
| 使用权资产 | 28 | 0.00 | 0 | 负债合计 | 64 | 5 359 760.00 | 4 226 010.00 |

(续表)

| 资产 | 行次 | 期末余额 | 年初余额 | 负债和所有者权益（或股东权益） | 行次 | 期末余额 | 年初余额 |
|---|---|---|---|---|---|---|---|
| 无形资产 | 29 | 980 000.00 | 1 000 000.00 | 所有者权益（或股东权益）： | 65 | | |
| 开发支出 | 30 | 0.00 | 0 | 实收资本（或股本） | 66 | 25 430 000.00 | 25 430 000.00 |
| 商誉 | 31 | 0.00 | 0 | 其他权益工具 | 67 | 0.00 | 0 |
| 长期待摊费用 | 32 | 400 000.00 | 400 000.00 | 其中：优先股 | 68 | 0.00 | 0 |
| 递延所得税资产 | 33 | 0.00 | 0 | 永续债 | 69 | 0.00 | 0 |
| 其他非流动资产 | 34 | 0.00 | 0 | 资本公积 | 70 | 3 000 000.00 | 3 000 000.00 |
| 非流动资产合计 | 35 | 12 716 000.00 | 126 860 00.00 | 减：库存股 | 71 | 0.00 | 0 |
| | | | | 其他综合收益 | 72 | 0.00 | 0 |
| | | | | 专项储备 | 73 | 0.00 | 0 |
| | | | | 盈余公积 | 74 | 437 000.00 | 420 479.00 |
| | | | | 未分配利润 | 75 | 229 100.00 | 80 411.00 |
| | | | | 所有者权益（或股东权益）合计 | 76 | 29 096 100.00 | 28 930 890.00 |
| 资产总计 | 36 | 34 455 860.00 | 33 156 900.00 | 负债和所有者权益（或股东权益）总计 | 77 | 34 455 860.00 | 33 156 900.00 |

表 10-3  试算平衡表

编制单位：浙江华鸿笔业有限公司　　　　2022 年 12 月　　　　　　　　　　　单位：元

| 项目 | 期初余额 | | 本期发生额 | | 期末余额 | |
|---|---|---|---|---|---|---|
| | 借方 | 贷方 | 借方 | 贷方 | 借方 | 贷方 |
| 库存现金 | 10 000.00 | 0.00 | 2 500 000.00 | 2 500 350.00 | 9 650.00 | 0.00 |
| 银行存款 | 8 310 000.00 | 0.00 | 5 637 280.00 | 6 436 010.50 | 7 511 269.50 | 0.00 |
| 其他货币资金 | 230 000.00 | 0.00 | 126 000.00 | 126 000.00 | 230 000.00 | 0.00 |
| 交易性金融资产 | 200 000.00 | 0.00 | 0.00 | 30 000.00 | 170 000.00 | 0.00 |
| 应收票据 | 495 000.00 | 0.00 | 904 300.00 | 1 186 300.00 | 213 000.00 | 0.00 |
| 应收账款 | 585 000.00 | 0.00 | 452 000.00 | 226 000.00 | 811 000.00 | 0.00 |
| 其中：京运通销售有限公司 | 590 000(借) | 0.00 | 0.00 | 226 000.00 | 364 000(借) | 0.00 |

(续表)

| 项目 | 期初余额 | | 本期发生额 | | 期末余额 | |
|---|---|---|---|---|---|---|
| | 借方 | 贷方 | 借方 | 贷方 | 借方 | 贷方 |
| 浙江康泰科技 | 5 000(贷) | 0.00 | 0.00 | 0.00 | 5 000(贷) | 0.00 |
| 江苏金世纪贸易有限公司 | 0.00 | 0.00 | 452 000.00 | 0.00 | 45 2000(借) | 0.00 |
| 预付账款 | 280 000.00 | 0.00 | 0.00 | 0.00 | 280 000.00 | 0.00 |
| 其中：无锡荣升股份公司 | 280 000.00 | 0.00 | 0.00 | 0.00 | 280 000.00 | 0.00 |
| 应收股利 | 10 000.00 | 0.00 | 30 000.00 | 10 000.00 | 30 000.00 | 0.00 |
| 其他应收款 | 80 000.00 | 0.00 | 0.00 | 0.00 | 80 000.00 | 0.00 |
| 坏账准备 | 0.00 | 0.00 | 0.00 | 1 150.00 | 0.00 | 1 150.00 |
| 其中：应收账款坏账准备 | 0.00 | 0.00 | 0.00 | 700.00 | 0.00 | 700.00 |
| 应收票据坏账准备 | | | | 300.00 | | 300.00 |
| 其他应收款坏账准备 | | | | 150.00 | | 150.00 |
| 材料采购 | 700 000.00 | 0.00 | 700 000.00 | 700 000.00 | 700 000.00 | 0.00 |
| 原材料 | 1 630 000.00 | 0.00 | 710 000.00 | 1 286 000.00 | 1 054 000.00 | 0.00 |
| 材料成本差异 | 35 860.00 | 0.00 | 0.00 | 22 000.00 | 13 860.00 | 0.00 |
| 库存商品 | 6 500 000.00 | 0.00 | 3 318 000.00 | 2 380 000.00 | 7 438 000.00 | 0.00 |
| 生产成本 | 2 309 000.00 | 0.00 | 3 318 000.00 | 3 318 000.00 | 2 309 000.00 | 0.00 |
| 周转材料 | 190 000.00 | 0.00 | 0.00 | 100 000.00 | 90 000.00 | 0.00 |
| 存货跌价准备 | 0.00 | 0.00 | 0.00 | 5 000.00 | 0.00 | 5 000.00 |
| 债权投资 | 250 000.00 | 0.00 | 0.00 | 0.00 | 250 000.00 | 0.00 |
| 其他债权投资 | 150 000.00 | 0.00 | 0.00 | 0.00 | 150 000.00 | 0.00 |
| 长期股权投资 | 200 000.00 | 0.00 | 0.00 | 0.00 | 200 000.00 | 0.00 |
| 长期股权投资减值准备 | 0.00 | 0.00 | 0.00 | 5 000.00 | 0.00 | 5 000.00 |
| 固定资产 | 5 000 000.00 | 0.00 | 85 550.00 | 0.00 | 5 085 550.00 | 0.00 |
| 累计折旧 | 0.00 | 730 000.00 | 0.00 | 100 000.00 | 0.00 | 830 000.00 |
| 固定资产减值准备 | 0.00 | 0.00 | 0.00 | 15 000.00 | 0.00 | 15 000.00 |
| 在建工程 | 6 050 000.00 | 0.00 | 720 000.00 | 0.00 | 6 770 000.00 | 0.00 |

(续表)

| 项目 | 期初余额 | | 本期发生额 | | 期末余额 | |
|---|---|---|---|---|---|---|
| | 借方 | 贷方 | 借方 | 贷方 | 借方 | 贷方 |
| 工程物资 | 416 000.00 | 0.00 | 0.00 | 0.00 | 416 000.00 | 0.00 |
| 无形资产 | 1 000 000.00 | 0.00 | 0.00 | 0.00 | 1 000 000.00 | 0.00 |
| 累计摊销 | 0.00 | 20 000.00 | 0.00 | 100 000.00 | 0.00 | 120 000.00 |
| 长期待摊费用 | 400 000.00 | 0.00 | 0.00 | 50 000.00 | 350 000.00 | 0.00 |
| 制造费用 | 0.00 | 0.00 | 650 000.00 | 650 000.00 | 0.00 | 0.00 |
| 短期借款 | 0.00 | 600 000.00 | 300 000.00 | 0.00 | 0.00 | 300 000.00 |
| 应付票据 | 0.00 | 500 000.00 | 225 000.00 | 0.00 | 0.00 | 275 000.00 |
| 应付账款 | 0.00 | 1 130 000.00 | 700 000.00 | 100 000.00 | 0.00 | 530 000.00 |
| 其中：福鼎德泰铅业有限公司 | 0.00 | 1 300 000(贷) | 700 000.00 | 0.00 | 0.00 | 600 000.00 |
| 浙江华阳贸易有限公司 | | 170 000(借) | 0.00 | 100 000.00 | 70 000.00 | 0.00 |
| 预收账款 | 0.00 | 50 000.00 | 0.00 | 0.00 | 0.00 | 50 000.00 |
| 其中：丽水日升板材公司 | 0.00 | 50 000(贷) | 0.00 | 0.00 | 0.00 | 50 000(贷) |
| 应付职工薪酬 | 0.00 | 266 500.00 | 2 585 000.00 | 2 850 000.00 | 0.00 | 531 500.00 |
| 应交税费 | 0.00 | 425 260.00 | 560 460.50 | 560 460.50 | 0.00 | 425 260.00 |
| 应付股利 | 0.00 | 58 000.00 | 80 000.00 | 80 000.00 | 0.00 | 58 000.00 |
| 应付利息 | 0.00 | 20 000.00 | 0.00 | 155 000.00 | 0.00 | 175 000.00 |
| 其他应付款 | 0.00 | 35 000.00 | 0.00 | 0.00 | 0.00 | 35 000.00 |
| 长期借款 | 0.00 | 2 100 000.00 | 1 100 000.00 | 1 600 000.00 | 0.00 | 2 600 000.00 |
| 其中：将于一年内到期的长期借款 | | | | | | 1 000 000.00 |
| 实收资本 | 0.00 | 25 430 000.00 | 0.00 | 0.00 | 0.00 | 25 430 000.00 |
| 资本公积 | 0.00 | 3 000 000.00 | 0.00 | 0.00 | 0.00 | 3 000 000.00 |
| 盈余公积 | 0.00 | 437 000.00 | 0.00 | 18 931.95 | 0.00 | 455 931.95 |
| 本年利润 | 0.00 | 0.00 | 3 535 000.00 | 3 535 000.00 | 0.00 | 0.00 |
| 未分配利润 | 0.00 | 229 100.00 | 98 931.95 | 189 319.50 | 0.00 | 319 487.55 |
| 合计 | 35 030 860.00 | 35 030 860.00 | 28 335 522.45 | 28 335 522.45 | 35 161 329.5 | 35 161 329.5 |

根据浙江华鸿笔业有限公司 2021 年 12 月 31 日资产负债表(见表 10-2)、2022 年度的试算平衡表(见表 10-3)所示资料,以及有关资产负债表编制的相关知识,编制浙江华鸿笔业有限公司 2022 年年末的资产负债表(见表 10-4)。

根据 2021 年 12 月的资产负债表及 2022 年 12 月的试算平衡表,对资产负债表相关项目进行如下计算填列:

(1)"货币资金"项目期末余额=库存现金+银行存款+其他货币资金=10 000+8 310 000+230 000=8 550 000(元)。

(2)"预付账款"项目期末余额=无锡荣升股份公司预付账款期末借方余额+浙江华阳贸易有限公司应付账款期末借方余额=280 000+70 000=350 000(元)。

(3)"长期借款"项目的期末余额在填列时,应将长期借款总账余额中将于一年内到期的明细账户余额减掉,即 2 600 000-1 000 000=1 600 000(元),然后将 1 600 000 元填报在"长期借款"期末余额项目内;将一年内到期的明细账户余额 1 000 000 元填至"将于一年内到期的非流动负债"期末余额项目内。

(4)"应收账款"项目期末余额=京运通销售有限公司应收账款期末借方余额+江苏金世纪贸易有限公司应收账款期末借方余额-"坏账准备"中根据应收账款计提的部分=364 000+452 000-700=816 000-700=815 300(元)。

(5)"存货"项目期末余额="原材料"账户借方余额+"材料成本差异"账户借方余额+"周转材料"账户借方余额+"库存商品"账户借方余额+"生产成本"账户借方余额+"材料采购"账户借方余额-"存货跌价准备"账户贷方余额=1 054 000+13 860+90 000+7 438 000+2 309 000+700 000-5 000=11 599 860(元)。

(6)"固定资产"项目期末余额="固定资产"账户期末借方余额-"累计折旧"账户期末贷方余额-"固定资产减值准备"账户期末贷方余额=5 085 550-830 000-15 000=4 240 550(元)。

表 10-4 资产负债表

编制单位:浙江华鸿笔业有限公司　　　　2022 年 12 月 31 日　　　　　　　　单位:元

| 资产 | 行次 | 期末余额 | 年初余额 | 负债和所有者权益 | 行次 | 期末余额 | 年初余额 |
|---|---|---|---|---|---|---|---|
| 流动资产: | 1 | | | 流动负债: | 37 | | |
| 货币资金 | 2 | 7 750 919.50 | 8 550 000.00 | 短期借款 | 38 | 300 000.00 | 600 000.00 |
| 交易性金融资产 | 3 | 170 000.00 | 200 000.00 | 交易性金融负债 | 39 | 0.00 | 0.00 |
| 衍生金融资产 | 4 | 0.00 | 0.00 | 衍生金融负债 | 40 | 0.00 | 0.00 |
| 应收票据 | 5 | 212 700.00 | 495 000.00 | 应付票据 | 41 | 275 000.00 | 500 000.00 |
| 应收账款 | 6 | 815 300.00 | 590 000.00 | 应付账款 | 42 | 600 000.00 | 1 300 000.00 |
| 应收款项融资 | 7 | 0.00 | 0.00 | 预收款项 | 43 | 55 000.00 | 55 000.00 |
| 预付款项 | 8 | 350 000.00 | 450 000.00 | 合同负债 | 44 | 0.00 | 0.00 |

(续表)

| 资产 | 行次 | 期末余额 | 年初余额 | 负债和所有者权益 | 行次 | 期末余额 | 年初余额 |
|---|---|---|---|---|---|---|---|
| 其他应收款 | 9 | 109 850.00 | 90 000.00 | 应付职工薪酬 | 45 | 531 500.00 | 266 500.00 |
| 存货 | 10 | 11 599 860.00 | 11 364 860.00 | 应交税费 | 46 | 425 260.00 | 425 260.00 |
| 合同资产 | 11 | 0.00 | 0.00 | 其他应付款 | 47 | 268 000.00 | 113 000.00 |
| 持有待售资产 | 12 | 0.00 | 0.00 | 持有待售负债 | 48 | 0.00 | 0.00 |
| 一年内到期的非流动资产 | 13 | 0.00 | 0.00 | 一年内到期的非流动负债 | 49 | 1 000 000.00 | 0.00 |
| 其他流动资产 | 14 | 0.00 | 0.00 | 其他流动负债 | 50 | 0.00 | 0.00 |
| 流动资产合计 | 15 | 21 008 629.50 | 21 739 860.00 | 流动负债合计 | 51 | 2 454 760.00 | 3 259 760.00 |
| 非流动资产: | 16 | | | 非流动负债: | 52 | | |
| 债权投资 | 17 | 250 000.00 | 250 000.00 | 长期借款 | 53 | 1 600 000.00 | 2 100 000.00 |
| 其他债权投资 | 18 | 150 000.00 | 150 000.00 | 应付债券 | 54 | 0.00 | 0.00 |
| 长期应收款 | 19 | 0.00 | 0.00 | 其中：优先股 | 55 | 0.00 | 0.00 |
| 长期股权投资 | 20 | 195 000.00 | 200 000.00 | 永续债 | 56 | 0.00 | 0.00 |
| 其他权益工具投资 | 21 | 0.00 | 0.00 | 租赁负债 | 57 | 0.00 | 0.00 |
| 其他非流动金融资产 | 22 | 0.00 | 0.00 | 长期应付款 | 58 | 0.00 | 0.00 |
| 投资性房地产 | 23 | 0.00 | 0.00 | 预计负债 | 59 | 0.00 | 0.00 |
| 固定资产 | 24 | 4 240 550.00 | 4 270 000.00 | 递延收益 | 60 | 0.00 | 0.00 |
| 在建工程 | 25 | 7 186 000.00 | 6 466 000.00 | 递延所得税负债 | 61 | 0.00 | 0.00 |
| 生产性生物资产 | 26 | 0.00 | 0.00 | 其他非流动负债 | 62 | 0.00 | 0.00 |
| 油气资产 | 27 | 0.00 | 0.00 | 非流动负债合计 | 63 | 2 600 000.00 | 2 100 000.00 |
| 使用权资产 | 28 | 0.00 | 0.00 | 负债合计 | 64 | 5 054 760.00 | 5 359 760.00 |
| 无形资产 | 29 | 880 000.00 | 980 000.00 | 所有者权益(或股东权益): | 65 | | |
| 开发支出 | 30 | 0.00 | 0.00 | 实收资本(或股本) | 66 | 25 430 000.00 | 25 430 000.00 |
| 商誉 | 31 | 0.00 | 0.00 | 其他权益工具 | 67 | 0.00 | 0.00 |
| 长期待摊费用 | 32 | 350 000.00 | 400 000.00 | 其中：优先股 | 68 | 0.00 | 0.00 |
| 递延所得税资产 | 33 | 0.00 | 0.00 | 永续债 | 69 | 0.00 | 0.00 |
| 其他非流动资产 | 34 | 0.00 | 0.00 | 资本公积 | 70 | 3 000 000.00 | 3 000 000.00 |

(续表)

| 资产 | 行次 | 期末余额 | 年初余额 | 负债和所有者权益 | 行次 | 期末余额 | 年初余额 |
|---|---|---|---|---|---|---|---|
| 非流动资产合计 | 35 | 13 251 550.00 | 12 716 000.00 | 减：库存股 | 71 | 0.00 | 0.00 |
| | | | | 其他综合收益 | 72 | 0.00 | 0.00 |
| | | | | 专项储备 | 73 | 0.00 | 0.00 |
| | | | | 盈余公积 | 74 | 455 931.95 | 437 000.00 |
| | | | | 未分配利润 | 75 | 319 487.55 | 229 100.00 |
| | | | | 所有者权益（或股东权益）合计 | 76 | 29 205 419.50 | 29 096 100.00 |
| 资产总计 | 36 | 34 260 179.50 | 34 455 860.00 | 负债和所有者权益（或股东权益）总计 | 77 | 34 260 179.50 | 34 455 860.00 |

## 任务三　利润表的编制

### 情境导入

上市公司 C 曾通过虚增成交金额来虚构收入，并将虚构的成交金额分散至大量的客户名下，这样每个客户虚构的成交金额并不高，之后 C 公司再通过在建工程、补贴款等名义将款项返回给客户。如此一来，C 公司便可虚增收入，美化业绩。

公司 D 曾通过串通客户、经销商虚构合同以及虚构合同价格来虚增收入。具体来说，D 公司与部分客户虚构合同，客户虚假采购 D 公司产品并预付定金，但最终客户并不提货，D 公司再把定金退回至客户，从而完成虚假销售。此外，D 公司还通过虚假提高合同价格的方式虚增收入。在与部分客户签订合同后，单边虚增合同价格，从而达到虚增业绩的目的。

思考：

（1）上述公司的行为，你觉得合法吗？你认为企业报表出现这种造假现象，财务人员是否应承担相应的责任？

（2）你认为财务人员应如何坚守底线？

### 知识准备

#### 一、利润表的概念和作用

利润表是指反映企业在一定会计期间的经营成果的财务报表。

利润表的作用主要表现在以下几个方面：

（1）通过利润表可以反映企业一定期间的经营成果。企业在一定期间实现的经营成果是由营业收入和费用，以及按收入实现原则和配比原则计算出来的利润表现出来的，在利润表中把一定时期的营业收入和同一会计期间相关的营业费用进行配比,以计算出企业在这个会计期的净利润或亏损,从而分析判断企业的经营成果。

(2) 通过利润表可以评价企业的盈利能力。通过利润表可以提供同一企业在不同时期的比较数据,可以分析预测企业未来的盈利趋势,为企业管理人员对未来的经营决策提供依据。

(3) 通过利润表可以加强企业管理,提高经济效益。通过利润表可以了解各项收入、费用及利润的消长趋势,分析企业利润增减变化的原因,研究改进企业生产经营管理,从而采取有效措施提高企业的盈利水平。

## 二、利润表的格式和内容

利润表的格式分为表头和正表两个部分。表头主要包括报表的名称、编制单位、编制日期、金额单位等。正表部分是利润表的主要内容。我国的利润表采用的是上下多步式结构,其具体格式见表10-6。利润表主要包括以下五个方面的内容:

(1) 营业收入,包括主营业务收入和其他业务收入。
(2) 营业利润。以营业收入为基础,减去营业成本(包括主营业务成本和其他业务成本)、税金及附加、销售费用、管理费用、研发费用、财务费用、资产减值损失、信用减值损失,加上其他收益、资产处置收益(减去资产处置损失),加上公允价值变动收益(减去公允价值变动损失)、投资收益(减去投资损失)和净敞口套期收益(减去净敞口套期损失)计算出营业利润。
(3) 利润总额。以营业利润为基础,加上营业外收入,减去营业外支出,计算出利润总额。
(4) 净利润。以利润总额为基础,减去所得税费用,计算出净利润。
(5) 每股收益。普通股或潜在普通股已公开交易的企业,以及正处于公开发行普通股或潜在普通股过程中的企业,还应当在利润表中列示每股收益信息。

## 三、利润表的列报方法

利润表正表部分设有"上期金额"和"本期金额"两栏。

### (一)"上期金额"栏的列报方法

利润表"上期金额"栏内各项数字,应根据上年该期利润表"本期金额"栏内所列数字填列。在编制半年度报表时,"上期金额"栏应填列上年同期累计实际发生额,"本期金额"栏应填列本年上半年累计实际发生额。在编制年度报表时,"上期金额"栏应填列上年全年累计实际发生数,"本期金额"栏应填列全年累计实际发生额。如果上年该期利润表规定的各个项目的名称和内容同本期不相一致,应对上年该期利润表各项目的名称和数字按本期的规定进行调整,填入利润表"上期金额"栏内。

### (二)"本期金额"栏的列报方法

利润表"本期金额"栏内各期数字除"基本每股收益"和"稀释每股收益"项目外,应当按照本期损益类账户的发生额分析填列。如"营业收入"项目根据"主营业务收入"和"其他业务收入"账户的发生额分析计算填列。"营业成本"项目根据"主营业务成本"和"其他业务成本"账户的发生额分析计算填列。其他项目如"税金及附加""销售费用""管理费用""财务费用""资产减值损失""投资收益""营业外收入""营业外支出"等应根据对应账户的发生额分析填列。

**【做中学10-3】** 浙江康泰科技有限公司2022年6月各损益类账户的余额如下：主营业务收入2 500万元(贷方)、其他业务收入300万元(贷方)，营业外收入50万元(贷方)，投资收益55万元(贷方)，主营业务成本1 500万元(借方)，其他业务成本150万元(借方)，税金及附加15万元(借方)，销售费用80万元(借方)，管理费用55万元(借方)，财务费用25万元(借方)、营业外支出70万元(借方)，所得税费用252.50万元(借方)。计算该公司6月份的营业利润、利润总额和净利润。

营业利润＝主营业务收入＋其他业务收入－主营业务成本－其他业务成本－税金及附加－销售费用－管理费用－财务费用＋投资收益＝2 500＋300－1 500－150－15－80－55－25＋55＝1 030(万元)

利润总额＝营业利润＋营业外收入－营业外支出＝1 030＋50－70＝1 010(万元)

净利润＝利润总额－所得税费用＝1 010－252.5＝757.5(万元)

### (三) 利润表各项目的列报说明

(1)"营业收入"项目，反映企业经营主要业务和其他业务所确认的收入总额。本项目应根据"主营业务收入"和"其他业务收入"账户的发生额分析填列。

10-2 利润表的编制

(2)"营业成本"项目，反映企业经营主要业务和其他业务所发生的成本总额。本项目应根据"主营业务成本"和"其他业务成本"账户的发生额分析填列。

(3)"税金及附加"项目，反映企业经营业务应负担的消费税、城市建设维护税、资源税、土地增值税和教育费附加等。本项目应根据"税金及附加"账户的发生额分析填列。

(4)"销售费用"项目，反映企业在销售商品过程中发生的包装费、广告费等费用和为销售本企业商品而专设的销售机构的职工薪酬、业务费等经营费用。本项目应根据"销售费用"账户的发生额分析填列。

(5)"管理费用"项目，反映企业为组织和管理生产经营发生的管理费用。本项目应根据"管理费用"的发生额分析填列。

(6)"研发费用"项目，反映企业进行研究与开发过程中发生的费用化支出以及计入管理费用的自行开发无形资产的摊销。本项目应根据"管理费用"账户下的"研发费用"明细账户的发生额以及"管理费用"账户下"无形资产摊销"明细账户的发生额分析填列。

(7)"财务费用"项目，反映企业为筹集生产经营所需资金等而发生的应予费用化的利息支出。本项目应根据"财务费用"账户的相关明细账户发生额分析填列。其中，"利息费用"项目，反映企业为筹集生产经营所需资金等而发生的应予费用化的利息支出，本项目应根据"财务费用"账户的相关明细账户的发生额分析填列。"利息收入"项目，反映企业应冲减财务费用的利息收入，本项目应根据"财务费用"账户的相关明细账户的发生额分析填列。

(8)"其他收益"项目,反映计入其他收益的政府补助,以及其他与日常活动相关且计入其他收益的项目。本项目应根据"其他收益"账户的发生额分析填列。企业作为个人所得税的扣缴义务人,根据《中华人民共和国个人所得税法》收到的扣缴税款手续费,应作为其他与日常活动相关的收益在本项目中填列。

(9)"投资收益"项目,反映企业以各种方式对外投资所取得的收益。本项目应根据"投资收益"账户的发生额分析填列,如为投资损失,本项目以"一"号填列。

(10)"净敞口套期收益"项目,反映净敞口套期下被套期项目累计公允价值变动转入当期损益的金额或现金流量套期储备转入当期损益的金额。本项目应根据"净敞口套期损益"账户的发生额分析填列,如为套期损失,本项目以"一"号填列。

(11)"公允价值变动收益"项目,反映企业应当计入当期损益的资产或负债公允价值变动收益。本项目应根据"公允价值变动损益"账户的发生额分析填列,如为净损失,本项目以"一"号填列。

(12)"信用减值损失"项目,反映企业按照《企业会计准则第22号——金融工具确认和计量》(2018)的要求计提的各项金融工具信用减值准备所确认的信用损失。本项目应根据"信用减值损失"账户的发生额分析填列。

(13)"资产减值损失"项目,反映企业相关资产发生的减值损失。本项目应根据"资产减值损失"账户的发生额分析填列。

(14)"资产处置收益"项目,反映企业出售划分为持有待售的非流动资产(金融工具、长期股权投资和投资性房地产除外)或处置组(子公司和业务除外)时确认的处置利得或损失,以及处置未划分为持有待售的固定资产、在建工程、生产性生物资产及无形资产而产生的处置利得或损失。债务重组中因处置非流动资产(金融工具、长期股权投资和投资性房地产除外)产生的利得或损失和非货币性资产交换中换出非流动资产(金融工具、长期股权投资和投资性房地产除外)产生的利得或损失也包括在本项目内。本项目应根据"资产处置损益"账户的发生额分析填列,如为处置损失,本项目以"一"号填列。

(15)"营业利润"项目,反映企业实现的营业利润,如为亏损,本项目以"一"号填列。

(16)"营业外收入"项目,反映企业发生的与经营业务无直接关系的各项收入。本项目应根据"营业外收入"账户的发生额分析填列。

(17)"营业外支出"项目,反映企业发生的与经营业务无直接关系的各项支出。本项目应根据"营业外支出"账户的发生额分析填列。

(18)"利润总额"项目,反映企业实现的利润,如为亏损,本项目以"一"号填列。

(19)"所得税费用"项目,反映企业应从当期利润总额中扣除的所得税费用。本项目应根据"所得税费用"账户的发生额分析填列。

(20)"净利润"项目,反映企业实现的净利润,如为亏损,本项目以"一"号填列。

(21)"其他综合收益的税后净额"项目,反映企业根据《企业会计准则》规定未在损益中确认的各项利得和损失扣除所得税影响后的净额。

(22)"综合收益总额"项目,反映企业净利润与其他综合收益的合计金额。

(23)"每股收益"项目,反映普通股或潜在普通股已公开交易的企业,以及正处于公开发行普通股或潜在普通股过程中的企业的每股收益信息。

【做中学10-4】 浙江华鸿笔业有限公司2022年有关损益类账户的发生额如表10-5所示。要求完成该公司2022年的利润表的编制(见表10-6)。

表10-5 损益类账户发生额　　　　　　　　　　　　　　　　　单位:元

| 账户名称 | 借方发生额 | 贷方发生额 | 账户名称 | 借方发生额 | 贷方发生额 |
|---|---|---|---|---|---|
| 主营业务收入 | | 3 400 000 | 销售费用 | 200 000 | |
| 其他业务收入 | | 100 000 | 管理费用 | 512 000 | |
| 投资收益 | | 35 000 | 财务费用 | 23 720 | |
| 主营业务成本 | 2 380 000 | | 资产减值损失 | 26 150 | |
| 其他业务成本 | 98 000 | | 所得税费用 | 63 106.5 | |
| 税金及附加 | 42 704 | | | | |

根据浙江华鸿笔业有限公司2022年有关损益类账户的发生额,以及利润表编制的相关知识,编制浙江华鸿笔业有限公司2022年的利润表,如表10-6所示。

(1)根据表10-6中所列信息资料,浙江华鸿笔业有限公司2021年利润表中"营业收入"="主营业务收入"贷方发生额+"其他业务收入"贷方发生额=3 400 000+100 000=3 500 000(元)。

(2)根据表10-6中所列信息资料,浙江华鸿笔业有限公司2021年利润表中"营业成本"="主营业务成本"借方发生额+"其他业务成本"借方发生额=2 380 000+98 000=2 478 000(元)

(3)其他项目如"税金及附加""销售费用""管理费用""财务费用""资产减值损失""投资收益""营业外收入""营业外支出"等项目应根据对应账户的发生额分析填列。

表10-6 利润表

编制单位:浙江华鸿笔业有限公司　　　　　　2022年　　　　　　　　　　　　单位:元

| 项目 | 行次 | 本期金额 | 上期金额 |
|---|---|---|---|
| 一、营业收入 | 1 | 3 500 000.00 | 略 |
| 减:营业成本 | 2 | 2 478 000.00 | |
| 税金及附加 | 3 | 42 704.00 | |
| 销售费用 | 4 | 200 000.00 | |
| 管理费用 | 5 | 512 000.00 | |
| 研发费用 | 6 | 0.00 | |
| 财务费用 | 7 | 23 720.00 | |
| 其中:利息费用 | 8 | 5 000.00 | |
| 利息收入 | 9 | 0.00 | |

(续表)

| 项目 | 行次 | 本期金额 | 上期金额 |
|---|---|---|---|
| 加：其他收益 | 10 | 0.00 | |
| 投资收益（损失以"－"号填列） | 11 | 35 000.00 | |
| 其中：对联营企业和合营企业的投资收益 | 12 | 0.00 | |
| 以摊余成本计量的金融资产终止确认收益（损失以"－"号填列） | 13 | 0.00 | |
| 净敞口套期收益（损失以"－"号填列） | 14 | 0.00 | |
| 公允价值变动收益（损失以"－"号填列） | 15 | 0.00 | |
| 信用减值损失（损失以"－"号填列） | 16 | 0.00 | |
| 资产减值损失（损失以"－"号填列） | 17 | －26 150.00 | |
| 资产处置收益（损失以"－"号填列） | 18 | 0.00 | |
| 二、营业利润（亏损以"－"号填列） | 19 | 252 426.00 | |
| 加：营业外收入 | 20 | 0.00 | |
| 减：营业外支出 | 21 | 0.00 | |
| 三、利润总额（亏损总额以"－"号填列） | 22 | 234 726.00 | |
| 减：所得税费用 | 23 | 63 106.50 | |
| 四、净利润（净亏损以"－"号填列） | 24 | 171 619.50 | |
| （一）持续经营净利润（净亏损以"－"号填列） | 25 | 171 619.50 | |
| （二）终止经营净利润（净亏损以"－"号填列） | 26 | 0.00 | |
| 五、其他综合收益的税后净额 | 27 | 0.00 | |
| 六、综合收益总额 | 40 | 171 619.50 | |
| 七、每股收益 | 41 | 0.00 | |
| （一）基本每股收益 | 42 | 0.00 | |
| （二）稀释每股收益 | 43 | 0.00 | |

## 任务四　现金流量表的编制

**情境导入**

很多财务人员都怕编制现金流量表，那为什么要编制现金流量表，现金流量表是怎么来的呢？现金流量表最早是从英国开始的。企业在实际经营过程中，经常会出现利润表利润很高，而企业账上却没多少流动资金，甚至有时工资都发不出来。于是股东们对会计人员编制的财务报表总是持怀疑态度，心中老有一个结，就是利润表反映的收入和利润那么多，怎么总是资金紧张呢？是不是财务报表计算有问题？一些老板要求会计重新算账，"我不看利润表,我要的是实实在在装进兜里钱是多少,没有进账的钱不算收入,没有支出钱也不算费用"。于是会计人员开始填报"财务状况收支变动表"(相当于现在的现金流量附表)。具体方法就是将以权责发生制为编制基础的利润表转换为以收付实现制为基础的现金流量表。

**思考:**
(1) 从上述案例中,你认为不同财务报表的产生主要是源于什么原因?
(2) 你认为财务人员应如何更好地为企业提供最优的服务,又不违反法律法规?

## 知识准备

### 一、现金流量表的概念和作用

**现金流量表**是反映企业在一定会计期间现金和现金等价物流入和流出的报表。现金是指企业的库存现金以及可以随时用于支付的存款,包括库存现金、银行存款和其他货币资金等。不能随时用于支付的存款不属于现金。

10-3 现金流量表的概念和内容

现金等价物是指企业持有的期限短、流动性强、易于转换为已知金额现金、价值变动风险很小的投资。期限短一般是指从购买日起3个月内到期。例如,企业购买的从购买日起3个月或更短的时间内到期或即可转换为现金的短期债券投资就是现金等价物。权益性投资变现的金额通常不确定,因而不属于现金等价物。企业应当根据具体情况,确定现金等价物的范围,一经确定不得随意变更。

现金流量是指一定会计期间内企业现金和现金等价物的流入和流出。企业从银行提取现金、用现金购买短期到期的国债等现金和现金等价物之间的转换不属于现金流量。

编制现金流量表的作用,是为财务报表使用者提供企业一定会计期间内现金和现金等价物流入和流出的信息,以便于财务报表使用者理解和评价企业获取现金和现金等价物的能力,并据以预测企业未来的现金流量。现金流量表的作用主要有以下几个方面:一是有助于评价企业的支付能力、偿债能力和周转能力;二是有助于预测企业未来现金流量;三是有助于分析企业收益质量及影响现金净流量的因素,掌握企业的经营活动、投资活动和筹资活动的现金流量,可以从现金流量的角度了解企业净利润的质量,为分析和判断企业的财务前景提供信息。

### 二、现金流量表的结构和内容

#### (一)现金流量表的结构

现金流量表的格式分为三部分:表首、基本部分(主表)和补充资料。表首标明企业名称、现金流量的会计期间、报表编号和货币单位。基本部分(主表)采用报告式的结构,按照现金流量的性质,依次分类反映经营活动、投资活动和筹资活动产生的现金流量,最后汇总反映企业现金及现金等价物净增加额。补充资料(附表)是对基本部分的补充,全面揭示企业的

10-4 现金流量表的编制方法

理财活动并起到与主表进行校对的作用。补充资料包括三部分内容:将净利润调节为经营活动的现金流量;不涉及现金及现金收支的投资和筹资活动;现金及现金等价物净增加情况。现金流量表如表 10-7 所示。

**表 10-7　现金流量表**

编制单位:浙江华鸿笔业有限公司　　　2022 年 12 月　　　　　　　　　　单位:元

| 项目 | 行次 | 本期金额 | 上期金额 |
|---|---|---|---|
| 一、经营活动产生的现金流量: | 1 | | 略 |
| 　销售商品、提供劳务收到的现金 | 2 | | |
| 　收到的税费返还 | 3 | | |
| 　收到其他与经营活动有关的现金 | 4 | | |
| 　经营活动现金流入小计 | 5 | | |
| 　购买商品、接受劳务支付的现金 | 6 | | |
| 　支付给职工以及为职工支付的现金 | 7 | | |
| 　支付的各项税费 | 8 | | |
| 　支付其他与经营活动有关的现金 | 9 | | |
| 　经营活动现金流出小计 | 10 | | |
| 　经营活动产生的现金流量净额 | 11 | | |
| 二、投资活动产生的现金流量: | 12 | | |
| 　收回投资收到的现金 | 13 | | |
| 　取得投资收益收到的现金 | 14 | | |
| 　处置固定资产、无形资产和其他长期资产收回的现金净额 | 15 | | |
| 　处置子公司及其他营业单位收到的现金净额 | 16 | | |
| 　收到其他与投资活动有关的现金 | 17 | | |
| 　投资活动现金流入小计 | 18 | | |
| 　购建固定资产、无形资产和其他长期资产支付的现金 | 19 | | |
| 　投资支付的现金 | 20 | | |
| 　取得子公司及其他营业单位支付的现金净额 | 21 | | |
| 　支付其他与投资活动有关的现金 | 22 | | |
| 　投资活动现金流出小计 | 23 | | |
| 　投资活动产生的现金流量净额 | 24 | | |
| 三、筹资活动产生的现金流量: | 25 | | |
| 　吸收投资收到的现金 | 26 | | |
| 　取得借款收到的现金 | 27 | | |

(续表)

| 项目 | 行次 | 本期金额 | 上期金额 |
|---|---|---|---|
| 收到其他与筹资活动有关的现金 | 28 | | |
| 筹资活动现金流入小计 | 29 | | |
| 偿还债务支付的现金 | 30 | | |
| 分配股利、利润或偿付利息支付的现金 | 31 | | |
| 支付其他与筹资活动有关的现金 | 32 | | |
| 筹资现金流出小计 | 33 | | |
| 筹资活动产生的现金流量净额 | 34 | | |
| 四、汇率变动对现金及现金等价物的影响 | 35 | | |
| 五、现金及现金等价物净增加额 | 36 | | |
| 加：期初现金及现金等价物余额 | 37 | | |
| 六、期末现金及现金等价物余额 | 38 | | |

### （二）现金流量表的内容

现金流量通常按照企业经营业务的性质分为三类：经营活动产生的现金流量、投资活动产生的现金流量和筹资活动产生的现金流量。

1. 经营活动产生的现金流量

**经营活动**是指企业投资活动和筹资活动以外的所有交易和事项，包括销售商品、提供劳务、经营性租赁、购买货物、接受劳务、制造产品、广告宣传、摊销产品、交纳税款等。通过经营活动产生的现金流量，可以说明企业的经营活动对现金流入和流出的影响程度，判断企业在不动用对外筹得资金的情况下，是否可以维持生产经营、偿还债务、支付股利和对外投资。

2. 投资活动产生的现金流量

**投资活动**是指企业长期投资的构建和不包括在现金等价物范围内的投资及其处置活动，包括取得或收回权益性投资；购买或收回债券投资；构建和处置固定资产、无形资产和其他长期资产等，投资活动产生的现金流量中不包括作为现金等价物的投资，作为现金等价物的投资属于现金自身的增减变动。通过投资活动产生的现金流量，可以判断投资活动对企业现金流量净额的影响程度。

3. 筹资活动产生的现金流量

**筹资活动**是指导致企业资本及债务规模构成发生变化的活动，包括吸收投资、发行股票、分配利润、发行债券、向金融企业借入款项、偿还债务等。通过筹资活动产生的现金流量，可以分析企业现金流量净额的影响程度。

## 三、现金流量表的编制方法

现金流量表以现金为编制基础，按照收付实现制原则，将权责发生制下的盈利信息调整为收付实现制下的现金流量信息。现金流量表的编制方法有工作底稿法、T形账户法和分析填列法三种。

（1）工作底稿法是以工作底稿为手段，以资产负债表和利润表数据为基础，对每一个项目进行分析并编制调整分录，从而编制现金流量表的一种专门方法。

（2）T形账户法是以T形账户为手段，以资产负债表和利润表数据为基础，对每一个项目进行分析并编制调整分录，通过T形账户编制现金流量表的一种专门方法。

（3）分析填列法是直接根据资产负债表、利润表和有关会计账户明细账的记录，分析计算出现金流量表各项目的金额，并据以编制现金流量表的一种方法。

### 四、现金流量表基本部分的编制

#### （一）经营活动产生的现金流量

1．"销售商品、提供劳务收到的现金"项目

销售商品、提供劳务收到的现金＝当期销售商品、提供劳务收到的现金（价款、销项税额）＋应收票据、应收账款本期减少数（减：增加数）－应收票据贴现利息＋预收账款本期增加数（减：减少数）＋当期收回前期核销的坏账损失－当期销售退回而支付的现金。

2．"收到的税费返还"项目

本项目反映企业收到的返还的各种税费，包括收到返还的增值税、消费税、关税、所得税、教育费附加等。本项目可根据"库存现金""银行存款""税金及附加""营业外收入"等账户的记录分析填列。

3．"收到的其他与经营活动有关的现金"项目

收到的其他与经营活动有关的现金＝除税费返还的其他政府补贴收入＋经营租赁固定资产收到的现金＋流动资产损失中应由个人赔偿的现金收入和保险理赔现金收入＋收取的押金、保证金、违约金等＋罚没收入。

4．"购买商品、接受劳务支付的现金"项目

购买商品、接受劳务支付的现金＝当期购买商品、接受劳务支付的现金（价款、增值税进项税额）＋应付账款、应付票据的减少数（减：增加数）＋预付账款的增加数（减：减少数）＋存货的增加数（减：减少数）－当期购货退回收到的现金＋其他用途减少的存货（减：增加数）－以非现金资产清偿债务减少的应付账款（应付票据）。

5．"支付给职工以及为职工支付的现金"项目

支付给职工以及为职工支付的现金＝生产成本、制造费用和管理费用中的职工薪酬＋（应付职工薪酬年初余额－应付职工薪酬期末余额）－［应付职工薪酬（在建工程、无形资产）年初余额－应付职工薪酬（在建工程、无形资产）期末余额］。

6．"支付的各项税费"项目

**支付的各项税费**＝本期发生并交纳的流转税及附加、财产行为税＋本期实际缴纳的所得税前期发生本期交纳的所得税＋前期发生本期交纳的流转税及附加、财产行为税。

7．"支付的其他与经营活动有关的现金"项目

**支付的其他与经营活动有关的现金**＝销售费用＋管理费用以现金支付的其他部分＋罚款支出、支付的经营租赁费。

### (二) 投资活动产生的现金流量

1. "收回投资收到的现金"项目

本项目反映企业出售、转让或到期收回除现金等价物以外的交易性金融资产、债权投资、其他债权投资、长期股权投资、投资性房地产而收到的现金。本项目可根据"交易性金融资产""债权投资""长期股权投资""其他债权投资""投资性房地产""库存现金""银行存款"等账户的记录分析填列。

2. "取得投资收益收到的现金"项目

本项目反映企业因股权性投资而分得的现金红利,从子公司、联营企业或合营企业分回利润而收到的现金,因债权性投资而取得的现金利息收入。股票股利不在本项目中反映;包括在现金等价物范围内的债券性投资,其利息收入在本项目中反映。本项目可根据"应收股利""应收利息""投资收益""库存现金""银行存款"等账户的记录分析填列。

3. "处置固定资产、无形资产和其他长期资产收回的现金净额"项目

本项目反映处置固定资产、无形资产和其他长期资产收回的现金,减去为处置这些资产而支付的有关费用后的净额,包括因自然灾害所造成的固定资产等长期资产损失而收到的保险赔款收入。如所收回的现金净额为负数,则应在"支付的其他与投资活动有关的现金"项目中反映。本项目可根据"固定资产清理""库存现金""银行存款"等账户的记录分析填列。

4. "处置子公司及其他营业单位收到的现金"项目

本项目反映企业处置子公司及其他营业单位所取得的现金,减去子公司或其他营业单位持有的现金和现金等价物以及相关处置费用后的净额。本项目可根据"长期股权投资""库存现金""银行存款"等账户的记录分析填列。

5. "收到其他与投资活动有关的现金"项目

本项目反映企业除了上述各项目,所收到的其他与投资活动有关的现金。本项目可根据"应收股利""应收利息""库存现金""银行存款"等账户的记录分析填列。

6. "购建固定资产、无形资产和其他长期资产所支付的现金"项目

本项目反映企业购买、建造固定资产以及取得无形资产和其他长期资产所实际支付的现金。包括支付的价款及增值税税额,应由在建工程和无形资产负担的职工薪酬现金支出。不包括为购建固定资产而发生的借款利息资本化的部分,以及融资租入固定资产所支付的租赁费。企业支付的借款利息和融资租入固定资产支付的租赁费,在筹资活动产生的现金流量中反映。本项目可根据"固定资产""在建工程""工程物资""无形资产""库存现金""银行存款"等账户的记录分析填列。

7. "投资支付的现金"项目

本项目反映企业进行权益性投资和债权性投资所支付的现金,包括企业取得的除现金等价物以外的交易性金融资产、债权投资、其他债权投资而支付的现金以及支付的佣金、手续费等交易费用。企业购买债券的价款中含有债券利息的,以及溢价或折价购入的,均按实际支付的金额反映。本项目可根据"交易性金融资产""债权投资""其他债权投资""投资性房地产""长期股权投资""库存现金""银行存款"等账户的记录分析填列。

8. "取得子公司及其他营业单位支付的现金净额"项目

本项目反映企业取得子公司及其他营业单位购买出价中以现金支付的部分,减去子公

司及其他营业单位持有的现金和现金等价物后的净额。本项目可根据"长期股权投资""库存现金""银行存款"等账户的记录分析填列。

9."支付的其他与投资活动有关的现金"项目

本项目反映除上述各项目外所支付的其他与投资活动有关的现金,如企业购买股票时实际支付的价款中包含的已宣告而尚未领取的现金股利,购买债券时支付的价款中包含的已到期尚未领取的债券利息等。如某项其他与投资活动有关的现金流出金额较大,应单列项目反映。本项目可以根据"应收股利""应收利息""库存现金""银行存款"等账户的记录分析填列。

### (三)筹资活动产生的现金流量

1."吸收投资收到的现金"项目

本项目反映企业以发行股票、债券等方式筹集资金实际收到的款项净额(发行收入减去支付的佣金等发行费用后的净额)。本项目可以根据"实收资本(股本)""库存现金""银行存款"等账户的记录分析填列。

**吸收投资收到的现金="实收资本"贷方发生额+"资本公积"贷方发生额**

2."取得借款收到的现金"项目

本项目反映企业举借各种短期、长期借款所收到的现金。本项目可以根据"短期借款""长期借款""库存现金""银行存款"等账户的记录分析填列。

3."收到其他与筹资活动有关的现金"项目

本项目反映企业除上述各项目外所收到的其他与筹资活动有关的现金,如接受的现金捐赠等。若某项其他与筹资活动有关的现金流入金额较大,应单列项目反映。本项目可以根据"营业外收入""库存现金""银行存款"等账户的记录分析填列。

4."偿还债务支付的现金"项目

本项目反映企业偿还债务本金所支付的现金,包括偿还金融企业的借款本金、偿还企业到期的债券本金等。企业支付的借款利息和债券利息在"分配股利、利润或偿还利息所支付的现金"项目中反映,不包括在本项目中。本项目可以根据"短期借款""长期借款""交易性金融资产""应付债券""库存现金""银行存款"等账户的记录分析填列。

5."分配股利、利润或偿付利息支付的现金"项目

本项目反映企业实际支付的现金股利、支付给其他投资单位的利润或现金支付的借款利息、债券利息等。本项目可根据"应付股利""应付利息""利润分配""财务费用""在建工程""制造费用""研发支出""库存现金""银行存款"等账户的记录分析填列。

6."支付的其他与筹资活动有关的现金"项目

本项目反映企业除上述各项目外所支付的其他与筹资活动有关的现金,如以发行股票、债券等方式筹集资金而由企业直接支付的审计、咨询等费用,融资租赁所支付的现金,以分期付款方式购建固定资产以后各期支付的现金等。若某项其他与筹集活动有关的现金流出金额较大,应单列项目反映。本项目可以根据"营业外支出""长期应付款""库存现金""银行存款"等账户的记录分析填列。

# 参 考 文 献

[1] 斯科特.财务会计理论[M].陈汉文,等译.北京:机械工业出版社,2006.

[2] 瑞安,斯卡彭斯,西奥博尔德.财务与会计研究:方法与方法论[M].戴德明,等译.北京:机械工业出版社,2004.

[3] 郭道扬.会计史研究:第一卷[M].北京:中国财政经济出版社,2004.

[4] 陈信元,金楠.新中国会计思想史[M].上海:上海财经大学出版社,1999.

[5] 葛家澍,刘峰.会计理论:关于财务会计概念结构的研究[M].北京:中国财经出版社,2003.

[6] 吴水澎.会计理论[M].北京:机械工业出版社,2007.

[7] 徐文丽.财务会计[M].5版.上海:立信会计出版社,2020.

[8] 戴德明.财务会计学[M].13版.北京:中国人民大学出版社,2021.